中小企業のアジア展開

坂本恒夫／境　睦／林　幸治／鳥居陽介［編著］

中央経済社

はしがき

　日本企業を取り巻く環境が変化し，グローバルな市場における日本企業と海外企業との競争が激化している。

　欧米諸国との競争だけではなく，中国，NIES，ASEAN諸国も経済発展が進展しており，日本企業はこれらの国の企業との競争の渦中に置かれている。TPPの締結や大手家電メーカーが海外企業の傘下に入る事例からもわかるように，企業経営を日本国内中心で議論する時代はもはや終焉を迎えており，この動きは日本企業の視野を国外に向ける必要性を示している。

　上記の議論は決して大企業だけの話ではない。日本の企業の多くの割合を占める中小企業も，海外の企業の動向や海外の企業との競争を意識した経営が今まで以上に要求されるようになってきている。

　本書の執筆者らが所属する日本中小企業・ベンチャービジネスコンソーシアムは，海外進出をしている中小企業の経営者を招聘した研究会やベトナムに進出している日本企業を訪問する現地視察，大学での中小企業と海外展開をテーマとした特別講義の開講など，"中小企業の海外展開"をキーワードにさまざまな活動を行ってきている。

　これらの活動の取り組みを行うなかで，2015年4月に「中小企業」と「アジア」をキーワードに書籍としてまとめようという機運が生じたことが本書の発刊の契機となった。それから執筆者が幾度か集まり，執筆の意図や方向性，課題など議論が交わされ，その成果として本書を上梓するに至ったのである。

　本書のいくつかの章でも取り上げられているが，中小企業の海外展開，必要性，問題性などはこれまでも議論が数多くなされてきている。しかし，本書の特徴は，執筆者が研究者，実務家，大学院生と多岐にわたり，なおかつ執筆者の専門分野が広範な領域にわたっており，中小企業の海外展開について多面的な分析や事例が盛り込まれていることにある。中小企業の海外展開の理論的分

析，従来の議論や海外展開の要因の整理，現代における課題など，総論から各論まで網羅されている点も本書の特徴といえよう。また，査読委員会を設置し，研究論文として十分に耐えうるものは査読論文として扱うという試みも行い，その結果，5つの章が査読を通過したものとなっている。

　本書は3つの部から構成され，それに補章が2つ付け加えられている。

　第Ⅰ部「なぜ日本企業はアジアに展開するのか」は1章から5章で構成され，日本企業がアジアに展開する要因について言及している。日本企業優位という考えを改める必要性，アジア諸国との共生と相互活用，日本企業の中国への進出の再考，大手邦銀のアジアにおける展開の可能性，アジアにおけるソーシャルビジネスの社会貢献などがここでは論じられる。

　第Ⅱ部「中小企業のアジア展開」は6章から12章で構成され，特に日本の中小企業にその対象を限定してアジア展開について言及している。なぜ中小企業がアジアに展開するのかについて，企業家精神，市場開拓，展開要因，事業再編，金融機関による支援，バイアウト，地方の中小企業の海外展開といった切り口で論じている。

　第Ⅲ部「アジアの経営環境」は13章から16章で構成され，日本企業が進出するアジアの現況について言及している。製薬会社のアジア展開，TPPと農業，電機メーカーのモジュール化，マレーシアのIPOの現状について論じている。

　これら3部に加えてアジア展開を実際に行っている税理士法人とベトナムに駐在している日本人によるケーススタディを補章として付け加えることで，アジア展開の現状と実情を読者に詳細に理解できるよう配慮した。

　本書は海外展開を視野に入れている実務家や企業の海外展開を研究分野にしている研究者に読まれることを想定していることはもちろん，大学3年生，大学院博士前期課程で企業のアジア展開を学びたいという意欲を持つ学生，院生をも対象としている。

　日本の企業がなぜアジアに展開するのか，アジアに展開することの意義は何であるのか，本書がこのような問題意識への示唆の1つになることを期待している。

最後になったが，本書の刊行にあたっては，㈱中央経済社社長の山本　継氏と同社経営編集部編集次長の市田由紀子氏に大変お世話になった。この場を借りて，心より御礼を申し上げたい。

　2016年5月

編著者を代表して

林　幸治

15周年記念出版にあたって

日本中小企業・ベンチャービジネスコンソーシアム

会長　坂本　恒夫

　本書は，日本中小企業・ベンチャービジネスコンソーシアム設立15周年を記念して，出版されるものである。

　本コンソーシアムは，私が1997年から1999年の2年間，ロンドン滞在中の体験から設立された。当時イギリス・ロンドンは，まさに株主価値経営の定着・確立期で，多くの大企業が主要株主である機関投資家に利益を収斂するために，株主価値極大化策を展開していた。その経営政策のうちの1つに労働コストの低減化があるが，正規雇用者の解雇・非正規化，アルバイト化などによって賃金コストの削減・変動費化が進められていた。小生のテラスハウスがあった住宅地ヒリングドンでも，隣近所には解雇された40・50歳代の男性が朝からガーデニングやジョギングをして時間を潰す姿を見かけたものである。

　帰国した私は，日本にも近々来るであろう大量失業時代のために（実際はすでに来ていたのであるが），周りの友人，研究者，税理士，そして中小企業の経営者などに呼びかけて，「日本中小企業・ベンチャービジネスコンソーシアム」を設立した。最初はたしか70人ぐらいの集団だったと思う。中小企業の経営改革の支援，ベンチャービジネスの起業支援によって，大企業から排出される労働者の雇用の受け皿を作ろうとしたのである。

　こうしたミッションがどれほど成果を上げたかを，いまだ具体的に述べることはできないが，同コンソーシアムの会員は200人にまで増え，ミッション達成のための講演会や研究会が定期的かつ全国的に行われている。また，中小企業，ベンチャー，NPOそして経営法務関係の啓蒙書や年報などが数多く刊行されている。

　本書は，こうした活動の一環として，㈱中央経済社の協力のもとに出版されるものである。多くの会社員や経営者，そして税理士・社労士などの専門職業人，加えて学生が，仕事や勉強の参考にしてもらえればありがたい。

研究活動の集大成として

日本中小企業・ベンチャービジネスコンソーシアム
学術会議 議長 　境　　睦

　日本の中小企業の海外進出が進展している。進出先国も中国を中心とする北東アジアだけではなく東南アジア諸国への進出は常態化しており，今後もその流れは続くと思われる。実際に中国，東南アジアへは製造業を中心に多くの企業が進出しており，すでに相当程度の産業集積，サプライチェーンが構築されている。さらに注目されるのが，東南アジア地域における経済発展は，多くの中間層と富裕層を生み出しており，多くの進出企業は生産拠点としてだけではなく，消費市場として同地域を捉えるようになっている点である。以上のことを背景に，同地域へは製造業だけではなく，近年は非製造業の展開が増加しており，中小企業の海外展開そのものの性質が変化しつつある。

　こうしたなか，日本中小企業・ベンチャービジネスコンソーシアムの学術会議では，過去4回にわたり『国際経営の新潮流』という統一論題のもとで，日本企業，特に中小企業の海外展開に関するさまざまなテーマでの報告がなされて，これに関する議論が活発に行われた。本コンソーシアムの学術会議は主に研究者によって構成されており，中小企業・ベンチャービジネスの現実の事象を分析することによって，理論的かつ実証的な枠組みから，普遍的な知見を蓄積することを目的に設立された。

　学術会議での報告から，年々中小企業の海外展開の性質は複雑化しており，同時にその構造も多層化している点が明らかにされて，中小企業の多様な経営行動をうかがい知ることができた。例えば，学術会議においては中小企業の国際動向や進出先国での経営戦略だけではなく，撤退戦略やリショアリング等の海外展開と逆ベクトルの性質を帯びたテーマに関しての報告もあり，このことは多様化する中小企業の経営行動を象徴していると考えられる。さらに本コンソーシアムでのベトナム視察による実態調査の結果ならびにマレーシアのIPO

の動向に関する報告もあり，多面的な視点からの分析が試みられて，われわれは多くの知見を得ることができた。以上のような成果の一部は，本書に所収されている。本書はそれぞれの専門家が独自の視点でそれぞれ重要と思われるテーマについて論述されたものであるため，一貫した理論的な枠組みが構築されているわけではない。そのため，全体としてのまとまりには欠けた部分があることは否めない。これは，編者の1人である私の能力不足である。しかしながら，これまでの経営書とは異なり，学者・実務家が協働することで，中小企業の多様なアジアへの海外展開を明らかにし，解説と分析を試みている点で，中小企業のアジアへの進出を構想するうえで新たな知識を提供するものとなっている。特に中小企業のアジアへの進出を焦点にした文献が常に少ない点からも，本書は貴重な1冊であると考えられる。

　最後になったが，本書の刊行にあたっては，㈱中央経済社に大変お世話になった。記して御礼を申し上げたい。

目　次

はしがき／i
15周年記念出版にあたって／v
研究活動の集大成として／vi

第I部　なぜ日本企業はアジアに展開するのか

第1章　日本企業はなぜ駄目になったのか

1. 投資家から見た日本企業の評価 …………………………………… 2
2. 日本企業の経営改革の遅れ ………………………………………… 4
3. EMS & ODMとは何か ……………………………………………… 7
4. なぜ日本の大企業はODM，EMSがアジアでできないのか … 8
5. 日本の中小・零細企業はなぜ日本を捨てるのか ………………… 9
6. われわれはどうすべきか …………………………………………… 11

第2章　日本企業はどうしたら再生できるか
　　　　――グループシナジーをアジアに解放せよ

1. 日本企業の再生戦略――日立製作所のケース …………………… 12
   (1) 会社横断的M&A（非上場化→統合）／12
   (2) グループシナジー
       ――社会イノベーション事業，情報技術と制御技術の融合／15
   (3) ブランドよりも技術――サムスンとどこが違うか／16

(4) 政府主導の株主価値経営
　　　　―スチュワードシップ・コードとコーポレートガバナンス・コード／17

2. 業績向上とコストの削減 ……………………………………… 19
　　(1) アンバンドリング―アップル社のケース／19
　　(2) 選択と集中―GEのケース／19
　　(3) リテールへの特化とM&A―Lloydsのケース／21
　　(4) 英米企業の特質―株主価値最大化戦略／22

3. 求められる日本企業の再生戦略
　　―ガラパゴス化の打開とアジア連携 ……………………………… 23
　　(1) 上から目線ではなく対等の関係／23
　　(2) 精度の向上と業務の単純化
　　　　―モジュール，インテグラル，そしてファブレス／24
　　(3) グループシナジーのアジア化／24
　　(4) ガバナンスにアジアの視点をどのように入れるか／25

4. 企業価値と社会的価値の統一的追求と戦略の将来性 ……… 26
　　(1) 国内後発ビジネスの近代化―1次産業のIT化／26
　　(2) 社会インフラビジネスの課題―アジアとの協調／26
　　(3) グループシナジーの恒常的点検／27
　　(4) アジアでの社会的価値追求について／27

第3章 経営環境の変化と日本企業のアジア進出

1. はじめに ……………………………………………………………… 28
2. 白書に見る中小企業のアジア進出 …………………………… 29
3. 統計データに見る企業の海外進出の状況 ………………… 31
4. 天津の爆発事故が物語ること ………………………………… 34
5. おわりに ……………………………………………………………… 37

第4章 ▶ 大手邦銀のアジア展開と国際金融機関としての役割

1. はじめに ……………………………………………………………… 40
2. 大手邦銀のアジア展開の目的 …………………………………… 41
   (1) 海外展開への動機／41
   (2) アジア展開の目的／43
3. 大手邦銀の国際業務とアジア展開の現状 …………………… 44
   (1) 大手邦銀における国際業務の位置づけ／44
   (2) アジアでの業務現況／46
4. アジアで果たすべき大手邦銀の役割 ………………………… 52

第5章 ▶ アジアに進出する日本のソーシャルビジネス

1. はじめに ……………………………………………………………… 56
2. 事 例 …………………………………………………………………… 58
   (1) 事例1　認定NPO法人かものはしプロジェクト／58
   (2) 事例2　株式会社マザーハウス／60
   (3) 事例3　ARUN（ARUN合同会社・NPO法人ARUN Seed）／61
3. おわりに ……………………………………………………………… 63

第II部 中小企業のアジア展開

第6章 グローバリゼーションと起業家精神

1. グローバリゼーションの時代 …………………………………… 68
2. グローバル人材の育成 …………………………………………… 71
3. ベンチャービジネスと起業家精神 ……………………………… 73
4. 起業家精神を育む海外での経験 ………………………………… 76
5. ベンチャー企業の設立プロセス ………………………………… 76
6. グローバリゼーションと起業家精神 …………………………… 79

第7章 新興国の市場開拓と中小企業の経営課題

1. はじめに …………………………………………………………… 80
2. 新興国市場開発における非連続性の問題 ……………………… 81
3. 新興国市場開発における非連続性の克服のためのネットワーク構築 …………………………………………………… 83
   - (1) ネットワーク理論／83
   - (2) ネットワークと知識移転／85
4. アジア証券取引所での上場戦略 ………………………………… 86
5. 事例分析—重光産業 ……………………………………………… 87
   - (1) 重光産業の非連続性の克服／88
   - (2) 重光産業の資源の非連続性の克服とネットワークの構築／92
6. 結論と今後の課題 ………………………………………………… 94

第8章 ▶ 歴史から見た中小企業の海外進出

1. 問題の所在 ……………………………………………………………… 99
2. 企業の海外進出の概念と本論の対象 ………………………………… 100
3. 年代別中小企業の海外進出理由 ……………………………………… 101
   - (1) 1970年代以前の中小企業の海外進出／101
   - (2) 1970年代の中小企業の海外進出／102
   - (3) 1980年代の中小企業の海外進出／104
   - (4) 1990年代の中小企業の海外進出／105
   - (5) 2000年代の中小企業の海外進出／108
   - (6) 現在の中小企業の海外進出／109
3. おわりに―歴史的に分析した中小企業の海外進出の課題とは … 110

第9章 ▶ 中小企業の海外事業再編戦略
―中国市場を中心に

1. 海外事業の再編を求められる中小企業 ……………………………… 115
2. 事業再編に関する先行研究 …………………………………………… 116
   - (1) 海外進出／116
   - (2) 事業再編／117
   - (3) リショアリング／119
3. 事業再編の事例 ………………………………………………………… 120
4. 中小企業における事業再編 …………………………………………… 122
5. 中小企業への示唆 ……………………………………………………… 126
6. おわりに ………………………………………………………………… 127

第10章 ▶ 中小企業のアジアへの進出と地域金融機関の役割

1. 中小企業のアジアへの進出と地域金融機関 ……………………… 130
2. 地域金融機関とリレーションシップ・バンキング ……………… 131
   - (1) 地域金融機関の役割／131
   - (2) リレーションシップ・バンキングの機能／132
3. 海外進出する中小企業とそのニーズ …………………………… 136
4. 地域金融機関における海外展開支援 …………………………… 140
   - (1) 中小企業が必要としている支援内容／140
   - (2) 地域金融機関の海外進出支援の取り組み／141
   - (3) リレーションシップ・バンキングに求められる進化／143
5. 中小企業の海外進出支援の意義と課題 ………………………… 145

第11章 ▶ 中堅・中小企業のアジア展開におけるバイアウト・ファンドの活用

1. はじめに ……………………………………………………………… 148
2. バイアウト・ファンドの仕組み ………………………………… 148
   - (1) バイアウト・ファンドの組成／148
   - (2) バイアウト・ファンドの投資プロセス／149
3. 日本で活動するバイアウト・ファンドの動向 ………………… 151
4. 日本で活動するバイアウト・ファンドによる日本企業のアジア展開支援 ……………………………………… 152
   - (1) 経営人材の補強／152
   - (2) 生産面の支援／154
   - (3) 販売面の支援／154

- (4) M&A・資本提携の支援／155
- (5) 中堅・中小企業の事例／155

5. キトーの事例 ……………………………………………………… 157
- (1) 案件の背景／157
- (2) カーライル・グループによるアジアでの経営支援／157
- (3) 主要連結経営指標の推移／158
- (4) エグジット戦略／159
- (5) 近年のアジア展開の加速／161

6. おわりに ……………………………………………………… 161

第12章 中小企業の海外進出の目的と進出時における資金調達
――長野県の製造業を事例として

1. はじめに ……………………………………………………… 165

2. 中小企業の海外進出目的 ……………………………………… 167
- (1) 取引先の進出に伴う海外進出／167
- (2) 現地を市場として捉える海外進出／168

3. 海外展開時の資金調達 ………………………………………… 171

4. 資金力のない中小企業による海外進出方法 ………………… 174

5. おわりに ……………………………………………………… 178

第III部 アジアの経営環境

第13章 新興国における欧米製薬会社の経営行動 ―低薬価を実現するために

1. はじめに 182
2. 医薬品新興市場の特徴と現状 184
3. 新興国における価格設定―差別価格設定
   （differential pricing）................................ 187
   (1) 医薬品の価格設定／187
   (2) 先行研究レビュー／188
   (3) 欧米ビッグファーマの行動
       ―ファイザー，バイエル，ロバルティス，ロシュ，グラクソスミスクライン（GSK）／189
4. 日本の製薬会社へのインプリケーション 192

第14章 TPPと日本の農業問題

1. TPPの現状と日本の農業問題 197
2. 日本政府の取り組みと農協の役割 200
3. TPPの時代における農業のあり方 203
4. 課題と今後の日本の農業 206

第15章 ハイアールのモジュール化戦略

1. モジュール化とは …………………………………………………… 210
2. ハイアールの特徴（なぜモジュール化が必要なのか）………… 213
3. 水平と垂直の構造 …………………………………………………… 217
4. 持続的に成長するためのモジュール化 …………………………… 220
   (1) 市場のニーズに従うモジュール部品を調達する／220
   (2) 製品のアーキテクチャは変動するため，企業はすべてのステークホルダー（Stakeholder：利害関係者）と連動する組織形態を構築すべきである／221

第16章 マレーシアにおける新規株式公開

1. はじめに ……………………………………………………………… 224
2. マレーシア証券取引所における新規株式公開の現状 ………… 225
   (1) イスラム金融／225
   (2) マレーシアにおける新規株式公開の概要／226
3. 先行研究 ……………………………………………………………… 229
4. 実証分析 ……………………………………………………………… 230
   (1) 被説明変数：アンダープライシング／230
   (2) 説明変数／232
5. おわりに ……………………………………………………………… 237

補章1 ▶ 税理士法人の海外展開
―鯨井会計のケース

1. 鯨井会計の歩み ……………………………………………………… 242
  (1) 創　業／242
  (2) 社会保険労務士事務所開設／243
  (3) 資産活用部門の開設／243
  (4) 鯨井会計の収益構造／244

2. 税務会計事務所の今後の経営環境 ……………………………… 245

3. 海外進出の現状 ……………………………………………………… 249
  (1) 2013年1年間の海外進出／249
  (2) 進出先の国・地域／249

4. 会計事務所経営は過当競争の時代へ …………………………… 251

5. サイゴンビジネスソリューションの設立 ……………………… 254
  (1) 教　育／255
  (2) 評　価／256
  (3) 現地での交渉／257
  (4) 現地のベトナムの法人執行状況／257

6. まとめ ………………………………………………………………… 261

補章2 ▶ 失敗から学ぶベトナムビジネス

1. ベトナムの概要 ……………………………………………………… 262
  (1) ベトナムの国土と気候／262
  (2) 社会主義国ベトナム／262
  (3) ドイモイ政策／263
  (4) 投資ブーム／263

2. ベトナム事業の再建と転換 …………………………………………… 264
  (1) 派遣されたIT会社の実情／264
  (2) ベトナム人脈づくり／266
  (3) 新規事業の制約／267
  (4) 不動産仲介の事業化と派生事業／267

3. 海外事業のハードル ……………………………………………………… 269
  (1) 社員との労働契約交渉／269
  (2) M&A交渉／270
  (3) 曖昧なベトナムの法制・税制／271

4. 失敗事例・撤退・苦悩 …………………………………………………… 272
  (1) 他動的な海外進出の動機／272
  (2) 失敗事例の数々／273
  (3) 海外駐在員の苦悩／274

5. グローバル化への課題 ………………………………………………… 275
  (1) 補完するアジア新興国と日本／275
  (2) グローバル化できない日本企業／276
  (3) 海外と日本とのギャップ／277
  (4) 失敗は成功の素／278

索　引／281

第 I 部

なぜ日本企業はアジアに展開するのか

第1章
日本企業はなぜ駄目になったのか

1. 投資家から見た日本企業の評価

　最近、日本の企業は国際競争力がなくなったとか、魅力がなくなったといわれている。

　こうした根拠を具体的に検討してみると、第1に、売上高ランキングでの日本企業の数が大きく減少している。Stewart Black 教授（Swiss IMD university）は、『日本経済新聞』（2013年8月19日）において、アメリカの経済雑誌『フォーチュン』で売上高上位500社ランキングで、1995年には141社あったものが、2012年には62社に激減していると述べている。ランクが下がったのが、中国企業の台頭ということであれば、必ずしも大きな問題ではないが、米国、英国など欧米の企業はランクを下げていないのに、日本の企業だけがランクを

図表1－1　ROEの国際比較

	2009.12	2010.12	2011.12	2012.12
Japan TOPIX	-0.9	7.1	3.3	5.7
USA S&P500	18.8	14.2	15.1	13.6
UK FTSE100	12.3	14.3	14.0	10.0
China SHCOMP	13.4	16.1	15.3	13.5
World MSCI Wold Index	8.5	13.0	11.5	10.6

出所：東京証券取引所。

下げている，それが深刻な問題であると指摘している。

またこれと関連して，新興企業やベンチャービジネスのような活力が不足しているし，さらにブランド戦略の欠如も指摘できる。従来から製品の良し悪し，技術力の向上ばかりに目を向けてブランドや販売力に意を注がなかったのではないかといわれている。つまり顧客優先で考えていない，顧客指向ではなく生産者指向でこれまでやってきたということである。

第2は，ROEでの国別比較での低さが指摘できる。**図表1－1**を見ると，2012年に日本はROEが5.7％であるが，アメリカ，イギリス，中国は10％以上であるし，世界の平均的な指標も10.6％となっている。筆者は，これは生産合理化の遅れということだと考えているが，この点については次章で掘り下げて検討してみよう。

第3は，日本の株価の長期的低迷である。**図表1－2**は，1989年を100としたアメリカのドルベースの株価の動きであるが，日本だけが100以下で，アメリカ，イギリス，フランス，ドイツの各国は乱高下しながらも右肩上がりである。日本は投資家には全く魅力がないのである。

第4は，コーポレートガバナンスの改革の遅れである。日本の企業は外国人や女性の登用が少なく，海外の投資家からその閉鎖性が指摘されている。今後どれほど外国人や女性の任用が進むか注目される。

さらに取締役だけではない。経営スタッフでも外国人登用，女性の登用は進んでいない。日本の企業は外国人スタッフの登用を避けているのである。海外

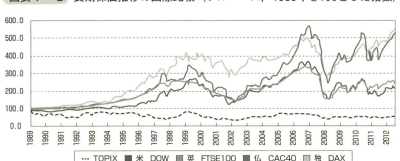

図表1－2　**長期株価推移の国際比較**（ドルベース，1989年を100とした指数）

原出所：Bloomberg.
出所：明治大学国際総合研究所シンポジウム資料より抜粋。

の企業を見てみると，スイス企業39％，オランダ企業27％，イギリス企業16％であるが，日本はわずか6％にすぎない。Stewart Black 教授は，外国人スタッフの活用は，日本人スタッフの能力向上にも好影響を与えるのではないかと指摘している。

2. 日本企業の経営改革の遅れ

現在の日本企業には，このようにいろいろと問題があるが，ここではROEの低さと関連して特に生産効率性・合理性について，詳しく論述したい。日本企業の技術は優れているが，コストがかかり過ぎているからである。

図表1－3に基づき，特にアップル社と鴻海(ホンハイ)について述べるならば，アップル社は，アンバンドリングという手法を使い，研究開発のみ同社に残し，生産や販売などの部門は鴻海に委託している。

アンバンドリングは，1980・90年代の株主価値経営の時代に考え出された手法で，事業解体と収益性事業への特化戦略として広く導入されたが，アップル社はこの戦略を巧みに活用しているのである。こうした手法は，CFOそして副社長であったTim Cookの手腕と思われる。相手方の鴻海は台湾や中国を事業基盤としているので，労働コストが安く，低コストで生産受託ができる。したがってアップル社は生産コストを低減できる。またアップル社は，経営資源を研究開発に集中・特化できるのである。

なおこの場合，特に重要なことは，アップル社と鴻海の企業間関係が支配・従属関係ではなく，対等であるということである。従来の多国籍企業や日本企

図表1－3 アップル社と鴻海の委託システム

生産コストを節減，高付加価値製品に特化

図表1-4 アップル社の業績の推移

(単位:百万ドル)

項目	2000.9	2001.9	2002.9	2003.9	2004.9	2005.9	2006.9	2007.9	2008.9	2009.9	2010.9	2011.9	2012.9	2013.9	2014.9
売上高 Net sales	7,983	5,363	5,742	6,207	8,279	13,931	19,315	24,006	37,491	42,905	65,225	108,249	156,508	170,910	182,795
売上原価 Cost of sales	5,817	4,128	4,142	4,500	6,022	9,889	13,717	15,852	24,294	25,683	39,541	64,431	87,846	106,606	112,258
売上総利益 Gross margin	2,166	1,235	1,600	1,707	2,257	4,042	5,598	8,154	13,197	17,222	25,684	43,818	68,662	64,304	70,537
営業費用 Operating expenses	1,644	1,579	1,612	1,724	1,933	2,399	3,145	3,745	4,870	5,482	7,299	10,028	13,421	15,305	18,034
営業損益 Operating income/loss	522	-344	-12	-17	326	1,643	2,453	4,409	8,327	11,740	18,385	33,790	55,241	48,999	52,503
税引前損益 Income(loss) before provision for income tax	1,092	-52	64	81	370	1,808	2,818	5,008	8,947	12,066	18,540	34,205	55,763	50,155	53,483
当期損益 Net income(loss)	786	-25	42	69	266	1,328	1,989	3,496	6,119	8,235	14,013	25,922	41,733	37,037	39,510
1株当たり現金配当 Cash dividends declared per common share	-	-	-	-	-	-	-	-	-	-	-	-	2.65	-	-
株主資本総額 Total shareholder's equity	4,107	3,920	4,100	4,223	5,063	7,428	9,984	14,532	22,297	31,640	47,791	76,615	118,210	123,549	111,547
総資産 Total assets	6,803	6,021	6,305	6,817	8,039	11,516	17,205	25,347	36,171	47,501	75,183	116,371	176,064	207,000	231,839
1株当たり損益 Basic earnings(loss) per ordinary share	2.42	-0.07	0.06	0.08	0.36	1.64	2.36	4.04	6.94	9.22	15.41	28.05	44.64	5.72	6.49
株価の値幅 Price range per common share	25.38-75.19	13.63-27.12	13.99-26.11	13.12-23.10	9.85-19.00	18.65-53.20	47.87-86.40	72.60-155.00	115.44-202.96	78.20-188.90	180.70-293.53	275.00-422.86	354.24-705.07	72.71	107.53
ROE Post-tax return on average shareholders' equity (%)	2.0	-1.0	1.0	2.0	6.0	18.0	20.0	24.0	28.0	26.0	30.0	34.0	36.0	30.0	35.4
資本比率 Total capital(%)	61.0	66.0	65.0	62.0	63.0	65.0	58.0	59.0	62.0	67.0	64.0	66.0	68.0	65.0	58.0

出所:Apple Inc.のアニュアルレポートをもとに筆者作成。

業が海外に進出する場合は支配・従属の関係であったが,両社はイコールパートナーなのである。したがって鴻海は自由に他の企業の生産を受託できるし,さらにこれを中国本土の工場に再委託することもできるのである。

図表1-4から明らかなように,アップル社はこうした生産委託によって生産コストを低減させて,ROEでなんと30%台という高水準の利益率を実現しているのである。

またGMの中国本社も,同じ手法で中国に生産・販売委託を行い,さらに進んでR&Dさえも委託してコストを削減していると伝えられており,アメリカの企業ではEMSやODMが広く活用されていると見ることができる。いわゆるファブレス(工場を持たない)会社が増えているのである。

図表1-5 日本の自動車メーカーの企業間関係のイメージ

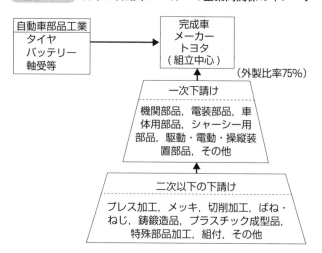

　なぜ日本の大企業は，アンバンドリングができないのであろうか。それは，企業間関係が縦の関係，垂直的関係になっているからである。**図表1-5**は，トヨタ自動車グループの企業間関係をイメージしたものであるが，トヨタ自動車の本体は組立事業を頂点として行っており，その部品の生産は傘下の1次下請け，2次下請けが行っている。この関係は縦の系列であり，支配・従属の関係である。もちろん独立の協力会社もあるが，中心的な構造は縦の企業間関係である。したがってアンバンドリングおよび生産委託のような事業行程の解体および横の事業委託EMSやODMは実現が難しいのである。

　これに対して**図表1-6**はGMの構造をイメージしたものであるが，ここでは組立，部品の製造など自動車生産の事業行程が自社内部で行われている。したがって関係は，縦でもなければ系列でもない。事業行程はすべて内部化されており，自社の内部構造そのものである。トップがアンバンドリングを決断することは容易であり，結果として外部への生産委託はスムーズに展開される。

　以上から明らかなように，日本では企業グループの構造的特質から，アンバンドリングや生産委託は難しいが，アメリカ企業ではアンバンドリングや生産委託は比較的容易に展開されたのである。もう少し言及すれば，コスト削減は日本では下請けに転嫁されて行われたが，アメリカでは生産委託によって行わ

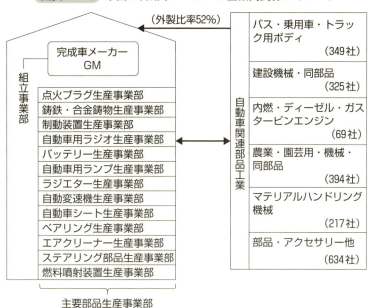

図表1-6 米国の自動車メーカーの企業間関係のイメージ

れたのである。

3. EMS & ODMとは何か

　EMSとはElectronics Manufacturing Serviceの略であり，電子機器の受託生産を行うサービスのことである。

　自分では生産設備を保有せず（ファブレス：fabless, fabrication facility），製品の設計・開発や宣伝・販売といった自らの得意分野に経営資源を集中するビジネスモデルであり，近年広がりを見せている。この生産工程などを主体的に請け負う会社がEMSを行う企業である。1990年代から発達した業態であり，製造のアウトソーシングと関連している。EMSを行う企業には，EMS専業のほかに，EMSとして受託生産を行いながら同様の技術を用いて自社の独自ブランドによって広く外販する企業もあり，逆に，EMSを受託生産するより部品レベルでは発注することが多い大手電機メーカーなども，他社の生産を請け

図表 1 - 7 アンバンドリングとは何か

| 研究開発 |
| 生産 |
| 輸送 |
| 販売 |
| 補修・メンテナンス |

アンバンドリング&特化 →

| 研究開発 |
| 生産 |
| 輸送 |
| 販売 |
| 補修・メンテナンス |

負うことが日常的に行われている。

　EMSの大手は，比較的，東アジアや東南アジアに偏在している。日本の電子機器メーカーのケースでは，海外現地の中小も含めた製造業者や開発メーカーに製造を委託するケースが多い。

　ODMとはOriginal Design Manufacturingの略であり，相手先ブランドで設計から製造までを手がけるサービスのことである。自社ではフルライン戦略をとらず設計・生産委託という戦略をとる企業である。ここには従来の下請けというイメージではなく，発注先企業を増やして規模の経済の利点を活かして利益率を高めていこうという企業である。

　図表1－7は，従来ワンセットであったR&D，生産，配送，販売そして補修という事業行程を解体して，得意分野を自社に残して，後は委託するアンバンドリングと生産委託という関係を図示している。この委託関係で重要なことは，支配・従属や下請けという関係ではなく対等の関係ということである。コストを転嫁するのではなく特化と規模の経済のメリットを追求した対等の連携である。

4. なぜ日本の大企業はODM，EMSがアジアでできないのか

　英国日立は，イギリスのダーラム，ニュートンエイクリフにハイスピードトレインの工場を新設し，730人の英国人を雇用し，さらにその部品は英国および欧州の各地から調達し事業を展開している。日本からの人員・部品の供給は

抑えようとしている。

　また英国日産は，英国サンダーランドですでに6,000人の英国人を現地で採用しているが，さらに1,000人の現地雇用を計画している。また自動車部品も日本精工など日本の現地系列会社とイギリス，欧州の現地部品メーカーから調達している。

　日立や日産はこのように日本とヨーロッパとの関係においてODMを実践している。こうした現地雇用，現地部品供給が好感を呼び込んで，高速電車，ロンドンタクシー・ブラックキャブの受注を勝ち取った。こうして，両社は，欧州においてODMスタイルの事業を展開しているが，いまだアジアではできていない。

　それはアジアにクラスターやノウハウがないからである。また加えて日立，日産は日本国内での取引先との企業間関係が強いために，ODMのような対等の連携を展開できないのである。

　そして，それだけではない。それは日本の大企業がアジアの企業を「上から目線」で見ているからである。ODMは，アジアの企業と対等の関係で展開するべきものである。したがって日本の企業の提携・連携，そうした際の姿勢が問われているのである。

5. 日本の中小・零細企業はなぜ日本を捨てるのか

　しかしながら，日本の小さな企業，零細企業は，どんどんアジアに進出している。

　図表1－8に示したように多くの零細企業が，東アジアで活躍しているのである。これらの零細企業の特徴を見てみよう。まず資本金規模は最低水準の1,000万円前後である。こうした企業は身軽にアジアの後発新興国（developing countries in Asia, Philippines, Vietnam, Cambodia, Bangladesh, Laos and Miyanmar）に進出しているのである。しかもアジアで貢献したいという高い使命感を持っている。

　1つ企業を紹介しておこう。それはジャパン・ファームプロダクツである。ここは資本金は500万円であり，CEOは若干28歳の阿古哲史である。同氏はカ

図表1－8 中小企業のアジア進出例

	会社名	会長または社長名	本社所在地	資本金	事業内容	日経新聞で紹介された活動
1	エス・ウェーブ	矢萩　章	東京都千代田区	1,000万円	IT技術	ICチケットシステムの導入
2	森松工業	松久信夫	岐阜県本巣市	2億5,000万円	ステンレスタンク	中国で大型プラント製造
3	亀田総合病院	戸崎　光宏（医師）	千葉県鴨川市	———	病院	ヤンゴンで乳がんの遠隔画像診断
4	アトムシステム	細野　哲也	神奈川県藤沢市	1億1,680万円	———	バングラデシュのダッカで人材採用
5	バングラビジネスパートナーズ	岡崎　透	バングラデシュ	（会計事務所）	IT・会計・コンサル	バングラデシュでの新興国ビジネス
6	ツネイシホールディングス	川北　雅弘（工場長）	広島県福山市	1億円	造船・海運	常石工場で中国・フィリピンの技術者の競技大会
7	ネクストワンインターナショナル	遠藤一平	千葉県千葉市	1,000万円	住宅メーカー	ベトナム人2人に住宅工事のノウハウ伝授
8	日総工産	———	神奈川県横浜市	5,000万円	製造請負	定年者にベトナムで人材育成
9	ディアンドエッチ	富安　隆志（取締役）	福岡県福岡市	300万円	ラーメン販売	カンボジアに出店
10	戸上コントロール	川原　明実	佐賀県佐賀市	9,800万円	電子機器メーカー	バングラデシュに進出
11	ヒューレックス	松橋　隆広	宮城県仙台市	1億円	人材紹介業	ミャンマーで営業許可
12	かとう製菓	加藤　貴広	愛知県西尾市	1,000万円	せんべいのメーカー	イスラム市場開拓
13	ハニーズ	江尻　義久	福島県いわき市	35億6,680万円	婦人服製造小売り	ミャンマーでパンツの製造
14	ジャパン・ファームプロダクツ	阿古　哲史	大阪府大阪市	500万円	日本の食料品でアジア進出	カンボジアのプノンペンで日本からの果物、農産加工品を輸入販売

ンボジアのプノンペンで日本の農産物を高級野菜・果物として上流階級の人に販売し収益を稼ぎながら，他方プノンペンの郊外で現地住民のために，現地の農民と安全・安心の農産物づくりをしているのである。ここではアンバンドリングというよりも，そっくりそのまま移転して事業を展開しているという姿である。

　零細企業は，日本国内や欧米先進国，そして先発新興国においては，すでに既成勢力や大企業にビジネスや市場を制圧されている。したがって，思い切って後発新興国に進出して活路を切り開こうとしているのである。

6. われわれはどうすべきか

　第1に，日本の大企業は，アジアの企業を見下すことはやめ，彼らと対等の関係で連携すべきである。それは両者にメリットがあるような連携である。また地域の発展に貢献するような連携・提携でなくてはならないということである。

　第2に，系列関係にある下請けの中小規模企業は，大企業から独立して行動すべきである。

　第3に，下請け企業は，特定の大企業に依存するのではなく，多くの企業と連携・提携すべきである。そうすればアジアの成長を自らに取り込むこともできるし，自らが自立的に海外に進出することもできるのである。また技術力を活かしてベンチャー企業のような活力も持つことができるであろう。

　第4に，政府や銀行の対応である。アジア企業と連携している中小・零細企業に多大の支援をすることである。

　小規模企業はすでに挑戦的にアジアに進出している。しかしこれらの企業は資金力も弱く，情報力も弱い。政府や銀行はこうした小規模企業に資金面と情報面でサポートすべきである。しかし政府や銀行に依存して失敗した企業は多い。依存のしすぎは避けねばならない。政府・行政に求められるべきは大幅・大胆な規制改革である。規制改革によって，チャレンジングな企業が輩出することこそ，日本経済活性化のカギを握っているといえよう。

▶第2章
日本企業はどうしたら再生できるか
グループシナジーをアジアに解放せよ

1. 日本企業の再生戦略―日立製作所のケース

(1) 会社横断的M&A（非上場化→統合）

① 戦略は産業構造の変化に従う

　日立製作所の当時の会長であった中西宏明氏は，『日本経済新聞』2015年6月28日において，次のように述べている。「産業構造の変化の節目を見極めることが，経営者にとって最も大切な仕事だ。今後の産業構造の行方については，すべてがネットでつながり，互いに影響を与える時代を迎える。新たな挑戦は社会にいかに貢献できるかというスケールで考えないと生き残れない」。

　中西氏は，要するに，経営戦略においては，産業構造の動きを見極め，それを反映したものでなければならないと述べているのである。近い将来は，企業と企業，企業と個人，個人と個人，というふうに，すべてがネットでつながり，相互に影響を与える。日立の新たな挑戦は，このネット社会でいかに貢献できるかということを考えるべきだというものである。

② 重複投資の削減

　日立製作所は，これまで産業構造の変化を見極め，第1次，第2次，第3次そして情報化に対応して，新たな事業部を設立してきた。しかし時の経過とともに，事業部は肥大化し贅肉だらけの事業体となってしまった。

　そこでその事業部に個別の規律と採算を求めて，カンパニー制度が導入された。カンパニー制度の導入は一定の効果をもたらし，規律と採算はそれなりに

第2章 日本企業はどうしたら再生できるか　13

図表2-1　日立製作所の収益、株主利益関連のデータ

(単位：百万円)

	2000	2001	2002	2003	2004	2005	2006	2007	2008	2009	2010	2011	2012	2013	2014
売上高 Revenues	8,001,203	8,416,982	7,993,784	8,191,752	8,632,450	9,027,043	9,464,801	10,247,903	11,226,735	10,000,369	8,968,546	9,315,807	9,665,883	9,041,071	9,616,202
売上原価 Cost of sales	5,898,756	6,155,023	6,184,396	6,240,493	6,710,154	6,961,070	7,387,744	8,088,371	8,777,657	7,816,180	6,849,255	6,967,433	7,278,971	6,743,991	7,083,363
売上総利益 Gross margin	2,102,447	2,261,959	1,809,388	1,951,259	1,922,296	2,065,973	2,077,057	2,159,532	2,449,078	2,184,189	2,119,291	2,348,374	2,386,912	2,297,080	2,532,839
営業費用 Operating cost	1,928,083	1,919,647	1,926,803	1,798,292	1,737,433	1,786,718	1,821,045	1,977,020	2,103,562	2,057,043	1,917,132	1,903,866	1,974,632	1,875,052	2,000,028
営業損益 Operating income/loss	174,364	342,312	-117,415	152,967	184,863	279,255	256,012	182,512	345,516	127,146	202,159	444,508	412,280	422,028	532,811
税引前当期純利益（損失） Income/loss before provision for income tax	79,235	323,655	-586,072	96,828	237,149	264,506	274,864	202,338	324,782	-289,871	63,580	432,201	557,730	344,537	568,182
当社株主に帰属する当期純利益（損失） Net income/loss attributable to Hitachi, Ltd. Stockholder	16,922	104,380	-483,837	27,867	15,876	51,496	37,320	-32,799	-58,125	-787,337	-106,961	238,869	347,179	175,326	264,975
1株当たり年間配当金（円） Cash dividends declared per common share	-	11.0	3.0	6.0	8.0	11.0	11.0	6.0	6.0	3.0	0.0	8.0	8.0	10.0	10.5
株主資本総額 Total shareholders' equity	2,876,212	2,861,502	2,304,224	1,853,212	2,168,131	2,307,831	2,507,773	2,442,797	2,170,612	1,049,951	1,284,658	1,439,865	1,771,782	2,082,560	2,651,241
総資産 Total assets	9,837,198	11,246,608	9,915,654	10,179,389	9,590,322	9,736,247	10,021,195	10,644,259	10,530,847	9,403,709	8,964,464	9,185,629	9,418,526	9,809,230	11,016,899
潜在株式調整後1株当たりの当社株主に帰属する当期純利益/損失（円）Basic earning/loss per ordinary share attributable to Hitachi, Ltd. stockholder	-	30.32	-144.95	8.19	4.75	15.15	10.84	-9.87	-17.17	-236.87	-29.2	49.38	71.86	36.29	54.85
株価（円）share price	1,219	1,073	928	413	807	666	833	914	591	266	349	433	531	543	762
ROE（%）Post-tax return on equity	0.6%	3.6%	-21.0%	1.5%	0.7%	2.3%	1.5%	-1.3%	-2.5%	-48.9%	-9.2%	17.5%	21.6%	9.1%	11.2%
株主資本比率（%）Total Hitachi, Ltd. stockholders' equity ratio	29.2%	25.4%	23.2%	18.2%	22.6%	23.7%	25.0%	22.9%	20.6%	11.2%	14.3%	15.7%	18.8%	21.2%	24.1%

出所：日立製作所のアニュアルレポートをもとに筆者作成。

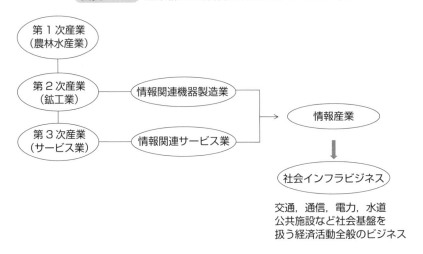

図表2-2 産業構造の情報化と社会インフラビジネス

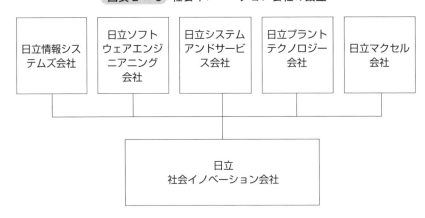

図表2-3 社会イノベーション会社の設立

成果を上げた。それぞれの会社は相互に競争し，組織規律も営業成績も向上した。しかし個別会社のレベルではそれが意義深いことであったとしても，日立グループ全体および連結決算というレベルにおいては，重複投資を伴う非効率・非採算のものでしかなかったのである。

そこで日立製作所では，これらの会社を統合し，そして重複部分の整理・合

理化に踏み切ったのである。

　2009年，日立製作所は当期損失が，7,591億2,000万円となった。株価も最低の266円となった。

　これは，日立製作所が，多くの子会社での重複コストが高く，売上高が低迷するなかで，大きな負担になったことであった。

　したがって，子会社，関係会社からの仕入れコストを削減すること，営業費用を削減することが重要であった。具体的には①半導体，②プラズマパネル，③携帯電話から撤退し，子会社16社を9社へ再編するというものであった。日立情報システムズ，日立ソフトウェアエンジニアリング，日立システムアンドサービス，日立プラントテクノロジー，日立マクセルの5社の統合および完全子会社化である。ここでは社会インフラビジネスに必要なものは残し，後は削減するというものである。

(2) グループシナジー
　　—社会イノベーション事業，情報技術と制御技術の融合

　しかしコストの削減だけでは，売上や利益は増えてこない。明確な収益向上投資を明示しなければならない。そこで，当時の日立が明らかにしたのが，「社会イノベーション事業への集中」である。これはITと社会インフラという日立の強みを生かしていこうという戦略である。

　このことによって，日立製作所は，売上高は横ばい，売上原価は削減，営業費用も削減することによって，2011年に営業利益は3兆312億3,000万円に回復し今日に至っている。株価も700円前後に回復している。

図表2－4　社会イノベーションビジネスへの挑戦

（GE）（シーメンス）コントロールシステム	（IBM）（富士通）ITシステム
（日立製作所）社会イノベーションビジネス　コントロールとITシステム	

(3) ブランドよりも技術－サムスンとどこが違うか

　日本企業を批判する場合，ブランド戦略の欠如も指摘される。

　またガバナンスの面で，会社のトップや社外取締役に外国人や女性が少ないという点で，市場や顧客に対する配慮が欠けているとも指摘されている。特に女性の登用であるがブランドおよびマーケット戦略では，女性の感性が欠かせない。女性を登用することで，多様なブランド・マーケティング戦略を展開できると批判している。

　日立製作所は，従来から「技術の日立」といわれているように，技術力の改善に力を入れてきた。生産性の向上による生産コスト削減および移動の加速による流通コストの削減などである。しかいまや日立はそれだけではなくシステム向上によるシナジー効果によって単独コスト・重複コストを削減していこうとしているのである。

図表2－5　サムスンは商品・サービス市場の上に立っている

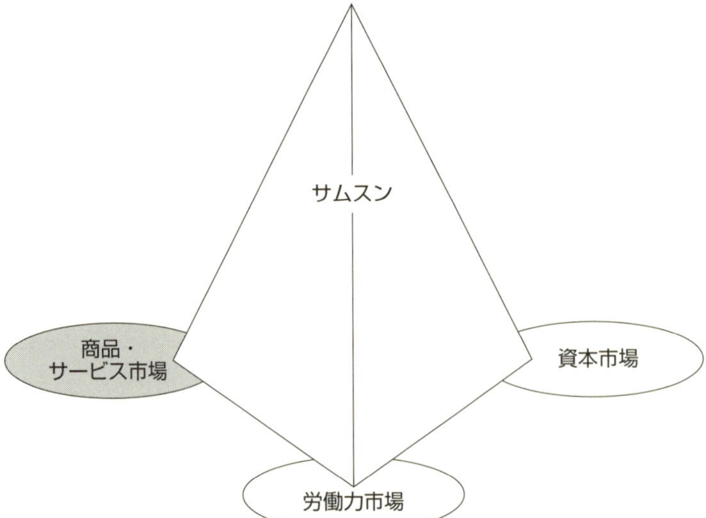

（サムスン／商品・サービス市場／資本市場／労働力市場）

図表2−6 日立製作所は労働力市場の上に立っている

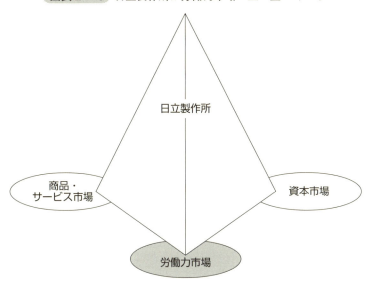

　サムスンは不採算部門を削減し，収益部門の電子事業に特化して，ここを中心にしてブランド戦略を展開している。BRICsやASEAN諸国の新興企業は製品のコストを削減し低価格でその製品を売りまくるが，そのとき必要なのがブランド戦略である。成熟国のブランド戦略は高価格の製品を印象づけるものだが，途上国のブランド戦略は低価格の製品を大量に売りまくるものである。
　しかし，日立製作所は，ブランドより技術という考え方を基本に戦略を展開し，こうした戦略がグループシナジー，社会イノベーション事業，情報技術と制御技術の融合を誕生させたといえる。

(4) 政府主導の株主価値経営
　—スチュワードシップ・コードとコーポレートガバナンス・コード

　日本企業の問題点の1つにガバナンスの弱さが指摘されている。取締役や経営スタッフに外国人や女性が少ないということで，市場の動向に対して感度が

低いと批判され，そのことがROEの低さに表れており，利益を稼ぐ力が弱いとされているのである。

　こうしたことから，安倍政権は経済界に働きかけ，スチュワードシップ・コードおよびコーポレートガバナンス・コードを導入させた。

　まず2014年にスチュワードシップ・コードを導入し，年金，保険，投資信託などの機関投資家190社に「受託責任」を明確にさせた。それは，①運用の方針，②利益相反の公表，③状況の把握，④目的を持った対話（エンゲージメント）⑤議決権行使結果の公表，⑥受託責任の報告，⑦受託責任の能力の蓄積，を義務づけるもので，受託責任を順守するか，それができない場合は，説明を求めるというものであった。

　2015年，このスチュワードシップ・コードの導入を受けて，東京証券取引所第1・2部上場会社2,400社は，コーポレートガバナンス・コードを受け入れ，「企業の持続的成長と企業価値の向上」を目的として，企業監視を徹底するとしたのである。

　こうした状況で，社外取締役に外国人や女性が多く採用され，ROEの向上を総資産，自己資本の減量で達成するのではなく，売上高の増加で改善させていく経営姿勢を採用する企業が増加した。またステークホルダーへの配慮についても積極的になり，賃上げや雇用の増加策が打ち出された。

　しかしトヨタ自動車は，コーポレートガバナンス・コードにおける「企業の持続的成長と企業価値の向上」を目的として，一定期間，株式の売買を禁止する「AA種類株」を発行して，株主の短期的指向を排除するとともに，長期的視点での経営を優先・確保するとした。

　したがって，政府主導の株主価値経営であるスチュワードシップ・コードとコーポレートガバナンス・コードの内実的な定着は，もう少し事態の推移を見なければ，その評価を下すことはできない。

2. 業績向上とコストの削減

(1) アンバンドリング－アップル社のケース

生産委託

　現在の日本企業は、このようにいろいろと問題があるが、ここではROEの低さと関連して生産効率性・合理性について特に詳しく説明してみよう。なぜなら、日本企業の場合、技術は優れているがコストがかかり過ぎていると批判されているからである。

　第1章で述べたように、特にアップル社について述べるならば、アップル社は、アンバンドリングという手法を使い、研究開発のみ同社に残し、生産や販売などの部門は台湾の鴻海に委託している。

　したがってアップル社は生産コストを低減でき、また経営資源を研究開発に集中・特化できるのである。

(2) 選択と集中－GEのケース

　次にGeneral Electric Company（以下、GE）を見てみよう。GEは、1980年代から、ジャック・ウェルチのリーダーシップのもと、事業の選択と集中を進めてきた。高収益部門へ資源を集中し、不採算部門は切り捨てるというやり方である。現在は、ジェフリー・イメルトがそれを継承して、インフラストラクチャーの工業部門を拡充し、金融部門の縮小、非中核部門の分離・売却を進めている。

　このようなGEの戦略と行動は、株主価値経営における選択と集中であり、一方で人員の削減を展開しながら、他方でROEを高めていこうという事業戦略である。

図表2-7 GEの収益、株主利益関連のデータ

(単位:百万ドル)

項目	2000.12	2001.12	2002.12	2003.12	2004.12	2005.12	2006.12	2007.12	2008.12	2009.12	2010.12	2011.12	2012.12	2013.12	2014.12
総収益 Total revenues and other income	130,385	126,373	132,226	134,641	152,866	147,956	163,391	172,488	182,515	156,783	149,567	147,288	147,359	146,045	148,589
総費用 Total costs and expenses	-	-	113,254	114,350	132,386	125,260	138,771	144,960	162,733	146,439	135,380	127,031	129,953	129,894	131,360
税引前利益 Earnings before income taxes	-	-	18,972	20,291	20,480	22,696	24,620	27,528	19,782	10,344	14,187	20,257	17,406	16,151	17,229
当期純利益 Net earnings	12,735	13,791	14,167	15,236	16,819	16,711	20,829	23,124	18,051	11,241	12,179	14,443	13,864	13,355	15,345
株主利益 Net earnings attributable to common shareowners	-	-	-	-	17,160	16,711	20,829	23,124	17,335	10,725	11,344	13,120	13,641	13,057	15,233
株主資本 shareowners' equity	50,490	55,000	64,079	79,631	110,181	108,633	111,509	115,559	104,665	117,291	118,936	116,438	123,026	136,783	136,833
総資産 Total assets	437,006	495,012	575,236	647,395	750,252	673,210	696,683	795,683	797,769	781,818	748,491	718,189	685,328	656,560	648,349
1株当たり現金配当 Dividends declared per common share	-	0.66	0.73	0.77	0.82	0.91	1.03	1.15	1.24	0.61	0.46	0.61	0.70	0.79	0.89
1株当たり利益 Basic earnings per share	1.29	1.39	1.42	1.55	1.65	1.58	2.01	2.18	1.72	1.01	1.06	1.24	1.29	1.28	1.51
株価(年末) Year-end closing stock price	47.94	40.08	24.35	30.98	36.5	35.05	37.21	37.07	16.2	15.13	18.29	17.91	20.99	28.03	25.27
ROE Return on average GE shareowners' equity(%)	27.5	24.7	25.2	20	17.9	17.8	19.5	20.4	17.1	11.7	12.3	12.1	12.1	10.49	11.5
資本比率 Capital ratios (%)	11.6	11.1	11.1	12.3	14.7	16.1	16.0	15.2	13.1	15.0	15.9	16.2	18.0	19.9	19.8

出所:GEのアニュアルレポートをもとに筆者作成。

図表 2 − 8 GEおよびLloydsは資本市場の上に立っている

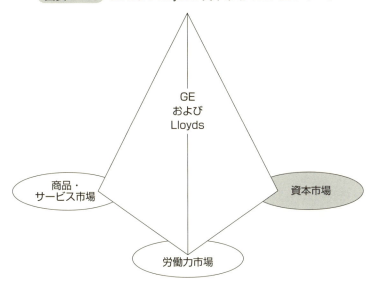

(3) リテールへの特化とM&A─Lloydsのケース

　1990年前後、英国大手銀行の中でのLloyds銀行の評価は、後塵を拝する、駄目な銀行というものであった。1980年代後半、アメリカでの海外業務の展開で失敗し、またラテンアメリカ地域への不健全な貸出しが、Lloyds銀行を大幅な赤字銀行にしてしまった。この泥沼から抜け出すために、二度の不良債権処理を行わねばならなくなった。

　しかし、1990年代後半、ブライアン・ピットマンCEOは、徹底した経費削減を展開し、大幅な増益を実現した。いくつかの支店などを統合・廃止しながら、郵便局との連携、スーパーマーケットへの出店などで高収益化を図ったのである。

　これはピットマンモデルとして称えられているが、彼は次のように言っている。「銀行は選択したマーケットであるべきだ。もし一番であることができないならば、撤退すべきである。バークレイズやナットウエストは収益性の低い投資銀行業務に長く投資してきたが、われわれは頑なにリテールにこだわって

図表 2－9 Lloyds 銀行の特化戦略（モデル）

出所：坂本恒夫（2012）『イギリス 4 大銀行の経営行動1985-2010』中央経済社，第 5 章をもとに筆者作成。

きた。これは強い市場での高収益獲得のためである」と。

　Lloyds銀行は，2008年，Bank of ScotlandとHalifaxを母体とするHBOSと合併し，この戦略は拡大するように思われたが，リーマンショックによって破綻し，2009年には実質的に国有化された。

(4) 英米企業の特質－株主価値最大化戦略

　以上から明らかのように，アップル社，GE，そしてLloyds銀行のやり方は，株主価値最大化のために，多少大切な経営資源であっても，それをコストの観点から削減し，利益率を向上させようというものである。

　この場合，アップル社は鴻海に生産委託をすることによって，労働コスト，設備投資などを節約するものであるが，GEやLloyd銀行の場合は，経営資源そのものを削減して利益率を上げていこうとするものである。

　日立製作所が，技術を中心に経営資源を残しながら，販売や管理のコストを削減していくのとは違い，かなり劇的な手法であるように思う。

　大胆なリストラと部分リストラとの違いは，前者がドラスチックにコスト削減を行うのに対して，後者のコスト削減はモデレートなものといえる。

どちらが優れているとは一概にいえないが，資源の継続利用や長期的視点の経営という点では日立製作所のほうがプラスに作用するが，ROEの回復力という点では英米の企業のやり方のほうが優れているといえる。

3. 求められる日本企業の再生戦略
　　　―ガラパゴス化の打開とアジア連携

(1) 上から目線ではなく対等の関係

　会社の業績が悪化したときに，それを立て直すためには，いくつかの方法がある。

　例えば，サムスンの戦略は，自動車会社を手放し，中核の電子事業を，スマートフォンなど商品のブランド面で強化するというやり方である。

　またアップル社は，アンバンドリングで事業を解体し，生産部門を鴻海に生産委託することによって，大幅なコスト削減を行っている。

　さらにGEは，大幅な「選択と集中」である。儲からなくなっている金融事業から撤退し，強みのある航空機エンジンやタービンへ回帰している。

　これに対して日立製作所は，情報産業を基盤にして，社会インフラビジネスに注力して子会社を統合していこうとするものである。重複投資や重複コストを削減しながら社会インフラビジネスに特化しようとしているのである。

　さて，日本の企業がコストを削減し，業績を回復するためには，まず従来ワンセットであったR&D，生産，配送，販売そして補修という事業行程を解体して，得意分野だけ残して後は委託するアンバンドリングと生産委託という関係を確立しなければならない。この委託関係で重要なことは，支配・従属や下請けという「上から目線」の関係ではなく対等の関係ということである。コストを転嫁するのではなく特化と規模の経済のメリットを追求した対等の連携が重要である。

(2) 精度の向上と業務の標準化
―モジュール,インテグラル,そしてファブレス

　日本企業のコスト削減を進めようと思うと,それは業務を分割するしかない。
　高度で専門的な仕事はより精度を高めていく。そしてそれは日本国内で業務を進めていく。そしてそれがある程度,一般化・単純化されたら,それをアジアの企業に広めていく。これを「上から目線」ではなく対等に行うとすれば,アジア人との協力チームを構成し,コラボレーションの関係で進化させていかねばならない。

　ガラパゴス化という言葉がある。野村総合研究所によると,①日本国内には,独特な環境(高度なニーズや規制など)に基づいた財・サービスの市場が存在する,②海外では日本国内とは異なる品質や機能の市場が存在する,③日本国内の市場が独自の進化を遂げている間に,海外市場ではデ・ファクト・スタンダードな仕様が決まる,④気がついたときには,世界の動きから大きく取り残される,というものである。

　「上から目線」で国内とグループのみで自己完結的にコスト削減を行っていると,このガラパゴス化に陥ってしまう。孤立した環境で,それなりの成果が出ると,エリア外との互換性を失い取り残されていくだけでなく,最終的には淘汰される危険に陥るが,日本企業のコスト削減はそうした危険性が強いのである。

　精度を高めて,グループの相互依存性の中でコストを削減するとインテグラル化して,一般化できない。むしろアジアとの連携で単純化を進めていくとモジュール化が進展してコスト削減がスムーズに進行するのである。

(3) グループシナジーのアジア化

　「いったん試行された活動の中に潜在する競争能力を見つけ出し,これを精製し,ルーチン化して制度化する」。日立製作所は,情報技術と制御技術を融合させて社会イノベーション事業を展開するとしている。グループ各社の技術力を結集し,電力,交通システム,上下水道など複数のインフラを情報技術として結びつけること(グループシナジー)によって,ITベンダーや設備メー

カーと差別化し，社会インフラビジネスを進展させていこうとしている。しかしこれをグループ内で完結すると，いわゆるガラパゴス化が進行し，逆に淘汰される可能性が出てくる。

　世界的に見た場合，日立製作所のように制御（予測して調整する機能，差を見つけて調整する機能）とITを1社で抱える企業は珍しい。GEや独シーメンスなどの重電メーカーは，制御に強みを持つが，IT領域での存在感は薄い。一方で米国IBMや富士通は，ほぼITに特化している。

　日立製作所は，この制御とITの2つを融合させて相乗効果を引き出そうとしているのである。

(4) ガバナンスにアジアの視点をどのように入れるか

　日本の企業が，アジアの企業との連携を深め，単なるコスト削減だけでなくグループシナジーを高めていこうとした場合，生産現場や管理の下部組織で現地人や女性を登用しても，生産効率，管理効率，そしてガバナンスを有効にしていけるものではない。

　社外取締役や経営スタッフにアジア人およびアジアの女性を登用していくべきである。すでにトヨタでは，アメリカ向け乗用車の開発に際して，アメリカ人経営者，アメリカ人チーフデザイナー，そして販売責任者を配置している。

　これからのROE向上作戦は，コストの削減や資産・資本の減量ではなくて，売上高の拡大・上昇である。市場での動向に敏感であるためには，現地人の感性，現地人女性の感性が大切である。しかもそれが経営トップに反映されなくてはならない。

　確かに日本企業の強みは，技術力における生産性であるが，ここに現地のマーケット感性が伝わらなくては，その特性は活かされない。すでに日立製作所は，英国のハイスピードトレインの生産において，現地英国人を700人雇用し，部品の多くを現地に依存している。この経験をアジアでも共有すべきである。

4. 企業価値と社会的価値の統一的追求と戦略の将来性

(1) 国内後発ビジネスの近代化－1次産業のIT化

　日立製作所が展開する社会インフラビジネスは，企業価値と社会的価値の同時かつ統合的な共通価値経営に合致するものであり，将来的にも受け入れられる経営戦略である。

　しかし，わが国には，こうした戦略から取り残された分野が存在している。それが6次産業化である。TPP，地方創生などから多少は近年注目されているが，農林・畜産業，水産業などはコストが高いがゆえに，いわば取り残された産業として社会問題化している。

　情報産業基盤に基礎を置き社会インフラビジネスを標榜する日立製作所には，こうしたアグリビジネス，水産業養殖ビジネスに生産・販売コスト削減の側面からアプローチしてROEおよびCSRの同時実現，共通価値経営を遂行していただきたい。

　日本のいたるところでの農業，水産業分野において，日立製作所の情報産業基盤に基礎を置いた社会インフラビジネスが活躍するのを，誰もが待望している。

(2) 社会インフラビジネスの課題－アジアとの協調

　いうまでもなく，アジア，とりわけ後発エリアにおいては，道路，水道，港湾など社会インフラが未整備である。そして未整備であるがゆえに，これらの地域への日本企業の進出は大幅に遅れている。

　日本企業がガバナンス・コードでいうところの「企業の持続的発展と企業価値の向上」を謳うならば，これら後発エリアの社会インフラ整備は不可欠の条件である。

　社会インフラ整備→日本企業の進出・連携→現地人の経営への貢献→現地・国内両方での技術発展→売上高拡大→ROEの向上という循環を実現できるの

である。

(3) グループシナジーの恒常的点検

ところでこうしたROE向上の循環を実現できたとしても，これを恒常的に維持・発展させることは難しい。現地の企業にすれば，日立製作所の技術を現地に完全に移転することを，強く希望するからである。移転のスピードはともかくとして，長期的には現地化することが大切である。そうでなければ長期的な協調関係を維持していくことは難しいからである。

したがって，日本国内のR&Dは，常に先端性と市場性を踏まえて，研究開発が進められなくてはならない。そして技術移転は恒常的に実施されると同時に，現地での市場動向がアジア人とアジア人女性の手によって届けられることが必要だ。

このように経営執行，技術開発，生産性の向上，ガバナンスの機能とすべてが進行することによって，グループシナジーは効果を発揮するのである。

(4) アジアでの社会的価値追求について

最近，アジアでのソーシャルビジネスの展開が盛んである。NPO，NGOに限らず，アジアなどの各地で日本の企業が社会的活動を展開している。現地の特殊な農産物を日本の市場向けに加工などをして販売実績を上げている。これは，ただ単に日本の消費者向けに食品や製品を提供するだけではなく，現地の生産者の生活向上にも貢献している。

企業価値と社会的価値の同時実現の時代に入り，アジア地域でも経済的価値だけではなく，社会的価値を追求する日本企業は，こうしたソーシャルビジネスのアジアでの社会貢献から，どのような活動がアジアに受け入れられるか学ばなくてはならない。

第3章
経営環境の変化と日本企業のアジア進出

1. はじめに

　本章は，中小企業の海外進出のうちアジア進出について注目して見ていこうとするものである。

　中小企業のアジア進出については，『中小企業白書』(以下，白書)にその動向が示されている。2012年の白書において中小企業の海外展開が大きく取り上げられたものの，2013年以降の白書においては中小企業の海外展開の扱いは次第に小さくなってきている。中小企業が成長していくために海外マーケットは重要なマーケットではあるが，そのようなマーケットへのアプローチの方法，アプローチに関する考え方はここ数年で大きく変化してきていると思われる。

　そこで，本章では，中小企業の海外進出，なかでもアジア進出について過去の機運の盛り上がりの状況の確認，および最近における変化に注目して見ていくことにしたい。具体的には，この点について経済産業省，中小企業庁がまとめている統計データを使って確認し，今後どのようになっていくのか，今後どのようになっていくのが望ましいのかについて展望を行う。

　しかし，中小企業の海外進出は大企業側の動きに大きく左右されると考えられるが，その点について極めて興味深いことが今年起きた事件で明らかになった。それは天津で起きた大爆発事故である。この事件は，今後の中小企業のアジア進出の方向性に極めて大きな示唆を与えるものと思われる。この事件の意味するところを考察し，それを踏まえて，今後の中小企業のアジア進出について考察してみたい。

2. 白書に見る中小企業のアジア進出

　中小企業のアジア進出の状況の最近の状況，過去における状況の順に整理してみる。

　2015年の白書によれば中小企業にとっての海外マーケットの位置づけは成長のために必要なマーケットではあるが，販路の開拓方法としては海外における展示会への出店やインターネットを利用した販売が主体となっている，と述べられている。

　2014年の白書では，旺盛な海外需要を取り込むために，海外展開が必要であると述べられている。その際の課題は「販売先の確保」と「信頼できる提携先・アドバイザーの確保」であるとされている。総合的なサポートをしてくれる民間の海外展開支援企業との連携も進めるべきと述べられている。

　2013年の白書では，過去50年の中小企業白書を振り返って，という特集が示されており，80年代後半から90年代前半において海外展開に係る中小製造業への関心が高まったと述べられている。

　2012年の白書では，「中小企業でも海外展開が拡大傾向。海外展開企業には，技術力やマーケティング力，アフターサービス，現地での対応力を発揮して海外市場を開拓し，国内事業を活性化している多くの事例がある。ただし，海外展開にはさまざまな課題・リスクがあり，それらを見極めつつ，支援策等も活用し，海外展開に取り組むことが求められる」とあり，また，海外展開を取り巻く状況として「我が国が人口減少，需要停滞に直面する一方，アジア新興国の市場は拡大。これに伴い，中小企業の取引先の海外移転も進展」と述べられている。また，「国内の需要停滞，アジア新興国の市場拡大，取引先の海外移転が進む中，製造業・卸売業を中心に中小企業でも海外展開が拡大傾向にある。他方，中小企業が海外展開をするには乗り越えなければならない障壁や国内とは異なる特有の課題・リスクに対応する必要がある」とも述べられている。

　2011年の白書では，「「海外への輸出」に取り組む企業は約1割，「海外への直接投資」に取り組む企業は1割にも満たない」とされている。「国外に財・サービスを販売・提供する企業は，「新たな海外販路開拓」，「関税撤廃や貿易

手続の円滑化による費用削減」と回答する企業の割合が高いが，国外に財・サービスを販売していない企業でも，約6割がメリットがあると回答」との記述もある。

2010年の白書では，中小企業の国際化の現状として「中小企業による輸出額や海外子会社の保有割合が上昇するなど，中小企業の国際化が進展しているが，特に小規模な企業では輸出や直接投資を行う割合は低い」とされている。

2009年の白書では，中小企業による市場の創造と開拓として「海外市場の開拓等を通じた，販路開拓が重要」と述べられている。また，海外市場の開拓の現状と課題としては「中小企業による海外展開は，2001年から2006年にかけて2割増加して7,551社に達している。海外進出の目的は，コストダウンが最も多いが，現地における市場開拓・販売促進を目的としたものも多い」と述べられている。

2008年の白書では，海外展開を通じた中小企業とグローバル化として「海外展開を行う中小企業数は増加傾向にあり，特に最近では非製造業の伸びが大きく上昇している」とされている。また，「海外拠点における課題に関し，品質管理や現地労働者の賃金コスト上昇は製造業と非製造業の共通の課題。他方，非製造業では現地マネージャー層の不足が，製造業では現地市場における更なる販路の拡大が相対的に大きな課題であり，こうした業種の相違も踏まえた海外展開支援が必要」とも述べられている。

2007年の白書では，海外進出については特に触れられていない。

2006年の白書では，東アジア経済との関係深化と中小企業の経営環境変化というテーマが設定されており，「中小製造業のアジア進出は増加傾向。1997年のアジア通貨危機で一時落ち込んだが，2001年以降は中国向けが特に急増」と述べられている。

2005年の白書では，「グローバル化，内外の人口動態等を背景に海外市場の重要性が上昇」とか「グローバル化の進展に伴い，多くの中小製造業が海外製品との競合を意識」といった記述が見られる。

2004年の白書においても中小企業の海外進出は増加傾向にあると述べられている。

このように見てくると，中小企業の海外展開，特にアジア進出に関してはこ

この10年の間，中小企業にとって非常に重要なテーマとして位置づけられ，その機運は次第に高まってきたことがわかる。しかしながら2014年，さらには2015年の白書の記述を見るとこうした機運がやや減退してきているように思われる。特に2015年の白書では海外マーケットへの取り組みとして，海外における展示会への出店やインターネットを利用した販売が主体となっているとされており，海外進出という波が小さくなってきているかのように記述されている。その理由として2014年の白書にあるように販売先および信頼できる提携先・アドバイザーの確保が難しいことが挙げられる。白書の記述からはこのままだと中小企業による海外進出は尻すぼみ状態になってしまうと考えられているかのように読み取れる。

3. 統計データに見る企業の海外進出の状況

次に統計データから企業の海外進出を見てみよう。**図表3－1**は新規設立現地法人企業数を時系列に示したもの，**図表3－2**は解散，撤退現地法人企業数を時系列に示したもので，経済産業省の海外事業活動基本調査のデータを使って作成した表である。**図表3－3**は中小企業庁の中小企業実態基本調査のデータを使って作成した表である。**図表3－1**，**図表3－2**はすべての規模の企業についてのデータ，**図表3－3**は中小企業についてのデータである。

法人企業の現地法人の新規設立数を見ると，2010年度から2012年度まで急速な伸びを示した後，2013年度には大きく減少してしまっている。また，解散，撤退現地法人企業数を見ると，2009年度に一度大きく増加した後減少傾向にあったが，2013年度には再び増加してきている。これを見ると，法人企業の海外進出は白書の記述と連動しているように見える。また，設立先，撤退先の両方においてアジアのウエイトが大きく，進出先としてアジアが中心となっていることがうかがえる。

しかし，**図表3－3**の中小企業の海外展開の状況を見ると，中小企業の海外進出数は，法人企業全体の動きとは連動しておらず，2013年度においても増加の傾向が見られている。これを見る限りにおいて，中小企業の海外進出の機運はいまだ衰えていないと見ることができよう。また，進出先としてはアジアが

32 第Ⅰ部 なぜ日本企業はアジアに展開するのか

図表3－1 新規設立現地法人企業数

実数										
年度	全地域	北米	中南米	アジア	中国	ASEAN4	NIEs3	中東	欧州	オセアニア
2013	578	57	54	375	121	123	69	8	61	14
2012	757	78	55	475	157	160	90	8	104	28
2011	637	50	32	437	174	106	71	5	97	12
2010	402	36	22	272	142	35	59	5	54	10
2009	310	40	18	188	90	36	36	2	46	13
2008	364	40	24	222	107	42	32	6	56	10
2007	409	46	41	240	115	51	31	3	71	6
伸び率										
年度	全地域	北米	中南米	アジア	中国	ASEAN4	NIEs3	中東	欧州	オセアニア
2013	-23.6%	-26.9%	-1.8%	-21.1%	-22.9%	-23.1%	-23.3%	0.0%	-41.3%	-50.0%
2012	18.8%	56.0%	71.9%	8.7%	-9.8%	50.9%	26.8%	60.0%	7.2%	133.3%
2011	58.5%	38.9%	45.5%	60.7%	22.5%	202.9%	20.3%	0.0%	79.6%	20.0%
2010	29.7%	-10.0%	22.2%	44.7%	57.8%	-2.8%	63.9%	150.0%	17.4%	-23.1%
2009	-14.8%	0.0%	-25.0%	-15.3%	-15.9%	-14.3%	12.5%	-66.7%	-17.9%	30.0%
2008	-11.0%	-13.0%	-41.5%	-7.5%	-7.0%	-17.6%	3.2%	100.0%	-21.1%	66.7%
2007	-4.2%	-28.1%	105.0%	-11.1%	-30.7%	27.5%	3.3%	0.0%	18.3%	0.0%

出所：経済産業省海外事業活動基本調査。

図表3－2 解散，撤退現地法人企業数

実数										
年度	全地域	北米	中南米	アジア	中国	ASEAN4	NIEs3	中東	欧州	オセアニア
2013	554	73	26	365	205	68	80	2	76	11
2012	510	63	20	314	188	54	60	5	95	9
2011	572	110	23	317	166	65	71	1	103	13
2010	608	113	29	339	181	68	74	1	106	15
2009	659	140	39	371	200	90	68	3	90	11
2008	472	81	20	303	151	75	65	2	57	7
2007	449	94	21	235	82	69	77	1	85	12
伸び率										
年度	全地域	北米	中南米	アジア	中国	ASEAN4	NIEs3	中東	欧州	オセアニア
2013	8.6%	15.9%	30.0%	16.2%	9.0%	25.9%	33.3%	-60.0%	-20.0%	22.2%
2012	-10.8%	-42.7%	-13.0%	-0.9%	13.3%	-16.9%	-15.5%	400.0%	-7.8%	-30.8%
2011	-5.9%	-2.7%	-20.7%	-6.5%	-8.3%	-4.4%	-4.1%	0.0%	-2.8%	-13.3%
2010	-7.7%	-19.3%	-25.6%	-8.6%	-9.5%	-24.4%	8.8%	-66.7%	17.8%	36.4%
2009	39.6%	72.8%	95.0%	22.4%	32.5%	20.0%	4.6%	50.0%	57.9%	57.1%
2008	5.1%	-13.8%	-4.8%	28.9%	84.1%	8.7%	-15.6%	100.0%	-32.9%	-41.7%
2007	-4.5%	-26.0%	-19.2%	1.7%	-33.3%	32.7%	71.1%	-50.0%	49.1%	-47.8%

出所：経済産業省海外事業活動基本調査。

図表3－3　中小企業の海外展開の状況

	合計	海外に拠点がある	海外に拠点がない	子会社の数				
				計	うちアジア	うちヨーロッパ	うち北米	うちその他の地域
実数								
2013	1,528,950	12,466	1,516,484	11,728	9,365	397	1,035	931
2012	1,541,321	10,200	1,531,121	8,140	6,489	211	505	935
2011	1,637,123	14,930	1,622,193	11,162	8,843	608	1,164	548
2010	1,668,082	16,821	1,651,261	12,251	9,351	456	1,350	1,095
2009	1,700,314	14,879	1,685,435	10,153	7,804	365	1,033	950
2008	1,733,969	14,763	1,719,207	9,962	7,534	598	1,169	660
2007	1,434,406	13,770	1,420,636	9,757	7,743	393	1,053	568
伸び率								
2013	-0.8%	22.2%	-1.0%	44.1%	44.3%	88.0%	105.2%	-0.5%
2012	-5.9%	-31.7%	-5.6%	-27.1%	-26.6%	-65.3%	-56.6%	70.7%
2011	-1.9%	-11.2%	-1.8%	-8.9%	-5.4%	33.3%	-13.8%	-50.0%
2010	-1.9%	13.1%	-2.0%	20.7%	19.8%	24.9%	30.7%	15.2%
2009	-1.9%	0.8%	-2.0%	1.9%	3.6%	-39.0%	-11.6%	43.9%
2008	20.9%	7.2%	21.0%	2.1%	-2.7%	52.4%	11.1%	16.2%

	関連会社の数					事業所の数（箇所）		
	計	うちアジア	うちヨーロッパ	うち北米	うちその他の地域	計	うちアジア（箇所）	うちヨーロッパ（箇所）
実数								
2013	6,750	5,927	366	355	102	2,920	2,501	66
2012	6,802	6,128	178	306	190	3,335	3,057	42
2011	12,262	9,279	1,374	685	4,436	3,394	548	131
2010	11,636	9,758	683	281	4,390	3,528	317	301
2009	14,653	9,530	1,516	1,499	4,091	3,067	427	233
2008	11,390	9,039	1,113	351	4,433	3,449	389	268
2007	10,882	8,802	1,116	412	4,416	3,199	392	422
伸び率								
2013	-0.8%	-3.3%	106.0%	16.2%	-46.5%	-12.4%	-18.2%	55.3%
2012	-44.5%	-34.0%	-87.1%	-55.4%	-95.7%	-1.7%	458.3%	-67.7%
2011	5.4%	-4.9%	101.2%	144.2%	1.1%	-3.8%	72.5%	-56.6%
2010	-20.6%	2.4%	-55.0%	-81.3%	7.3%	15.0%	-25.6%	29.2%
2009	28.7%	5.4%	36.3%	327.5%	-7.7%	-11.1%	9.7%	-13.0%
2008	4.7%	2.7%	-0.3%	-14.8%	0.4%	7.8%	-0.7%	-36.5%

出所：中小企業庁中小企業実態基本調査。

中心となっていることは，全企業の統計と一致している。しかし，白書と統計の間に時点の差があるため，この点については今後公表されるであろう2014年度以降の統計データに注目して見ていく必要がある。

4. 天津の爆発事故が物語ること

まずは，天津の爆発事故の概略を見ていくことにしよう。

2015年8月12日，天津市の港湾地区で大規模な爆発事故が発生した。発生した場所は，天津市の中心部から50kmほど離れた濱海(ビンハイ)地区の倉庫である。この事故による死亡者は170人を超え，負傷者は約700人に及んだ。倉庫に置いてあった化学物質に放水したことで爆発が発生したといわれている。次の日本の台風被害と比較すると人的被害は非常に大きなものであったことがわかる。

● 最近の日本の台風被害
- 台風第18号等による被害（2015年9月7日～9月11日）…死者8名，負傷者49名，住家全壊24棟，半壊12棟，一部損壊94棟，床上浸水7,280棟，床下浸

図表3-4 地図に見る天津市の位置と省別現地法人分布

出所：経済産業省海外事業活動基本調査。
http://www.meti.go.jp/statistics/tyo/kaigaizi/result/result_28.html

水12,035棟など
- 台風第18号による被害（2014年10月4日～10月6日）…死者6名，行方不明者1名，負傷者72名，住家全壊2棟，半壊4棟，一部損壊251棟，床上浸水671棟，床下浸水1,869棟など

　物的被害についても非常に多くの被害状況，金額が報告されている。住宅損壊は1万7,000戸。爆発地点には月面のクレーターと思われるような直径100メートル規模の巨大な穴が開いた。現場の周囲にあった輸入車などが多数被害にあったと報告されている。

　天津港は北京をはじめとする中国北部への玄関口（上海と並びこのように呼ばれている）となる港（図表3－4）で，2014年の貨物取扱量は世界第4位であった（『週刊ダイヤモンド』2015年8月29日号，9頁）。濱海地区は，中国初の国家級開発区であり，経済特区の1つ。自動車，電気通信など主要産業における世界的大企業が進出するエリアである。日系企業としては，トヨタ自動車，アイシン精機，アルプス電気，大塚製薬，パナソニックなどの工場がある。加えて，近年商業エリアの整備も進み，イオンモール店舗も進出している。

図表3－5　トヨタに関する記事

日付	内容
8／13	● 工場のガラスが割れる。他の被害状況を確認
8／14	● 生産車の一部が破損（他に富士重工，マツダ，三菱自，出光の名前も出ている）
8／16	● 操業停止3日間
8／19	● トヨタの生産中止の影響でアイシンの天津工場も停止 ● 操業停止を延長（22日まで） ● トヨタ，天津の操業停止延長＝富士重は輸出車荷揚げを上海港に ● 日系企業停止続く　トヨタ，大塚製薬，イオン・天津爆発　工場，店舗に被害
8／21	● トヨタ，生産再開に遅れ－輸送代替ルート検討
8／22	● 工場操業停止を再延長（26日まで）
8／26	● 天津工場を27日から順次再開 ● 操業停止の現地工場28日から再開決定
8／27	● きょうからトヨタ天津工場再開　残業などで生産挽回も
8／29	● トヨタ自動車の主力工場が再開

出所：日本経済新聞，朝日新聞ほか。

図表3－6　トヨタ以外の会社の動向

日付	内容
8/14	・中国・天津で爆発　被害拡大　大塚製薬・工場操業停止　イオン・営業不能 ・天津港　運用制限で貨物取り扱いに大きな影響
8/15	・世界4位の港まひ，天津爆発，被害広がる，工場や店舗，停止，物流経路変更も検討。 ・税関施設も大破　日系企業，被害確認　天津爆発
8/17	・BMW，中国主要輸入港を上海に変更 ・仏ルノー，中国天津の爆発で8－9月の輸入車納品に影響 ・独VW，中国天津の爆発で約2,700台が被害
8/19	・中国向け出荷43％が天津港　富士重 ・アイシンAW，天津工場再開へ ・マルフク食品　工場操業と輸出再開
8/20	・新車の陸揚げ港変更，三菱自，上海や大連経由 ・天津から上海へ陸揚げ先を変更　富士重。富士重，華北向け車両を上海港での荷揚げに振り替え
8/22	・ジェトロ　HPで情報提供　港湾復旧状況など
9/10	・イオン，天津店の営業再開へ，食品など一部で ・イオン：中国・天津の施設，20日から再開　爆発事故で休止
9/15	・日通／天津港の物流，ほぼ回復。東南ア域内輸送に注力
9/17	・貿易赤字5カ月連続，8月5,697億円，対中輸出4.6％減。
9/20	・イオン，天津の店舗で一部営業再開　11月の全面開業目指す。40日ぶり。
9/25	・大塚製薬，中国・天津工場で「ポカリ」生産再開

出所：日本経済新聞，朝日新聞ほか。

　以上，天津の爆発事故について見てきた。これらのことからいえることは次のとおりである。天津の爆発事故は，想像以上に大きな影響を及ぼした。天津が上海と並ぶ中国北部への玄関口となる港であって，物流の中心地であったからである。この事故により一部製品の物流に大きな混乱が生じ，復旧には非常に多くの時間がかかった。自動車産業における生産停止は，部品や素材産業に影響を及ぼした（図表3－5，図表3－6）。また，医薬品産業においては一部製品の日本への供給がストップする事態にまで及んだ（図表3－7）。

　これらのことを総合すると，次のようにいうことができる。日本企業のアジア進出という観点からすれば，中国は過去において注目を浴びた地域であるが，今の流れからは置き去りにされている地域というイメージが強い。しかしなが

図表3－7 製薬業界に関する話題

日付	内容
9/2	・グラクソ，B型肝炎薬の供給不安定，天津爆発の影響。 ・GSK，B肝治療薬「テノゼット」を出荷調整　中国爆発事故で工場被災，対策を検討中
9/3	・B型肝炎薬の供給不安定に―中国天津の爆発で被災 ・天津・爆発の影響　B型肝炎薬の日本へ出荷停止
9/4	・B型肝炎薬，供給ピンチ　工場被災，製造再開の見通し立たず
9/16	・天津爆発の影響で出荷停止　"B型肝炎治療薬確保を"　患者団体が緊急要請

出所：日本経済新聞，朝日新聞ほか。

ら，今回の事故で中国が日本企業の進出先として依然として極めて重要な存在であることが浮き彫りになった。

つまりアジアへの進出の流れは，中国から他の東南アジア諸国へと移っているのではなく，中国進出という流れは時間軸的にはやや古い時点に山場があるものの，以前として1つの大きな流れとして存在している。他の東南アジア諸国への流れは，どちらかといえば中国への流れとは異なる新しいものである，と考えるべきである。

5. おわりに

以上，白書，統計データを使って中小企業の海外進出について見てきた。

白書の記述では，中小企業の海外進出には，障害となるものが多く，困難性が高いための機運は減退してきているとされていた。経済産業省の統計から，日本企業の海外進出の動向を見ると，進出企業数の減少，撤退企業数の増加が見られ，白書の記述同様に日本企業の海外進出機運は減退していることが感じられた。

しかしながら，中小企業庁の中小企業の海外進出の状況を見ると，中小企業の海外進出件数は日本企業全体の動きと異なり，2013年においても増加傾向にあることが確認された。しかし，白書の記述は2015年時点，中小企業庁のデータは2013年度時点のものであるため，この違いは時点の違いによるものと考え

ることもできる。したがって，これだけだと中小企業の海外進出の機運が上向きであるのか，下向きであるのかを確認することができない。今後公表されるであろう新たな年度のデータを待って確認する必要がある。

　他方，日本企業の海外進出に関して重要な示唆を与えてくれそうな事件が今年起こった。それは，天津の大爆発事故である。未曾有の大惨事となった事故であり，この事故によって中国に進出している日本企業，欧米企業がかなりの被害を被った。しかしそれ以上に注目すべき点は，事故により天津港が使えなくなったことで物流などに非常に大きな影響が出たことである。日本企業のアジアへの進出はかなり古くから行われ，その初期の頃には中国が進出先の中心であった。しかし，中国の人件費の高騰などが背景となって，日本企業の進出先は中国からアジアの他の国へと移っていくという流れが生まれた。すなわち中国は日本企業の進出先としてはすでに魅力を失ってしまったかのように思われていた。ところが，今回の事故で日本企業のアジア進出において物流の中心となっているのは依然として中国であることが浮き彫りになったのである。

　このことは，今後の日本企業の海外進出，特にアジア進出を考えるうえで非常に重要な意味を持っている。すなわち，中国から他のアジア諸国へという流れは，確かに存在しているが，それはいわばうわべだけを見ているものであって，底流には別の流れが存在しているのである。うわべの流れも重要であるが，底流にある流れを見極めていくことが今後の動向を考えるうえで非常に重要だと思われる。

▶参考文献

中小企業庁『中小企業実態基本調査』
　http://www.e-stat.go.jp/SG 1 /estat/NewList.do?tid=000001019842
経済産業省『海外事業活動基本調査』
　http://www.meti.go.jp/statistics/tyo/kaigaizi/
中小企業庁『2015年版中小企業白書』
　http://www.chusho.meti.go.jp/pamflet/hakusyo/
中小企業庁『2014年版中小企業白書』
　http://www.chusho.meti.go.jp/pamflet/hakusyo/H26/h26/index.html
中小企業庁『2013年版中小企業白書』
　http://www.chusho.meti.go.jp/pamflet/hakusyo/H25/h25/index.html

中小企業庁『2012年版中小企業白書』
　http://www.chusho.meti.go.jp/pamflet/hakusyo/H24/H24/index.html
中小企業庁『2011年版中小企業白書』
　http://www.chusho.meti.go.jp/pamflet/hakusyo/h23/h23/index.html
中小企業庁『2010年版中小企業白書』
　http://www.chusho.meti.go.jp/pamflet/hakusyo/h22/h22/index.html
中小企業庁『2009年版中小企業白書』
　http://www.chusho.meti.go.jp/pamflet/hakusyo/h21/h21/index.html
中小企業庁『2008年版中小企業白書』
　http://www.chusho.meti.go.jp/pamflet/hakusyo/h20/h20/index.html
中小企業庁『2007年版中小企業白書』
　http://www.chusho.meti.go.jp/pamflet/hakusyo/h19/h19_hakusho/index.html
中小企業庁『2006年版中小企業白書』
　http://www.chusho.meti.go.jp/pamflet/hakusyo/h18/H18_hakusyo/h18/index.html
中小企業庁『2005年版中小企業白書』
　http://www.chusho.meti.go.jp/pamflet/hakusyo/h17/hakusho/index.html
中小企業庁『2004年版中小企業白書』
　http://www.chusho.meti.go.jp/pamflet/hakusyo/H16/index.html

第4章
大手邦銀のアジア展開と国際金融機関としての役割

1. はじめに

　近年，大手邦銀では国際業務が収益の柱として確立しつつあり，とりわけアジアへの展開が強化されている。実際，大手3邦銀ともアジアを重要拠点として位置づけていることがディスクロージャー誌の経営計画で確認され，今後もアジア展開重視の姿勢が続くものと考えられる。

　もっとも，邦銀の海外展開は今に始まったことではなく，1950年代には貿易金融を中心とした国際業務の取り扱いが始まっていた。当時は旧外為法により国際業務が厳しく管理され銀行の国際業務ももっぱら貿易取引に伴う外国為替業務，いわゆる貿易金融が中心をなすものであった。旧外為法のもとでは，外国為替専門銀行として認可された東京銀行の育成が優先され，それ以外の銀行の海外店舗認可は抑制されていた。それゆえ，邦銀の多くは国際業務を行うに際し海外に直接拠点を設置するのではなく，外国銀行とコルレス契約を締結し，そのコルレス先の銀行を中継して外国為替業務を執行していたのである。

　1960年代中頃になると，商社主導で海外直接投資が活発化し，銀行の国際業務に対するニーズは多様化，その取引規模も増大していくことになる。邦銀の海外出店に関する規制も緩められ，企業の海外進出意欲に呼応するように，邦銀の海外拠点は飛躍的に増えていった。もっとも，この時期企業の海外進出に対して積極的に支援を行っていたのは銀行ではなく商社であったといえる。銀行はあくまで付随的に国際化していったに過ぎないものであった。

　1970年代に入ると第2次海外投資ブームに乗り，企業は商社主導ではなく自ら積極的に海外へ展開するようになる。邦銀は国際舞台でプロジェクトファイ

ナンスやシンジケートローンで中心的役割を果たすようになり、投資銀行業務にも積極的に乗り出していった。

1990年代になると邦銀の海外展開は欧米にとどまらず、アジアへの展開も急激に成長した。しかし、アジア通貨危機、不良債権処理問題、BIS規制の導入などさまざまな要因が折り重なり、邦銀の海外展開・国際業務は縮小を余儀なくされた。

2000年代中頃までには、かつて13行あった都市銀行は3行に再編され、不良債権処理にもめどがつき、さらに公的資金の完済を果たすなど財務体質が健全化されつつあった。大手邦銀は保守的で極めて収益率が低いとの批判が高まるなか、2008年に発生したリーマンショックは、それまでハイリスクなポジションを積極的にとり続けてきた欧米の金融機関に壊滅的なダメージを与え、比較的ダメージの小さかった大手邦銀が、相対的に国際金融機関としてのプレゼンスを高める結果となった。こうした経緯を経て、近年再び大手邦銀は国際業務の強化へ動き始めるに至ったのである。

本章では、近年大手邦銀が収益の柱として強化している国際業務、とりわけアジアへの展開に注目し、アジア展開の現状と大手邦銀が今後アジアで果たすべき役割は何なのかを考察する。

2. 大手邦銀のアジア展開の目的

(1) 海外展開への動機

1990年代後半以降、大手邦銀(都市銀行と呼ばれていた時代も含む)は国際業務を縮小し、海外からは撤退する方向に動いていたが、近年ではアジアを中心とした海外展開に積極的な姿勢を見せている。こうした方向の転換はいつから始まったのであろうか。山口(2012)では、公的資金を完済した2006年から大手邦銀の海外展開が拡充し始めたと述べられており、海外展開には大きく分けて3つの形態に分類できるとしている。1つ目は外国銀行との業務提携という形態、2つ目は少数株主として外国銀行へ出資する形態、3つ目は海外支店あるいは現地法人の設立という形態である。1つ目の形態について、2006年以

降各大手邦銀は新興国を中心に矢継ぎ早に外国銀行と業務提携を締結していることが示されており，これらの業務提携は「シンジケートローン，トレードファイナンス，インフラファイナンスでの協力強化，案件の相互紹介，提携先の支店網を活用した日系企業のサポートが主なもの」[1]と述べられている。現地でのニーズが不確かな段階ではこうした業務提携にとどめ，リスクの所在を図るという点でこうした形態は有効であろう。

2つ目の形態に関して，大手邦銀による中国・韓国・香港の銀行などへの少数出資の事例が示されているが，こうした少数出資を戦略的投資と主張する大手邦銀に対し，「数％の出資では業務関係の強化など難しく国際業務の強化に結びつきそうにないという評価が業界内にある」[2]とし，少数の出資は純投資に過ぎないと指摘している。実際，現地の銀行に対する少数出資が有効な海外展開につながるとは考えづらく，少数出資を海外展開の一形態としてみなすのは無理があるだろう。

3つ目の形態である海外支店・現地法人の設立は，銀行が本格的に現地での業務を拡大する意思の表れといえる。現地で銀行業務を行うには支店や現地法人の設立が必要であり，情報収集を主な目的とし預金・融資業務を行うことのできない駐在員事務所とは業務の幅に大きな違いがある。業務提携や少数出資では海外での業務展開に限界があるが，海外に直接拠点を構えることで主体的に海外展開が図れることになる。実質的な海外展開の開始とは，この3つ目の形態である支店の開設や現地法人の設立をもってみなすことができよう。

現在に続く大手邦銀の国際業務重視の方向性は，公的資金を完済した2006年以降，当初は日系企業へのサポートに主眼を置き外国銀行と業務提携を締結するところから始まったといえる。そして近年においては積極的に海外拠点を開設し，さらなる拡張を図っている段階といえる。

では，大手邦銀が海外展開を拡大する動機はどこにあるのだろうか。いうまでもなく，収益機会の拡大を目的とするのであるが，その背景として大槻（2012）では，国内貸出業務が依然として縮小傾向にあり，預金過多の状態が続いているという点を指摘している。また国内では融資先がないばかりか，融資の利鞘が極度に低く，十分な収益が望めない。そのため，資金需要のある海外へ進出せざるを得なかったのである。もっとも，「海外の利鞘も，現在の大

手邦銀が行っている大企業向け貸し出しでは必ずしも高くない」[3]のであるが，国内貸出に比べれば「同等程度の信用力の先に与信を行った場合の利鞘は海外で行う方が明らかに高い」[3]のである。大手邦銀は国内での貸出拡大を目指すよりも，海外での貸出拡大を強化するほうが合理的と判断したと考えられる。

(2) アジア展開の目的

　前項で見たように，大手邦銀は国内貸出市場の縮小と低収益性から，貸出業務のウエイトを海外へ向け始めており，その中でも特にアジア重視の方針を3行とも打ち出している。では，なぜ大手邦銀が海外展開の要としてアジアを重要視しているのか。この点に関して，これまでの先行研究では共通して，日本企業のアジア進出意欲の高さが挙げられている。例えば，竹村・竹内（2011）では，従来アジアへの進出は大企業で製造業・加工業に偏りがあったが，近年では中堅・中小企業で非製造業・素材産業のアジア進出も増えつつあると述べられている。また行木（2003），金融調査研究会（2012），山田（2012）などでも同様の指摘がなされており，日本企業のアジア進出はもはや輸出組立加工型の大企業に限られるものでないことが明らかとされている。つまり，かつて企業のアジア進出は大企業が中心であったが，近年では中小企業のアジア進出も活発であり，大手邦銀の顧客は大企業だけではなく中小企業も対象となりうるのである。日本企業が規模や業種にかかわらず積極的にアジア進出を目論むのであれば，必然的に大手邦銀もアジア展開を強化せざるを得なくなったのである。過去の経緯だけを見れば，大手邦銀のアジア展開は事業会社の海外展開に追従する形で行われているにすぎないと解釈することができる。しかし，単に追従するだけならば，わざわざ方針として「アジア重視」を標榜することもないはずである。きっかけは企業への追従であったかもしれないが，結果的にアジア展開することによって高い収益性が期待できるからこそ，大手邦銀としても積極的にアジア展開に目を向けているのである。アジアでの収益性に関しては次章で具体的に検証するが，金融調査研究会（2012）で論じられているように，アジアへ進出する日本企業の支援と自らの収益機会創出の両面から，大手邦銀はアジア重視の方針を打ち立てているものと考えられる。

3. 大手邦銀の国際業務とアジア展開の現状

(1) 大手邦銀における国際業務の位置づけ

　現在大手邦銀にとって国際業務はどのような位置づけにあるのだろうか。まず，各行の貸出金残高の国内・海外割合を見てみよう。**図表４－１**は2010年度から2014年度にかけての各行の国内・海外貸出金残高の推移である。各行とも直近５年の国内貸出金残高は横ばいであるのに対し，海外貸出金残高は増加傾向にあることがわかる。三菱東京UFJ銀行では2010年度の海外貸出金残高の割合は22.0％であったのが2014年度には36.4％，みずほ銀行では2010年度の25.0％に対し2014年度は31.5％，三井住友銀行では2010年度の16.5％に対し2014年度は32.4％と，直近年度ではいずれの大手邦銀も貸出金総額の３割以上が海外での貸出となっている。各行とも国内での資金需要が伸び悩むなか，海外での資金需要に活路を見出していることが読み取れる。

　では，収益性の面ではどうであろうか。**図表４－２**は各行の国内業務部門と

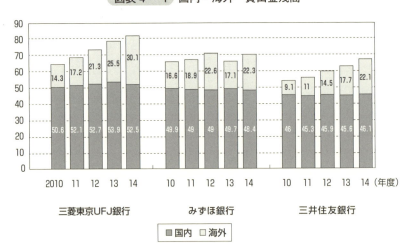

図表４－１　国内・海外　貸出金残高

出所：各行ディスクロージャー誌をもとに筆者作成。

国際業務部門の総資金利鞘の推移である。三菱東京UFJ銀行とみずほ銀行の国内業務での総資金利鞘は非常に低水準にあり，直近期に至ってはマイナスの利鞘（逆鞘）となっている。一方，両行とも海外業務での総資金利鞘は堅調に推移しており，プラスを確保している。三井住友銀行においては，最近5年間では国内業務での総資金利鞘が海外業務での総資金利鞘を上回って入り，直近期においては他行の海外業務での総資金利鞘を上回る水準にある[4]。海外業務での総資金利鞘は国内の水準に満たないまでも増加傾向にある。総資金利鞘は各行で異なる傾向にあるものの，海外での収益性が高まってきていることは共通して見られる特徴といえる。特に国内業務が逆鞘となっている三菱東京UFJ銀行とみずほ銀行においては，海外での収益性強化はますます重要な要素となっていくことであろう。

　以上のように，国内での貸出金残高が伸び悩む一方，海外での貸出金残高は堅調に伸びている点，海外業務での総資金利鞘が上昇傾向にある点などから，近年では大手邦銀にとって量的・質的の両面で国際業務が重要な位置づけにあるものと考えられる。

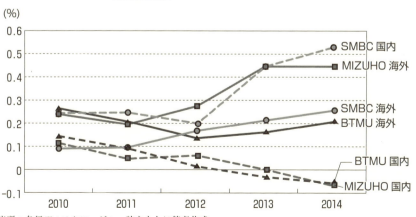

図表4－2　国内・海外　総資金利鞘

出所：各行ディスクロージャー誌をもとに筆者作成。

(2) アジアでの業務現況

① アジアでの出店状況

2014年3月末時点で大手邦銀3行の海外店舗数は135支店（出張所含む），28駐在員事務所の合計164店舗の出店数となっている。各行のディスクロージャー誌ではインド，インドネシア，韓国，カンボジア，シンガポール，タイ，台湾，中国（香港含む），フィリピン，ベトナム，マレーシア，ミャンマー，モンゴル，パキスタン，バングラデシュがアジアの国として分類されており（図表4－3），3行を合わせると61支店（出張所含む），15駐在員事務所の合計76店舗がアジアでの出店状況となっている[5]。

図表4－4にあるように，2010年3月末時点での海外店舗数は153店舗，アジア店舗数68店舗であった。2000年3月末時点での海外店舗数が296店舗，そのうちアジアでの店舗数が168店舗であったことを考えると，アジアへの展開が後退しているかのように見える。しかしこれは，2000年から2005年にかけて

図表4－3　大手邦銀のアジア進出先一覧

	三菱東京UFJ	みずほ	三井住友
インド	●	●	●
インドネシア	●	●	●
韓国	●	●	●
カンボジア	●	●	●
シンガポール	●	●	●
タイ	●	●	●
台湾	●	●	●
中国（香港含む）	●	●	●
フィリピン	●	●	●
ベトナム	●	●	●
マレーシア	●	●	●
ミャンマー	●	●	●
モンゴル	●		●
パキスタン	●		
バングラデシュ	●		

出所：各行のディスクロージャー誌をもとに筆者作成。

都市銀行8行が東京三菱銀行，みずほ銀行（みずほコーポレート銀行），三井住友銀行，UFJ銀行へと集約され，さらに三菱東京UFJ銀行，みずほ銀行，三井住友銀行の3行へと合併が繰り返される過程で，重複する地域の店舗が統廃合された結果と考えられる。とはいえ，2010年以降も取り立ててアジアでの店舗数が増加しているわけでもなく，店舗数を見る限り，大手邦銀がアジア展開を特段強化しているようには見えない。近年の大手邦銀のアジア展開は単純な店舗数ではなく，業務内容の質的な充実度合により図る必要がある。

② アジアでの貸出残高・収益状況

まず，大手邦銀のアジアでの貸出残高の推移を見てみよう。三菱東京UFJ銀行のアジアでの貸出平均残高は2010年度が6.2兆円であったのに対し，2014年度では13.3兆円とほぼ倍増している（図表4－5）。またみずほ銀行では，2011年度のアジア向け貸出残高が599億ドルであったのに対し，2014年度では897億ドルと150％近い増加率となっている（図表4－6）。三井住友銀行では，

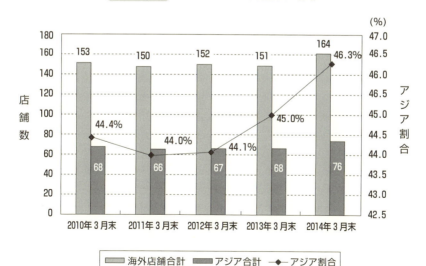

図表4－4　大手邦銀の海外店舗数の推移

出所：ニッキン資料年報「海外店舗分布状況」の各年度版をもとに筆者作成。

第Ⅰ部 なぜ日本企業はアジアに展開するのか

図表4－5 三菱東京UFJ銀行 地域別貸出平均残高

出所：三菱東京UFJ銀行 各年度IR資料をもとに筆者作成。

図表4－6 みずほ銀行 貸出金残高

出所：みずほ銀行 各年度IR資料をもとに筆者作成。

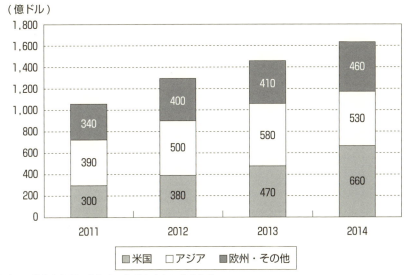

図表4-7 三井住友銀行　貸出金残高

出所：三井住友銀行　各年度IR資料をもとに筆者作成。

　2011年度貸出残高が390億ドルであったのに対し，2014年度では530億ドルと170％近い伸びを見せている（**図表4-7**）。このように，大手邦銀はこの数年でアジア向けの貸出残高を大幅に増やしており，貸出市場として米国と双璧をなすまでに成長している。

　では，アジアでの収益性はどうであろうか。海外地域別の収益指標[6]を公表している三菱東京UFJ銀行とみずほ銀行で見てみよう。三菱東京UFJ銀行の2011年度のアジアでの業務純益は555億円であったのに対し，2014年度では1,062億円と約190％の増加率となっている（**図表4-8**）。みずほ銀行では，2011年度の業務粗利益が1,121百万ドルであったのに対し，2014年度では1,608百万ドルと約140％の増加率であった（**図表4-9**）。両行ともに，収益性に関しても米国と同様の水準を確保しており，国際業務におけるアジア地域の重要性は安定的に高い地位を占めていることがわかる。

　本項では，大手邦銀のアジアに対する融資残高と収益の推移から，アジアが国際業務の中でも重要な位置を占めていることを確認した。次項では，大手邦銀のアジアでの具体的な取り組み状況を見ていく。

第Ⅰ部　なぜ日本企業はアジアに展開するのか

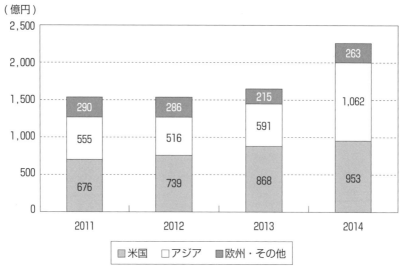

図表4－8　三菱東京UFJ銀行　地域別営業純益

出所：三菱東京UFJ銀行　各年度IR資料をもとに筆者作成。

図表4－9　みずほ銀行　海外業務粗利益

出所：みずほ銀行　各年度IR資料をもとに筆者作成。

③ アジアでの具体的な取り組み状況

大手邦銀は進出先のアジア各国でどのような業務を行っているのであろうか。まず，アジアへ進出した日系企業へのサービス提供があげられる。野村総合研究所（2014）のインタビュー調査によると，日系企業は融資（現地通貨建・国際通貨建）だけではなく，貿易信用状の提供，キャッシュマネジメントシステム，デリバティブ，ファクタリング・サービス，プロジェクトファイナンス，進出国における株式・債券の発行などサービス提供を受けており，大手邦銀は国内と遜色のない銀行業務を日系企業に提供している。日系企業にとっては，日頃取引のある大手邦銀とはコミュニケーションがとりやすく，国内取引の延長という感覚で海外でのサービスを享受することができるのであろう。

一方，近年では非日系企業へのサービス提供を強化してきている。三菱東京UFJ銀行のIR資料によると，2014年度のアジア向け貸出平均残高のうち，約70％が非日系企業向けの貸出であることが示されている。同様に三井住友銀行のIR資料では，2014年度のアジア向け貸出金のうち約75％が非日系企業向けの貸出であることが提示されている。みずほ銀行では地域別の割合は公表されていないものの，海外向け貸出のうち49％がアジア向けで，その内訳は65％が非日系企業向けの貸出とされており，海外向け貸出全体としては非日系企業向けのほうが多くなっていることがわかる。なお，三菱東京UFJ銀行のIR資料では，アジア地域での業務粗利益のうち，59.7％が非日系企業からの収益であることを公表しており，一層アジア重視の姿勢を裏づける結果となっている。

このように，大手邦銀各行は日系企業のアジア進出へ付随する形でアジア展開をしていったという歴史的な背景があったものの，近年では日系企業だけではなく非日系企業を取引先として重要視していることが確認された。

④ 地場銀行の買収事例

現地に根差した業務展開には，現地化すなわち地場銀行と遜色のない知名度・サービス・利便性を実現させる必要がある。しかし，日本の大手邦銀がゼロから地場銀行を創設していく戦略をとる場合，法制度や商慣習の違いなど超えるべき障害が多く，膨大な時間とリスクを伴う。一方で，既存の地場銀行を買収して現地参入を実現する戦略をとる場合，もともとある知名度や現地の法

制度・商習慣に精通したスタッフを即座に手に入れられるため，短期間で現地化を推進するには最適な戦略といえる。もっとも，現地の銀行を買収したとしても日本的なマネジメントが受け入れられるとは限らず，思うような業務推進が実現できないため，結局手放すことになるというリスクを伴う点では前者の戦略と変わりはない。

　三菱東京UFJ銀行は，2013年12月にタイのアユタヤ銀行を子会社化し，2014年1月に三菱東京UFJ銀行バンコク支店と統合した。三菱東京UFJ銀行のIR資料によると，アユタヤ銀行はタイ国内では規模で第5位，リテール・中小企業のビジネスで強みを持ち，個人ローンのマーケットシェアやクレジットカードの発行で第1位の地位にあるとされている。三菱東京UFJ銀行はこの買収により，日系企業とタイ企業のビジネスマッチングや日系企業の口座獲得など日系企業向けのサービス拡充を目指す一方，タイ企業の国際戦略や多国籍企業のタイ進出支援など，タイの非日系企業に対するグローバルバンキングの強化策を検討している。すなわち，アユタヤ銀行の買収は日系企業のビジネス機会拡大だけを目的としているのではなく，タイの地場銀行として現地企業のビジネス機会の創出をも目的としているのである。

　また三井住友銀行は，2013年5月にインドネシアのバンク・タブンガン・ペンシウナン・ナショナル（以下，BTPN）の株式24.26％を取得，2014年5月には追加出資を実施し，出資比率を合計40％まで引き上げ持分法適用関連会社とした。三井住友銀行のIR資料によると，BTPNは1958年に軍人年金の取り扱い金融機関として設立され，インドネシア国内では時価総額6位の中堅銀行とされている。IR資料では出資後の具体的な展望は示されていないものの，BTPNへの出資を買収戦略の一環と捉えており，同行の強みとされるリテール業務での協業を目論んでいるものと推察される。

4. アジアで果たすべき大手邦銀の役割

　大手邦銀が積極的にアジア展開を推進するのは，頭打ちとなっている国内業務に代えてアジアを収益源の要として捉えていることは疑いようのない事実である。しかし，アジアを基盤とする国際金融機関を目指すのであれば，進出先

各国の経済発展に寄与し，金融機関として現地企業や個人顧客に受け入れられる存在になる必要がある。

まず現地での顧客基盤を確立するには地場銀行として"現地化"することが必要である。現地法人を設立し，営業拠点を徐々に拡充させていくという戦略をとるのも1つの手であるが，顧客基盤を確立するという点ではあまりにも時間がかかりすぎることだろう。一方，地場銀行を買収して拠点と人材を一挙に手中に収められる，現地銀行の買収という戦略は短期的に顧客基盤を確立するという点で最適ではあるが，現地の商慣習に十分配慮した事業展開を行わなければ現地従業員・顧客の反感を買いかねない。"現地化"である以上，あくまで地場銀行としての地位に変化をもたらしてはいけないのである。

とはいえ，単に地場銀行を買収しただけでは国際金融機関としてのアジア展開に活路は見いだせない。重要なことは，金融インフラの整備に一役買うことにある。つまり大手邦銀は，成熟した国内でのバンキングシステムを進出先のアジア各国で導入することにより，アジアの金融システム発展に寄与することができるのである。アジア各国にとっては，長年蓄積された日本のバンキングシステムを短期的に取得できるというメリットがあり，大手邦銀にとっては国内でのノウハウを今後アジア各国で生かすことができるというメリットがある。例えば，日本ではCRD（中小企業信用リスク情報データベース）やRDB（日本リスク・データ・バンク）など中小企業の財務・信用データを加盟銀行同士で共有するデータベースがあり，こうしたデータをもとにして統計的に中小企業の信用リスクモデルを構築し，与信審査やリスク量の測定に活用している。大手邦銀はこうしたデータベースコンソーシアムをアジア各国で設立するために協力し，現地の与信管理高度化に寄与することも1つの役割である。それは同時に，大手邦銀としてもアジア向けの与信リスク低減につながるのである。また個人顧客に対しては，大手邦銀の持つ投資信託や生命保険などの銀行窓販のノウハウを生かせる可能性がある。進出先の法制度により銀行窓販が可能かどうかという問題もあるが，特に成長著しいアジア各国では今後続々と現れることが予想される富裕層の取り込みも期待できる。

以上のように，大手邦銀が国際金融機関として持続的にアジアで業務展開していくには，金融インフラを"輸出"し，国内と変わらない環境を進出先の国

で整備することが重要である。すなわち，"国内とアジア"という地域的な垣根をなくし，日本を含めたアジア地域全体を1つの営業基盤とみなせるまで現地化することが必要といえる。もちろん，国が違えば法制度も違うため一律に同じ条件で業務が行えるわけではないが，日本のバンキングシステムをいち早く輸出することで，アジア各国との親和性を高めることが可能となるのである。

▶注

1　山口（2012），2頁。
2　山口（2012），4頁。
3　大槻（2012），17頁。
4　IR資料によると，三井住友銀行の国内貸出は他行に比べ個人・中小企業向けの割合が高い。そのため貸出利率も全体的に高い水準を確保でき，国内業務の収益性が高くなっているものと考えられる。
5　このほか，アジアでの現地法人としてみずほ銀行は3法人，三井住友銀行は4法人，三菱東京UFJ銀行は3法人を保有している。
6　業務粗利益とは銀行本来の業務から得られた粗利益のことで，資金利益（貸付金や有価証券などで得た利益から，預金の支払い利息などの資金調達費用を差し引いたもの）・役務取引等利益（手数料収入など）・特定取引利益（トレーディングなどで得た収益），その他業務利益（外国為替売買損益，国債等債券関係損益）の合計である。一般企業でいう売上総利益に相当する。また業務純益とは，そこからさらに経費・一般貸倒引当金繰入額などの経費を差し引いたもので，一般企業でいう営業利益にあたる。

▶参考文献

大槻奈那（2012）「動き出した3メガバンクの海外事業拡大戦略―20年目の再挑戦は成功するか」『金融ジャーナル』2012年2月号。
野村総合研究所（2014）『わが国金融行業の国際競争力強化に関する調査研究　報告書』金融庁委託調査。
金融調査研究会（2012）「アジア経済圏における金融・資本市場の発展に向けた課題とわが国金融機関が果たすべき役割」。
清水聡（2013a）「重要性を増すアジアの金融資本市場と日本の役割」『アジア・マンスリー』2013年2月号，日本総研。
清水聡（2013b）「進展するアジア金融統合と日本の戦略」『環太平洋ビジネス情報RIM』Vol.13 No.51。
竹村裕一郎・竹内淳一郎（2011）「生き残り模索する邦銀―アジア市場での失地回復の可能性」『経済百葉箱　第49号』日本経済研究センター。
行木慎一（2003）「邦銀のアジア関連ビジネスの現状と留意点―followerからleaderへ」『平成14年度　外務省委託研究　日本経済の構造調整と東アジア経済』日本国際問題研究所。

根本直子（2012）「邦銀の逆襲　法人は苦戦，狙いはアジアの個人市場」『エコノミスト』2012年10月2日号。
矢吹大介（2011）「成功するグローバル運営体制　＜日本式モデル主導型＞海外展開のすすめ」『金融財政事情』2011年10月31日号。
山口昌樹（2012）『邦銀のアジア進出と国際競争力』山形大学人文学部叢書1。
山田能伸（2012）「アジアにおける邦銀の成長機会」『金融ジャーナル』2012年12月号。

第5章
アジアに進出する日本のソーシャルビジネス

1. はじめに

　「近時，日本の中小企業が，アジア，特に後発新興国に進出している。その中で若手経営者が，それらの国々の経済発展や社会貢献をミッションとして活躍していることも興味深い。ここに，国際経営の新潮流のひとつとも言える現象が見られる」[1]。
　本章ではこの点について考察する。具体的には社会的課題の解決をミッションとするソーシャルビジネスに着目し，わが国中小企業のソーシャルビジネスとしてのアジア進出について考察し，国際経営の新潮流の1つの姿を明らかにする。進め方は，本節でソーシャルビジネスについての概観を行い，第2節でアジアに進出する日本のソーシャルビジネスの3事例を考察し，第3節でまとめを行う。

　ソーシャルビジネスについてはさまざまな定義がなされている。ここで例を挙げる。
　「ソーシャルビジネスとは，自然環境，貧困，高齢化社会，子育て支援などといったさまざまな社会的課題を市場としてとらえ，持続可能な経済活動を通して問題解決に取り組む事業のこと」（出所：小学館日本大百科全書）。
　「ソーシャルビジネスは，社会的課題を解決するために，ビジネスの手法を用いて取り組むものであり，以下の3要件を満たす主体を，ソーシャルビジネスとして捉える。社会性（現在解決が求められる社会的課題に取り組むことを事業活動のミッションとすること），事業性（ミッションをビジネスの形に表

し，継続的に事業活動を進めていくこと），革新性（新しい社会的商品・サービスや，それを提供するための仕組みを開発したり，活用したりすること。また，その活動が社会に広がることを通して，新しい社会的価値を創出すること）の3要件である。なお，組織形態としては，株式会社，NPO法人，中間法人など，多様なスタイルが想定される」（経済産業省ソーシャルビジネス研究会報告書より[2]。一部略）。

このほか，2006年にノーベル平和賞を受賞したムハマド・ユヌス（Muhammad Yunus）の定義もまた少し異なっている[3]。なおユヌスは，バングラデシュでマイクロファイナンスを行っているグラミン銀行の創設者で，ソーシャルビジネスで著名な人物である。ユヌスはソーシャルビジネスとして2つの種類を挙げている。1つ目は社会問題を解決する損失なし配当なしの会社で，所有する投資家は利益をすべて事業に再投資するものであり，2つ目は貧しい人々が所有する営利会社で，利益を分配することにより貧困の緩和を図り，社会問題の解決につなげていくものである。

以上のようにソーシャルビジネスについては明確な定義はないが，本章では前述したソーシャルビジネス研究会の「ソーシャルビジネスは，社会的課題を解決するために，ビジネスの手法を用いて取り組むもの」という定義を取ることとする。なお代表例としてはNPO[4]やNGOなどの非営利組織が行っている例が挙げられることが多いが，上述のように組織形態は必ずしも非営利組織のみとは限らず，株式会社の例や，非営利組織と営利企業のハイブリッド型が行っているものも挙げられる。

山本（2014）では，以下のように述べている[5]。「今，私益を追求してきた民間企業が社会的責任（CSR）の視点から公益に関心を向けている。一方，公益のために非営利活動を展開してきたNPOが，募金や寄付だけでは事業を賄えず，ビジネス手法を模倣し始めている。つまり，民間企業の社会志向とNPOの事業志向によって両者の活動する場がオーバーラップしているのである。ここに社会的企業[6]の本質のひとつがうかがえる。まさに「ソーシャル」と「ビジネス」の2つが接近する時代がやってきた」。

近年ソーシャルビジネスの分野への関心は高まっており，「ビジネスを通じて社会問題の解決を目指す社会起業家が，途上国・新興国支援で成果を上げて

いる」[7]。

　本章では，アジア，特に後発新興国に進出するソーシャルビジネスの事例を取り上げ，その社会貢献の姿を見ながら国際経営の新潮流を考察する。

　事例としては，ソーシャルビジネスを行っている異なる組織形態での３事例を考察する。すなわち，NPOの例としてカンボジア・インドで児童虐待を助けるために事業展開している「認定NPO法人かものはしプロジェクト」（事例１），株式会社の例としてバングラデシュで貧しい人々を助けるためにバッグ製造を行って途上国発のブランドを作ろうとしている「株式会社マザーハウス」（事例２），NPOと営利企業のハイブリッド型としてカンボジアを中心とした社会企業家への社会的投資（ソーシャルインベストメント）を行っている「ARUN（ARUN合同会社・NPO法人ARUN Seed）」（事例３）を取り上げることとする。

　なおNPOは非営利組織（Nonprofit Organization）の略であり，通常は企業という言い方は用いないが，中小企業の規模となるNPOを，本章では便宜的にアジアに進出する中小企業の一形態と捉えることとする[8]。

2. 事 例

　この節では，アジアに進出するソーシャルビジネスの３事例を考察する。

(1) 事例１　認定NPO法人かものはしプロジェクト[9]

① 概　要

　カンボジアで児童の人身売買防止活動を行うNPO法人[10]。児童買春の根絶をミッションとし，子どもが売られない世界をつくるために活動を続けている。

　2002年に３人の共同代表によってNPO法人として設立され，2004年よりカンボジアで，2012年よりインドでも活動しており，2014年４月に認定NPO法人となった。事務所は日本事務所（東京都渋谷区）およびカンボジア事務所がある。

　貧困家庭の女性を雇用し小物の製造等を行うこと，少年少女に生きる技術を身につけさせ経済的自立を行う等の活動を通じて，ソーシャルビジネスを行っ

ている。

② 沿　革

　代表者の1人，村田早耶香氏が，大学生の時に東南アジアを訪れた際にタイでの児童買春の惨状を目の当たりにし，これを直したいと考え周囲からは無謀といわれながら2002年に団体を立ち上げ起業した。

　2004年にカンボジアでパソコン教室を開き，少年少女にITスキルを身につけさせ独立できるようにと考え，一方日本ではHP制作事業を立ち上げ，カンボジアのパソコン教室卒業者に発注し貧困からの脱出を図らせようとした。教室は2007年まで続けた。

　その後，児童買春の問題は農村部にあると判断し，農村でバッグや財布などを生産するセンターの運営を開始，現在はカンボジアのみでなくインドでも活動を行っている。

　NPOは収入が少ないことが悩みだが，かものはしプロジェクトは事業収入を得て人々を助けようとしており，ここがソーシャルビジネスといわれるゆえんである。

③　事業内容ほか

　カンボジアでは，「コミュニティファクトリー経営」，「警察支援」，「孤児院支援」を行っている。コミュニティファクトリー経営とは，現地女性を雇用し工場で製品をつくり女性の自立を図っていくものであり，2014年度は95人の女性がコミュニティファクトリーで働いた。警察支援とは，警察の能力向上を支援する事業で，カンボジア内務省プロジェクトの財政的・技術的支援を行うものである。孤児院支援とは，売られてしまう危険のある子どもたちを水際で救うための孤児院支援をするもので，毎年50人の子どもたちを継続的に支援している。

　インドでは，「被害者の傷回復プログラム」「加害者を処罰する仕組みづくりプログラム」などを行いながら，人身売買被害者の支援とともに社会の仕組みを変える活動を行い，子どもが売られない世界の実現を目指している。

　日本では，広報活動を行うと同時に資金調達活動を行っており，2014年度は

前年度比45％の増加となり，収入は1億8,000万円，正味財産が7,300万円となっている。

④ まとめ

子どもを児童売買から救いたいということから3人の若者によってつくられた認定NPO法人かものはしプロジェクトは，2015年現在で13年目に入り，多くの支援者やその事業活動によって年間収入が1億円を超す団体に成長し，目的に対する成果を上げてきている。アジアに進出し，ソーシャルビジネスを行い社会貢献を果たしている中小企業の事例であり，組織形態としてはNPOである。

(2) 事例2　株式会社マザーハウス[11]

① 概　要

株式会社マザーハウスは山口絵理子氏が2006年に設立した会社で，バングラデシュの貧しい人々が貧困から抜け出せるように自立を支援するため，バングラデシュでバッグ製造を行い，途上国発のブランドをつくることをミッションとした会社である。本社は東京都台東区にある。株式会社であるが，バッグ製造を行っているもともとの目的が貧しい人々をその貧困から救うことにあるので，株式会社によるソーシャルビジネスといわれている。

② 沿　革

創業者の山口氏は，学生時代に世界最貧国の1つバングラデシュに行き，貧困と汚職がはびこる社会に衝撃を受ける。貧しい人々が，その生まれた国によって貧困のまま生きていかねばならない現実を見て，この状況を変えようと周囲の猛反対を押し切って2006年に起業した。

当時バングラデシュには外国の大手資本が製造を依頼する工場があったが，安い人件費による製造のみを要求していた。また現地で作られた製品も，かわいそうな人たちが作った物だから，客がかわいそうだと思い購入するという構図で，品質も良くないという状況であり，これでは続かないし将来がないと山口氏は考えた。

バングラデシュならではの製品を現地の人が誇りを持って作り，消費者が買いたいと思って購入するようにしていかねばならない。そこに自立があると山口氏は考え，バングラデシュ産の麻であるジュードを使ったバッグの製造を始めた。山口氏自らも，バッグ製造の学校で学び技術を身につけ工場で現地の人と一緒に作業し，良い製品を作るよう努力し同時に日本での販路を開拓していった。

その結果，日本（東京）で東急ハンズが取り扱うようになり，現在は直営店を持ちデパートに卸すまでになり，バングラデシュでは地域に雇用を生み出し職員が自立できるようになってきている。

③ 事業内容ほか

事業内容は，発展途上国におけるアパレル製品および雑貨の企画・生産・品質指導，同商品の先進国における販売等である。資本金は2,795万円，売り上げは2008年に1億2,000万円を超え利益も出るようになった。

④ まとめ

貧しい人々が，その生まれた国によって貧困のまま生きていかねばならない現実を変えようと，若い女性が起業した株式会社マザーハウスは，その製品の品質の良さが評価され順調に発展してきている。アジアに進出し，ソーシャルビジネスを行い社会貢献を果たしている中小企業の事例であり，組織形態としては株式会社である。

(3) 事例3　ARUN（ARUN合同会社・NPO法人ARUN Seed）[12]

① 概　要

ARUN（アルン）とはカンボジア語で夜明けという意味で，新しい社会をつくろうという希望を表している。カンボジアを皮切りに途上国の優れた社会的企業に投資を実行しているが，ARUN合同会社[13]という営利企業とNPO法人ARUN SeedというNPOとのハイブリッド方式で，この事業を展開している。つまりARUNはNPOと営利企業の両方を持っている。

ARUN合同会社は，日本の企業や個人の出資金をもとに，貧困や環境問題

に取り組む発展途上国の社会起業家に投資する会社である。このような社会的投資を，これまでにカンボジアやインド等で総額約1億円超，行っている。またNPO法人ARUN Seedは，社会的投資についての情報発信や調査研究などを行うNPO法人である。

② 沿革

　ARUNの創業者である功能聡子氏は，社会人となった後，カンボジアで日本のNGOの現地駐在員として5年，JICA（国際協力機構）で5年の計10年を過ごした。そのときにあるNGOのリーダーから「カンボジアの農家について，援助に頼るだけでは駄目で，農家が自ら考え，経済的に自立し豊かになれるようしたい。そのために自らの力で事業を成り立たせるための資金が必要で，それを出してくれる投資家を探してほしい」と言われた。その経験から，功能氏は日本に帰国した後，投資家を探そうとしたが，わかったことは，投資家を探すのはかなり難しいということと，日本には適切な仕組みもないということである。それならばその仕組みを自分で作ろうと考え，ARUNを創業するに至った。

　このような経緯から，2009年に功能氏が代表となりARUN合同会社を設立し，2014年までにカンボジアとインドのソーシャルビジネス6社に社会的投資を行っている。ARUNへの出資者も徐々に増え，2009年の10人から2014年は110人となっている。

　また2014年にNPO法人ARUN Seedを設立している。

③ 事業内容ほか

　ARUNの行う社会的投資とは，ビジネスの力で社会を変えようとしている起業家を発掘し，投資し経営支援を行い，共に事業を育てる仕組みである（なお投資のリターンとしては，経済的なリターンと社会的なリターンの両方を追求している）。一方で投資家自身がARUNの事業に参画運営するという形態をとっており，ARUN事業そのもので，途上国と先進国双方にインパクトを与える新しい仕組みづくりを目指している。

　現在の投資に対する経済的リターンは，投資額合計133万5,000ドルに対し

110％の回収率となっている。

また社会的リターンは，農業技術へのアクセス14万世帯をはじめ，医療へのアクセス約2万人，女性のエンパワーメント，収入向上・雇用機会の創出等さまざまある。この社会的リターンという部分が，ソーシャルビジネスといわれるゆえんである。

④　まとめ

社会的投資は重要なものと考えられるが，日本ではその歴史が浅く，民間ではARUNが初めてといわれている。ARUN自体は設立されてまだ日も浅く，今はまだ種をまく段階であろう。今後が期待される。

アジアに進出し，ソーシャルビジネスを行い社会貢献を果たしている中小企業の事例であり，組織形態としては営利企業とNPOのハイブリッド型である。

以上，この節ではアジアに進出するソーシャルビジネスの3事例を見てきた。次節でまとめを行う。

3. おわりに

前節で見た，わが国からアジアに進出している組織形態の異なるソーシャルビジネスの3事例に，共通したものがある。以下の点である。

第1に，社会的課題の解決への創業者の熱い思いがある。事例1の認定NPO法人かものはしプロジェクトと事例2の株式会社マザーハウスのケースでは，まだ若く社会経験が全くない状態の女性が，かつアジアの極めて難しい社会的課題解決のための起業をした。周囲の猛反対があったが，飛び込んでいって苦しみながら試行錯誤をして乗り切っている。そこには，何としてもそのミッションとする社会的課題の解決を図ろうとする強い意志と思いがある。この中には，事例3のARUNのケースに見られるように，誰もやらないなら自分がやろうという姿勢も入ってくる。

第2に，社会的課題解決の実現のために，また組織の持続可能性のために，ビジネスの手法を取り入れ，市場の力を使っている点である。ここにはNPO，

営利企業という従来の組織形態による違いというものは，必ずしも存在しないと思われる。

第3に，「他者のために何かをする」という生き方，社会的課題の解決のために「社会を変える，世の中を変える」との理想を持って大変な努力を重ねていることである。

また企業の形態は異なっても，それぞれが社会貢献を果たしているという点で一致しており，進化する企業の社会貢献の姿，言い換えると国際経営の新潮流の姿が見られる。

これらを見ていると，本章の第1節で述べたことが現実になってきていると感じる。すなわち，「近年ソーシャルビジネスの分野への関心は高まっており，ビジネスを通じて社会問題の解決を目指す社会起業家が，途上国・新興国支援でも成果を上げている」という点である。

加えて前述の3つの点は，後発新興国と中小零細企業におけるグローバル人材育成の観点からも示唆がある。

本章では，アジアに進出しソーシャルビジネスを行っている中小企業の事例を取り上げた。ソーシャルビジネスとして解決したい社会的課題を見ると，かものはしプロジェクトのように児童の人身売買をなくしたいこと，マザーハウスのように貧しい人々がその生まれた国によって貧困のまま生きていかねばならない現実を変えたいこと等は，日本では現在はあまり見られなくなったとされるものである。そこでこれらの課題解決，つまり後発新興国における社会的課題の解決には，日本の先進国としての経験や知恵も活かせるのではないかと思われる。その意味でも，アジア，特に後発新興国におけるわが国中小企業の進出は，ソーシャルビジネスをより発展させていく要素もある。言い換えると，これらはまさに進化する企業の社会貢献の姿ともいえ，本章の冒頭で触れた国際経営の新潮流の1つの姿といえる。

本章はまだ少ない例を提示しただけで，そのほんの端緒を示しただけであるが，この分野は今後の発展が期待される分野でもあり，事例と考察を重ねていくことが肝要と思われる。

第5章　アジアに進出する日本のソーシャルビジネス

▶注

1　明治大学経営学部経営学特別講義A（コーディネーター　坂本恒夫明治大学経営学部教授）テーマ「国際経営の新潮流—わが国中小企業のアジア進出—」シラバスより要約。
2　経済産業省「ソーシャルビジネス研究会報告書 平成20年4月」（2008年）
　http://www.meti.go.jp/policy/local_economy/sbcb/sbkenkyukai/sbkenkyukaihoukokusho.pdf（2016年1月25日閲覧）
3　ユヌス（2010），p.32。
4　NPO（Nonprofit Organization：非営利組織）とは，教育，文化，医療，福祉，国際協力など，さまざまな社会的活動を行う非営利・非政府の民間組織のことをいう。剰余金を組織外部に分配することを制度的に禁じられている。日本の場合，狭義には特定非営利活動促進法に基づく特定非営利活動法人（NPO法人）やそれに任意団体を加えたものを意味する。広義には社団法人及び財団法人・社会福祉法人・学校法人・医療法人・宗教法人・助成財団なども含まれる。またNGO（Non-governmental Organization：非政府組織）も同様の組織を意味するが，日本では国境を超えて活動する民間国際援助団体を意味することが多い（山内・田中・奥山（2012），181頁より）。
5　山本（2014），ii頁「はじめに」より。
6　社会的課題の解決を目的として活動する事業体を社会的企業という。ソーシャルビジネスと同じ意味で使われることもあるが，社会的企業はその組織形態に焦点を当てたものである。
7　『日本経済新聞』「社会起業家海外で躍動」2015年5月25日。
8　ただし注6でも示したが，NPOを含めて社会的な目的を持って活動する事業体を社会的企業といい，その意味ではNPOも企業と称されることがある（雨森（2012），147頁より）。
9　かものはしプロジェクトについては，村田（2009），週刊ダイヤモンド（2009），53頁，週刊東洋経済（2013），68-69頁およびHP，事業報告書等を参考にした。
10　NPO法人とは特定非営利活動促進法に基づく特定非営利活動法人の略称（注4も参照）。認定NPO法人とはNPO法人のうち，一定の要件を満たす法人は所轄庁（都道府県または政令指定都市）から認定されることで税制上の優遇措置を受けることができるというもの。
　内閣府NPO HP　http://www.npo-homepage.go.jp/（2016年1月25日閲覧）
11　マザーハウスについては，山口（2007）（2009），週刊ダイヤモンド（2009），36-37頁およびHPを参考にした。
12　ARUNについては，米倉（2015），124-139頁およびHP，ARUNパンフレット等を参考にした。
13　合同会社とは社員（出資者）は全員が有限責任で，内部関係については組合的規律が適用される会社。重要事項の決定は総社員の一致が原則で，広く定款自治が認められ，利益や権限の配分などを自由に決めることができる。2005年制定の会社法で新設。持分会社の1つ（『大辞林（第三版）』より。

▶参考文献

【書籍（邦文）】
雨森孝悦（2012）『テキストブックNPO（第2版）』東洋経済新報社。
村田早耶香（2009）『いくつもの壁にぶつかりながら』PHP研究所。
山内直人・田中敬文・奥山尚子編（2012）『NPO NGO事典』大阪大学大学院国際公共政策研究科NPO研究情報センター。
山口絵理子（2007）『裸でも生きる』講談社。
山口絵理子（2009）『裸でも生きる2』講談社。
山本隆（2014）『社会的企業論』法律文化社。
ムハマド・ユヌス著，千葉敏生訳（2010）『ソーシャル・ビジネス革命』早川書房。
米倉誠一郎（2015）『2枚目の名刺 未来を変える働き方』講談社。

【ウェブサイト】
ARUN HP　http://www.arunllc.jp/
ARUN合同会社　http://www.arunllc.jp/arun/arunllc
NPO法人ARUN Seed　http://www.arunllc.jp/arun/arun-seed
認定NPO法人かものはしプロジェクトHP　http://www.kamonohashi-project.net/
経済産業省「ソーシャルビジネス研究会報告書 平成20年4月」（2008年）
　　http://www.meti.go.jp/policy/local_economy/sbcb/sbkenkyukai/sbkenkyukaihoukokusho.pdf
内閣府NPO HP　http://www.npo-homepage.go.jp/
株式会社マザーハウスHP　http://www.mother-house.jp/

【雑誌】
週刊ダイヤモンド「特集 社会起業家 全仕事」『週刊ダイヤモンド』2009年4月11日号，ダイヤモンド社，2009年。
週刊東洋経済「NPOでメシを食う！―想いをビジネスに変える手法」『週刊東洋経済』2013年4月13日号，東洋経済新報社，2013年。

【新聞】
『日本経済新聞』「社会起業家海外で躍動」2015年5月25日。

第Ⅱ部

中小企業のアジア展開

第6章
グローバリゼーションと起業家精神

1. グローバリゼーションの時代

　今はグローバリゼーションの時代であるといわれているが，産業革命以降の19世紀末から第1次世界大戦まで，すでにイギリスを中心にグローバリゼーションが進展していた。この時代は，第1次グローバリゼーションの時代ともいわれている。ポンドを主軸する通貨は固定相場制であったが，資本・労働の移動が自由に行われていた。このため，好況時には需要が高まり，輸入が増加して貿易収支がマイナスになり，通貨の流出を食い止めるためには金利を上げるという悪循環を招く結果となり，世界経済は大恐慌に陥った。いわゆる1929年の大恐慌である。各国は，自国の市場と商品を保護して，この不況からの脱出を試みたが，高関税や輸入制限等の保護主義は，不況を長期化させ，ナショナリズムの台頭，経済のブロック化を招き，世界大戦につながったといわれている。こうして，第1次グローバリゼーションは終わったのである。

　第2次世界大戦後，ブレトン＝ウッズ体制下で為替の安定と金融の自立性を目的として，ドルを基軸通貨とした金ドル本位制（固定相場）の下で資金の移動を制限した。基軸通貨ドルの主体であるアメリカは，ベトナム戦争などの影響で大幅な財政赤字に陥ったため，1971年ニクソン大統領はドルと金の交換を停止し，ブレトン＝ウッズ体制が終わった。いわゆるニクソン・ショックである。その後一時的に固定相場制が取られたが，1973年以降，先進国は変動相場制に移行していった。1970年代に入ると，アメリカの経常収支も赤字になったが，資本移動は自由化され，第2次グローバリゼーションの時代に入り，今日に至っている。

貿易面では戦前の保護主義の反省を踏まえて，1948年に「関税及び貿易に関する一般協定（GATT：General Agreement on Tariffs and Trade）」が発足した。GATTは，関税など貿易障壁を少なくして貿易自由化を促進する多国間協定であった。加盟国（23カ国）は他のすべての加盟国に同等の貿易条件を与えること（最恵国待遇），輸入品と国産品を同等に扱うこと（内国民待遇）などを原則としているGATTは，国際貿易のルールとして世界経済の発展に貢献した。このGATTを発展的に解消する形で1995年WTOが設立された。

　WTOはGATTの下で自由化交渉分野の拡大を図った。GATT時代には，1947年にジュネーブにおいて第1回目の交渉が行われ，1994年に終了したウルグアイ・ラウンド（1986～94年，加盟93カ国）まで，合計8回のラウンド交渉が行われた。このラウンドの歴史の中では，例えば，1964～67年に行われたケネディ・ラウンド（1964～67年 加盟67カ国）においては，「工業品関税の一律50％下げ」という画期的な原則が採用された。また，ウルグアイ・ラウンドでは，サービス貿易や知的財産権など新分野へのルールの適用やWTOという国際機関の設立を始めとする機構面の強化などが決定された。その後，このWTO体制のもとで初めて開始されたのがドーハ・ラウンド（2001年～，加盟153カ国）である[1]。

　多くの途上国が参加するようになるとWTO交渉の合意は難しくなりドーハ・ラウンドは，交渉妥結のめどさえ立っていない。それに代わる役割を担ったのが，自由貿易協定，経済連携協定である。こうした地域経済協定は，当初は少数の国々の協定であったが，最近のTPPのように，地域の多くの国が参加する協定が多くなった。地域経済協定が，WTOを補完・代替するグローバルなルールを形成する場となってきたのである。TPPに限らず，日本を取り巻く太平洋地域にはさまざまな経済グループがあり，関税の規制などの緩和や撤廃を行い，貿易活動を活発にしようとしている。さらにインターネットの普及，通信，交通網などのインフラの整備に伴って，ビジネスは国境を越えていくようになった。今や東京の自宅でお茶を飲みながら，好きなものを注文し，世界中の製品やサービスを，いつでも，どこでも手に入れることができる。ビジネスの世界では国境はほとんどなくなっている。しかし，こうした状況は一朝一夕に実現したわけではない。

日本企業の海外展開は**図表6－1**に見られるように時代とともに変化してきた。日本のグローバルビジネスの歴史を紐解いてみると，1950年代から70年代にかけて日本企業は自社の製品を日本の商社を経由して輸出してきた。いわゆる製品輸出である。その後，自社製品を輸出するための海外子会社を設立し，1970年代初めからアジア各国で海外生産を開始した。1980年代からは，安い人件費と質の高い労働力を求めて経済改革を進める中国に生産拠点を置くようになった。2000年代からは海外市場でもマーケティングから研究開発・製造・販売・サービスまで含むトータルビジネスを展開するようになり，新興国マーケットへの拡大を進め，顧客ニーズに柔軟な対応するようになった。

　こうしたグローバリゼーションは，企業の経営方針の中でも重要な項目として位置づけられている。主な企業の経営方針では，**図表6－2**に示すように各社ともに表現の仕方に違いはあるが，「グローバル」「イノベーション」「環境」が重要なキーワードになっている。これらのキーワードを並べるだけでグローバリゼーションの方向性が見えてくる。「日本中心から徹底的なグローバル志向へと転換を図り，グループ各社の持つ情報・経験・信頼を活用して，グローバル事業展開を加速し，地域バランスの良い事業構造を実現するとともに，新興国の高い経済成長や新たな成長市場への対応を目指す」。

　今やグローバリゼーションは，日本企業の経営にとってなくてはならない経営計画の1つとなっており，国内市場だけを対象にしたように思われる企業であっても，原材料や部品の調達，さらには製造工程そのものを海外に委託する

図表6－1　日本製造業の海外展開の変遷

製品輸出の時代（1950～70年代）
・日本の商社を通じた製品輸出 ・海外子会社の設立
海外生産の時代（1970～90年代）
・東南アジアに生産拠点設立 ・中国へ工場進出（1980～90年代）
海外ビジネス展開の時代（2000年～）
・マーケティング，開発，販売，サービス機能 ・新興国市場への拡大と顧客ニーズへの柔軟な対応

図表6-2　主な日本企業の中期計画で示された重点方針一覧

企業名	主な重点方針		
	グローバル	イノベーション	環境
東芝	グローバル事業展開加速	イノベーションのさらなる進化	CSR経営の推進
パナソニック	日本中心から徹底的なグローバル志向へ	既存事業偏重からエナジーなど新領域へ	環境貢献の拡大　グリーン指標No.1の基礎固め
		単品志向からソリューションシステム志向へ	
日立	日立グループ各社が持つ情報・経験・信頼の活用	社会インフラとITによる社会イノベーションニーズ実現	環境先進技術と経験による環境システム構築
トヨタ	地域バランスのよい事業構造を実現	高い品質を作りこむ。常に時代の一歩先のイノベーション	地球環境に寄り添う意識を持ち続ける
三菱商事	新興国の高い経済成長や新たな成長市場への対応	新たな成長事業の育成インフラ，地球環境事業	環境・CSRを評価する貢献度指標の導入

アウトソーシングなど，海外との関係はますます重要な課題となってきている。

2. グローバル人材の育成

　グローバリゼーションを進める企業にとって，重要な役割を担うのがグローバルに活躍できる人材であり，その確保と育成は喫緊の課題である。最近の新聞からグローバル人材に関する記事を見てみると多くの事例が見られる。

　「ユニクロを展開するファーストリテイリングがグローバル化への転換を急いでいる。3月から社内の公用語に英語を導入する」(『日本経済新聞』2012年3月11日)。「13年春以降，1,500人の新卒採用のうち1,200人を外国人とする」(『日本経済新聞』2011年10月6日)。「トヨタ自動車は，採用内定者が入社前の半年間，海外に留学できる研修プログラムを始めると発表した。海外で学ぶ機会を早くから与えることで，国際的な感覚を持つ人材の育成に役立てる狙い」(『日本経済新聞』2011年10月6日)。「ソニーは内定者が海外留学などを計画している場合，入社時期を4月ではなく秋などにずらせる。新卒採用者に占める

外国人の比率（3割）を高めることと併せ，国際的に活躍できる若手社員を増やしていく」（『日本経済新聞』2011年10月6日）。「イオンは20年までに本社社員の外国人比率を現在の3％から5割に引き上げる」（『日本経済新聞』2011年10月）。「三菱商事は今年度から，20代社員に海外経験を義務付ける新制度を導入した。語学や実務研修の名目で半年から1年程度，新興国を中心に順番に派遣する。ビジネスの主戦場が海外にシフトするなか，若手のうちに異文化や商習慣の違いを体験させ，グローバル人材の育成につなげる」（『日本経済新聞』2011年10月10日）。「日立製作所は12年春に入社する社員のうち，150人の事務系全員，300人の技術系の半数を将来海外赴任に対応できる『グローバル要員』として採用する。13年春入社でも同じ採用姿勢を続ける。日立は海外売上高比率を10年度の43％から12年度は50％超に引き上げることを目指しており，海外市場の開拓を担う人材の層を厚くする」（『日本経済新聞』2011年10月6日）。「アサヒビールは2010年からグローバル人材の育成を目的に，20～30代の若手社員を海外で研修させる制度『グローバル・チャレンジャーズ・プログラム』を設け，これまで17人をアジアや欧州などに派遣した」（『日本経済新聞』2012年4月21日）。

　このように多くの企業がグローバル人材の育成に力を入れているが，企業が求めるグローバル人材とはどんな人材なのか。グローバル人材といえば「英語の話せる人」のことのようにいわれているが，TOEIC 800点を超える人であっても仕事で使えるかどうかは疑問である。実際に，TOEICのBレベル（763～830点）でも，仕事の中身がわかっていなければ，話すことはできない。

　具体的に企業が求めるグローバル人材を新聞記事から引用してみた。新日鉄が求めるグローバル人材とは何を指すのか。三村明夫会長は「海外展開の際，そこに派遣され，日本人とは異なる文化で育った多様な人たちとの交流を通じて，業務をしっかり遂行できる人材」と定義している（『日本経済新聞』2012年4月21日）。また，日産自動車がグローバル人材の育成で重視するのは「ダイバーシティ（多様性）」だ。日産の高橋雄介執行役員が考えるグローバル人材とは「異なった意見や考え方を理解できる多様性があり，共通の言語やプロセス（手順），ツール（手段）で仕事をこなし，成果を上げられる人材」であるという。同社は多様性を育むため，女性の活用に力を入れる。事務系では採

用数の50％，技術系は15％を女性にしようとしている。今後は「事業を支えるリーダー候補の層を厚くするのが課題」（高橋雄介執行役員）なのだという（『日本経済新聞』2012年4月21日）。

　まとめると，グローバル人材とは，多様性を重視したリーダーであって，リスクを取って，果敢にチャレンジことのできる人ということになる。この条件を満たす人材は起業家である。必ずしも英語が堪能であれば，それで良いというものではない。起業家精神を持つ人材こそ，グローバル人材なのである。

3. ベンチャービジネスと起業家精神

　グローバリゼーションに最も必要なのは起業家精神である。起業家的リーダーシップとは，リスクを取り，環境の変化に対応し，果敢に新しいビジネスに挑戦するリーダーのことである。彼らは小さなアイデアをビジネスに結びつけるセンスや直感があり，リスクに敏感でなければならない。しかも，ベンチャー企業には，小さいながらも企業経営に関する知識が集約されているので，大企業でも経営者として通用する人材である。したがって，大企業でも中小企業でもグローバル展開には，こうした起業家精神を持つ人材が必要なのである。

　ベンチャー企業とは，新技術や高度な専門性を持ち，創造，革新的な事業を展開する新興企業のことである。ベンチャーキャピタルが発達したアメリカと異なり，銀行などの融資に依存しなければならない日本では，起業家が育ちにくいといわれてきたが，最近では，日本経済の活性化には，ベンチャービジネスは欠かせないとの認識が広がり，ベンチャー育成の環境が整備された。ベンチャーキャピタルだけでなく，銀行にベンチャー向け融資制度が設けられ，東証マザーズなどベンチャー企業にも株式公開の道が開かれ，資金調達の選択肢も広がりつつある。

　ベンチャー企業を分類すると「研究開発型」と「ニッチ型」に分けられる。研究開発型は，最先端の技術を製品化することを目的としており，ニッチ型は，大企業や既存の企業では事業化しにくいニッチ分野に特化する（**図表6－3**）。

　こうしたベンチャー企業には，ベンチャーキャピタルからの出資や投資家などから資金を集めて設立するものと，寄付金などの資金をもとにして公共性が

図表6-3 ベンチャー企業の種類

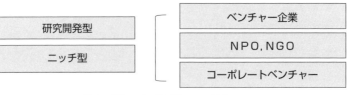

高く，利益を目的としないNPOやNGO，大企業などの出資支援を受けて設立するコーポレートベンチャーがある。コーポレートベンチャーの場合は，独立した会社を設立する場合と，大企業の一事業部の内部でビジネスを行うが，独立した企業のように扱う場合とがある。コーポレートベンチャー戦略では米国シスコシステムズの事例が参考になる。

ベンチャー企業やコーポレートベンチャーは，小規模ゆえの小回りの良さを持ち味とし，急速に拡大する可能性がある。そのメリットは，素早い経営意思決定，アイデアをビジネスに結びつけやすい，変化に即応できる小さな組織，社員を尊重できる人事や処遇にある。もちろん，小さい組織ゆえの弱点もある。人材リソースが不足しており，リスクに対して脆弱で，管理体制が弱いので不祥事を起こしやすく，大規模投資ができないなどの弱点がある。

またベンチャー企業には高い倒産リスクがある。売上計画や資金調達の誤算に伴う資金不足は，倒産に直結する。不正・不祥事，情報漏えい，製品の欠陥などのリスクマネジメントの不備も倒産の原因になる。もともと財務基盤が脆弱で，ちょっとした資金不足やリスクの発生で倒産の危機に直面する。

実際にベンチャー企業の寿命は，日本や欧州で12.5年という調査結果が出ている。しかし，「1983年，「日経ビジネス」は『会社の寿命』は30年と唱えたが，その後時代の変化はめざましい。グローバル化，ネットワーク化が進み，世界を舞台にした激烈な競争時代に入った。もはや企業の寿命（盛期）は30年どころか，10年は確実に切ったと見られる。……日本企業で約7年，米国企業で約

5年という結果を得た」[2]。

　このように短命なベンチャー企業であるが，事業からの撤退は，始めることより難しいといわれている。アフターサービス（販売代理店補償，製品供給など）は，会社がなくなっても，購入してくれたお客様へ提供し続けなければならない。これには結構大変な時間がかかり，コストもかかる。資産処分（事務所解約，設備処分など）は法的な問題もあり，簡単にはいかない。債務弁済（買掛金，借入金返済，リース等の解約，税金納付）も大きな問題となる。代理店などに販売した債権の回収（売掛金，税還付）にも時間がかかる。代理店は，製品の売買だけで成り立っている会社であり，製品の販売ができなければ資金繰りに窮する。そんな代理店から代金を回収するのは難しいことが多くある。事後処理（帳票類の保管，精算人）は10年以上にもわたる場合がある。特に会社を清算した場合は管財人を長期にわたって置かなければならない。このように会社をやめるにはお金と時間がかかるだけでなく，対応する社員の確保が重要なカギを握る。1997年に廃業した山一證券の例では，実際に破綻して営業を停止してからも2005年まで残務整理が行われ，顧客からの預かり資産口座は返還の努力がされたといわれている。

　こうしたベンチャー企業の弱点を克服する手段としてコーポレートベンチャーがある。コーポレートベンチャーは，大企業が出資するケースが多いので，親企業のインフラ（資金，管理，設備，福利）やグループ会社のネットワークを活用して，小さい組織の弱点を補うことができる。しかし，そこには別の問題もある。親企業の経営に組み込まれるので，予算制度，四半期決算など業績管理，輸出管理，監査，内部統制対応，CSR，情報セキュリティなどの煩雑で厳しい管理が求められる。

　また，大企業の新規事業では，ある程度の規模が求められる。したがって，コーポレートベンチャーは，ニッチ分野に向いている。そこでは将来性も期待できるが，当面，規模が小さい規模でスタートすることになる。しかし，数年後，コーポレートベンチャーが拡大し，大企業の一翼を担うようなビジネスに育った場合には，大企業の一部門に吸収されることもある。また，完全に親会社から独立して，株式市場に上場する道も開ける。

4. 起業家精神を育む海外での経験

　海外での業務経験は起業家精神を育むともいわれている。海外に派遣される日本人は，現地法人のトップもしくはそれに相当する地位につく場合が多い。このため企業経営全般に関わることになるからである。大企業の海外現地子会社とはいえ，経営判断を誤れば倒産や撤退の危機に直面するわけで，その意味では大企業の歯車の一部となって働くこととは訳が違う。毎日が真剣勝負の世界に身を置くことになるので，環境の変化に対応し，果敢に新しいビジネスに挑戦すると同時に，リスクに敏感で慎重な企業運営が求められる。頼る人もいないので，自分自身で状況を分析し，的確な経営判断を下さなければならない。このように企業活動全体の活動に関わることで，経営というものを知ることができ，これがベンチャー企業の設立や運営に役立つのである。

5. ベンチャー企業の設立プロセス

　ベンチャー企業の設立にあたっては，事業内容，資本金，資本調達方法，売上高や利益目標を設定する。さらに売上高や利益に関しては年どれくらい成長できるか，損益分岐点はどこにあるのか，設立何年目で黒字化できるのかなどの目標も設定しておく必要がある。

　さらに，事業内容と経営目標に基づいて事業計画を作成する。売上高計画，利益計画だけではなく，最近は資本コストの概念を用いた数値（EVA）[3]の計算も必要になる。さらにキャッシュフロー計画も策定してNPV（正味現在企業価値）がプラスになるかどうかをチェックする。NPVがプラスにならないような事業計画では，投資家の承認を得られないからである。このような資料を作成して，銀行やベンチャーキャピタルなどの投資家（コーポレートベンチャーの場合には親会社の経営企画部や財務部）に説明しなければならない。これら事業計画の作成には会計の知識が欠かせない。"Accounting is a language"[4]といわれるゆえんである。

　図表6－4は，その事業計画の事例である。通常は5年計画で策定される。

第6章 グローバリゼーションと起業家精神　77

図表6－4　事業計画の事例

事業計画書

1. 事業の目的と背景
   (1) 地銀向けITサービスの拡充　(2) 蓄積した金融ITノウハウの活用
2. 事業の概要
   (1) 事業開始年度：2015年4月　(2) 資本金：1億円　(3) 主要事業：金融ITサービス
   (4) 主な市場：地銀およびノンバンク　(5) マーケットシェア：事業開始後2年10%以上
3. 売上高，営業利益，人員計画

(金額単位：百万円)

項目＼事業年度	2015	2016	2017	2018	2019
売上高	450	540	648	778	934
営業利益	112	135	162	194	233
売上高営業利益率(%)	25	25	25	25	25
人員（年度末）	(3)	(5)	(7)	(10)	(12)

4. 貸借対照表の推移

(金額単位：百万円)

項目＼事業年度	2015	2016	2017	2018	2019
流動資産	592	293	416	612	785
固定資産	40	30	20	10	0
資産合計	632	323	436	622	785
流動負債	454	50	50	100	100
固定負債	0	0	0	0	0
負債合計	454	50	50	100	100
資本	178	273	386	522	685
資本＋負債	632	323	436	622	785

5. SWOT分析

強み	・豊富な専門知識 ・素早い意思決定 ・柔軟な経営体制	機会	・同業他社とのアライアンス ・新規市場への参入 ・ITの積極的活用
弱み	・脆弱なシステム ・市場規模が小さい ・投資資金不足	脅威	・大企業との競合 ・買収の脅威 ・顧客不満への対応

6. キャッシュフロー計画，正味現在価値（NPV）の計算

(金額単位：百万円)

項目	年度	2015	2016	2017	2018	2019	合計
キャッシュフロー	営業活動キャッシュフロー	88	105	123	146	173	
	投資活動キャッシュフロー	-50	0	0	0	0	
	フリーキャッシュフロー	38	105	123	146	173	
	財務活動キャッシュフロー	500	-400	0	0	0	
	現金増加額	538	105	123	146	173	
	現金年度末残高	538	643	228	269	319	
WACC資本コスト加重平均		3.68%	10.0%	10.0%	10.0%	10.0%	
年度		0	1	2	3	4	
現在価値係数		1.0000	0.9091	0.8264	0.7513	0.6830	
NPV正味現在価値（年度）		38	95	102	110	118	463
永続価値							1,182
永続価値を含むNPV							1,645
リアルオプションバリュー(ROV)							3,475

この事例では，事業の目的と背景，事業概要，売上高・利益計画，人員計画，貸借対照表など財務諸表の推移に加えて，事業の強み，弱み，機会，脅威を表すためにSWOT分析を用い，さらに意思決定を容易にするためにキャッシュフロー計算書の予測に基づくNPVの計算を行っている。また，当初には予測できなかった事態を考慮するために事業の「拡大」と「撤退」のケースを想定してリアルオプション分析（ROA）も行って事業計画の幅を持たせる場合もある。またNPVで利用している資本コストはWACC（株主資本コストと有利子負債利子の加重平均）10％で計算している。資本コストは，投資家の期待するリターンを意味しているので，業種や規模などによって異なるが，一般的に10％前後となる場合が多い。最近の低金利のもとでは，資本コストも低下傾向にあり，リスクが少ない事業であれば資本コストは低下する。

6. グローバリゼーションと起業家精神

　ベンチャービジネスは，小さなアイデアから生まれる場合が多い。企画会議などでの質問やアイデアを「つまらない」「くだらない」といって無視するのではなく，むしろ小さなアイデアにこそビジネスの可能性があることを認識することが大切である。

　ベンチャー企業の設立から運営の際には，海外でのビジネス経験が生きてくる。逆に，起業家精神を持った人材こそ，海外でも活躍できる人材なのである。いずれの場合でも会計の基礎知識は必須である。事業計画や予算を策定し，事業を評価し，意思決定を行わなければならない。事業が成功しているのか，失敗しているのかを評価し，経営判断を適切に行うためには会計の基礎知識が欠かせないからである。会計の基礎知識がなければ，ビジネスのリスクも利益も把握できない。

　グローバリゼーションと起業家精神は，お互いに密接につながっている。グローバル企業の代表であるGE会長兼CEOジェフリー・イメルト氏は次のように言っている。「過去2～3年，シリコンバレーなどでスタートアップ企業を訪ね多くの起業家と会ってきた。目的主導型で，顧客に完全にフォーカスし，迅速さを持つ彼らから学ぶことは多い。管理部門の経費は小さく，われわれも

「全体をカバーする本社」といった考え方を変えなければならない。工程数削減も課題で、社員がモバイルで作業ができるようにして、素早い情報の伝達を可能にしていく。歴史を持つ会社を、よりシンプルにしたい」[5]。

　世界を代表するグローバル企業の会長さえも起業家から学ぶことは多いという。グローバリゼーションには起業家的センスが求められ、ベンチャービジネスにはグローバリゼーションの経験が役立つのである。

▶注

1　外務省 HP　「わかる！国際情勢Vol.5 WTOドーハ・ラウンド交渉―自由貿易体制の共通インフラ強化」http://www.mofa.go.jp/mofaj/press/pr/wakaru/topics/vol 5 /
2　日経ビジネスオンライン2009年 2 月18日「今や会社の寿命は 5 年」
3　EVA：Economic Value Added（経済的付加価値）。EVAの計算式＝NOPAT（税引き後営業利益）－　資本コスト。スターン・スチュワート社の登録商標。
4　Leslie K. Breitner and Robert N. Anthony (2013) *Core Concepts of Accounting* 11th ed., PERSON.
5　『日本経済新聞』電子版（2013年10月23日）「GE会長兼CEO　進化へ起業家から学ぶ」。

第7章
新興国の市場開拓と中小企業の経営課題[1]

1. はじめに

　近年，日本企業の新興国市場への進出が増加している。特に，中国，東南アジアへは製造業を中心におよそ3万社の企業が進出しており，すでに相当程度の産業集積，サプライチェーンが構築されている。さらに注目されるのが，東南アジア地域における経済発展が，多くの中間層と富裕層を生み出しており，多くの進出企業は生産拠点としてだけではなく，消費市場として同地域を捉えるようになっている点である。よって同地域へは製造業だけではなく，近年は非製造業の展開が増加している。

　「2014年度 日本企業の海外事業展開に関するアンケート調査」（ジェトロ）によると，大企業では65.2％と，半数を超える企業が「拡大を図る」と回答したものの，前年（70.1％）からは低下しており，2011年度（78.2％）以降，鈍化傾向を示し，「現状を維持する」が増加している。一方，中小企業では，「拡大を図る」と回答した企業の比率は54.3％と，前年の50.2％から上昇しており，中小企業の海外事業展開への意欲はなお強いものがある[2]。

　しかしながら，経営資源の乏しい中小企業が新興国市場で事業を成功させることは容易なことではない。大企業ならば新興国市場での展開が失敗に終わっても，その損失を吸収できる体力があるかもしれないが，中小企業は海外事業の失敗を受け止めるだけの余裕はないケースが多い。特に海外先進国への展開以上に，新興国へのそれへは不確実性が極めて高い。しかしながら，そのような状況でも新興国での事業展開を成功させている中小企業はいくつか存在している。これらの中小企業の共通点として，独自のネットワークを構築している

ことが挙げられる。なぜならば，中小企業の経営資源の不足を最適なネットワークの形成により補うことによってはじめて，新興国市場での競争優位性を高めることが可能になるからである。

そこで本章では，新興国市場開発を成功させた企業として重光産業（味千ラーメン）の事例を分析することによって，中小企業が新興国市場開発において発生する資源の非連続性をどのようなネットワークを構築することによって克服したのかについて検討する。同社を事例として取り上げた理由は，国内よりも国外でのビジネス展開がはるかに進んでおり，香港証券取引所においてはじめて上場を果たした点にある。つまり同社には，現地市場で投資家から高く評価された競争優位性の源泉があり，市場の非連続性をどのようなネットワークを構築することによって克服したのかについての多くのインプリケーションが内在されていると考えられる。さらに上場戦略が資金調達だけではなく，知名度の向上と質の高い現地人材の確保等の新興国での経営資源開発とリンクしている点も重要であり，今後の中小企業の新興国市場への進出において参考になる多くの示唆があるように思われるからである。

本章の構成は以下のとおりである。第1節では，新宅・天野（2009）と天野（2010）ならびに臼井・内田（2012）の新興国市場開発における資源の連続性と非連続性の理論について概要を述べる。第2節では，中小企業の新興国市場開発においては，ネットワークの構築が重要であるとの認識から，ネットワークに関する理論を整理する。続く第3節では，日本以外のアジアの証券取引所での上場戦略について考察する。第4節では，非連続性を克服したと考えられる味千ラーメンを国内外に展開する重光産業の事例を検証する。第5節では，理論と事例を総合的に考察し，最適なネットワーク構造のあり方について近能（2002）の理論に依拠しながら検討する。

2. 新興国市場開発における非連続性の問題

近年，これまでの企業の国際化理論では説明できない，企業の国際化プロセスが見られるようになった。特に新興国市場戦略の理論構築はまだ探索的である[3]。

このような状況で，新興国市場開発における理論的な考察として，新宅・天野（2009）により提唱された非連続性とジレンマ命題は有効な理論であると考えられる。日本企業の製品が新興国市場における中間層のニーズを的確に捉えていないことを明らかにしながら，新興国市場に対応するための戦略再構築の方向性を，市場戦略と資源戦略の両面から検討している。具体的には，先進国市場と新興国市場との間には市場条件と経営資源において非連続性が存在すると主張し，新興国市場の性質を明らかにした。

そして天野（2010）は，新興国市場戦略論では，先進国企業は，それまで成功体験を積んだ市場とは質的にも量的にも異なる市場に対峙しなければならないと論じている。対象市場は，所得水準も大幅に異なり，市場インフラや消費者の商品知識も未発達であり，資源開発を怠れば，生産や開発が頓挫する。先進国市場で成功を重ねた企業ほど，その方法に固執するため，新興国市場で不適合となるリスクも高くなる。新興国市場戦略には，過去の国際化戦略とは異なる非連続性と固有の参入障壁が存在すると述べている。

さらに臼井・内田（2012）は，新宅・天野により提唱された非連続性とジレンマ命題に依拠しながら，本国資源の連続的な活用と非連続性の関係に関して既存の諸理論（RBV，DC論，IB研究）と経験的根拠（資生堂とYKKのケース）に基づいて分析することによって，新興国市場の特殊な戦略論の開発に対して理論的基礎を提供している。

上記の新興国市場開発についての研究は，特に日欧米先進国の多国籍企業の製造業が主な対象となっているが，新興国市場開発における非連続性の問題は，企業規模や業種を問わず海外展開する企業が直面する問題である。実際にいくつかの中小企業は新興国市場において非連続性を克服して，事業展開を成功させている。そのような意味においては，非連続性の問題の克服を非製造業の中小企業にも適用することは可能であると考えられる。

具体的に臼井・内田（2012）は，新興国市場開発における資源戦略の問題を図表7－1のように3つに整理して，新興国市場における開発戦略に対して理論的基礎を提供している。その中でも本章で分析するケースは②となる。つまり，本国資源をコアとした再構成であり，その移転と統合に高コストが発生する場合のケースである。実際に豊富な経営資源を持たない大半の中小企業にと

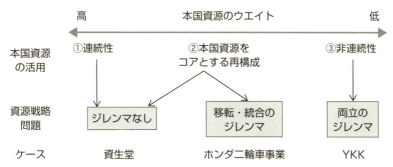

図表7-1 新興国市場開発における3つの資源戦略問題

出所：臼井・内田（2012）127頁。

って，新興国市場開発は高コストの発生を意味する。このような状況下で，中小企業がいかにこれを克服するかを事例分析することによって検討する。

3. 新興国市場開発における非連続性の克服のためのネットワーク構築

(1) ネットワーク理論

　上述したように不確実性とリスクが高い新興国市場で事業展開をする際に，企業が本国資源をコアとした再構成を実施すると，その移転と統合に高コストが発生する状況に直面する。この状況を克服できるのは多くの経営資源を持つ大企業だけであると思われがちであるが，中小企業にもいくつか克服例は見られる。詳細については後述するが，そのような中小企業は効果的なネットワークを構築していると考えられる。ネットワークの定義については確立されてはいないが[4]，例えば西口（2003）は，ネットワークを共通の目的のために，組織の限界を超えて，公式，非公式を問わず，メンバーシップが限られたなかで，意識的に調整された2人以上の人間の活動や諸力の体系と定義している。ネットワークの意義について，若林・勝又（2013）によると，急速な技術進歩や顧客の嗜好の多様化など環境の不確実性が高まっている状況では，企業は外部に

存在する経営資源を企業間のネットワークを活用して手に入れることが重要であると論じている。

　本章が対象とするネットワークは，経営資源の相互補完により新たな価値を創造するような企業で形成される戦略的なネットワークである。具体的には，共通の目的のために，企業の組織が参画し，活動する結合体をネットワークとして捉える。ネットワークの参加者は，必要な経営資源（人・モノ・金）と機会（取引先や提携先）を提供する。また，構築された現地ネットワークは，他の競合企業が直ちに模倣することは困難であるため，そのネットワークそのものが持続的競争優位性につながるということも重要な点である。

　ネットワークに関する議論の重要性は年々高まっており，その一因として個人や組織のつながりが一種のSocial Capitalと捉えられることが挙げられる。金光（2012）によると，Social Capitalは，さまざまな種類のアクター（個人，集団，組織）が他のアクターとの結合，社会的関係への制御，コミットメントを通して得る諸資源，諸利益の価値の総体であり，「社会関係資本」と訳され，社会的関係のネットワークの中に存することが資本の最大の特徴であると論じている。Social Capital Theory（社会的資産理論）は，企業間のパフォーマンスの差異を説明できるとして近年しばしば用いられている理論であり，背景として，Social Capital Theoryでは，主に社会的ネットワークを通してアクセスできる資源に着目しており，社会的ネットワークの関係や構造によってアクセスできる資源が異なり，その違いが組織内間のパフォーマンスの差異を生むとする考え方がある（渡部・小林・藤原（2013））。

　また，ここで企業価値を高めるためには，どのようなネットワークを構築すべきなのかという重大な問題が発生する。それを議論するうえで「社会的ネットワーク理論」が理論的基盤となっている「埋め込み理論」は有益なツールである。Granovetterは「埋め込み」[5]の概念を「経済的な行為および経済的成果が，すべての社会的な行為や成果と同様に，行為者の二者間（一対）の関係と，複数の関係から形成されるネットワーク全体の構造に影響を受けるという事実」と定義した[6]。

　これまで「ネットワークへの埋め込み」，つまりアクターがネットワークの中に埋め込まれている状況を分析するにあたっては，「関係的埋め込み（relational embeddedness)」と「構造的埋め込み（structural embeddedness)」の2つの次元が想定されてきた。

　上記2つの次元のうち,「関係的埋め込みの観点」,あるいは「直接結合（cohesion）の観点」においては,アクター間の直接的な紐帯の果たす役割について着目し,個々の紐帯の内容や質を問題とする。一方,「構造的埋め込み」,あるいは「ポジション（position）の観点」においては,アクターがネットワークの全体構造の中でそのようなポジショニングを占めているのかについて着目し,ネットワークを構成する数多くの紐帯が全体としてどのような構造特性を有しているのかを問題とする（近能, 2002）。紐帯とは,ネットワークを構成するアクター（actor）の間で何らかの直接的な社会的関係が存在する場合の関係のことである。

　近能（2002）は,これらの既存研究を整理することによって,「強い紐帯と密なネットワーク」,「弱い紐帯と疎なネットワーク」の特性には親和性が見られることを明らかにして,前者のことを「結合の強いネットワーク」,後者のことを「冗長性のないネットワーク」と総称した。そして,暗黙知的な情報や機密性が高く内容の濃い情報を得ていくうえでは結合の強いネットワークが,付加的な新しい情報を得ていくうえでは冗長性のないネットワークのほうが有利であると論じ,両者のメリット・デメリットをうまくキャンセル・アウトすることができるようなハイブリッド型のネットワーク構造を築くことが望ましいと述べている。

(2) ネットワークと知識移転

　ネットワークの重要性については,知識移転の観点からも多くの議論がなされている。

　山本（2013）によると,国際海外市場に関する知識には,公刊されたデータなどの収集・分析によって把握可能なものもないわけではないが,むしろ受入国社会のネットワークに溶け込み,受入国社会である程度のプレゼンスを獲得しなければ学習できないような知識のほうがはるかに重要である。つまり,受入国市場における事業展開を実際に経験しながら,現地のさまざまなアクター（サプライヤー,消費者,研究機関,現地政府など）との関係構築を図り,そ

うした現地組織ネットワークの「身内（insider）」になることによって初めて獲得できる知識が存在する。したがって，現地のさまざまなアクターから「よそ者（outsider）」と認識されていては，現地市場に関する有益な知識を獲得することができない（Johanson & Vahlne, 2009）。

　また知識移転に関して代表的な研究である浅川（2002）の議論は多国籍企業を対象にしてはいるが示唆に富んでいる。浅川氏は，海外に所在するナレッジを迅速かつ的確に認知アクセスし，社内に移転・融合し，戦略的に活用する方法の1つとして上記でも述べた社会的資産理論（Social Capital Theory）を理論的基盤とする「ネットワーク構造戦略」を取り上げている。浅川（2002）は，ネットワークの関係性は，情報伝達の媒体となるという理由で，海外に点在する知的資源の所在を的確に認知し，迅速にアクセスするには，現地コミュニティにおける強い対外的リンケージが不可欠であると述べている。

　以上のことからも経営資源が乏しい中小企業が新興国市場開発を効果的に実施するためには，構築するネットワークの最適化を図る必要がある。最適なネットワークは，競争優位性を高めて，企業価値を向上させるのである。

4. アジア証券取引所での上場戦略

　近年，アジアの証券取引所において上場する企業がいくつか見られるようになった。

　例えば「ユニクロ」は，2014年3月5日に，HDR（香港預託証券）の方式により，香港預託証券メインボード市場に第2上場した。注目されるのが，これは公募を伴わない上場であり，資金調達が主な目的ではなく，同社の知名度を高めて，今後のアジア市場でのマーケットシェアを高めることが優先されている点にある。同社は香港上場を通じてブランドの認知度を高め，中華圏を中心とするアジアを今後の成長エンジンに据える考えであるとのことである[7]。つまり，秦（2014）によると，海外での大量出店を継続するためには，アジア現地の店舗スタッフや幹部候補となる優秀な人材の確保であり，今回の香港市場への上場は，ユニクロブランドを地域に浸透させ「優秀な方を採用したい（岡崎健CFO）」という狙いもあるということである[8]。

次にパチンコホール運営会社のダイナムジャパンホールディングスは2012年8月にパチンコホールオペレーター企業としては世界初，また香港証券取引所にプライマリー上場（香港証券取引所を主要な証券取引所として上場）した初の日本企業となり，2億200万米ドルを調達した。パチンコホール企業の日本での上場は，ホール運営に伴う適法性の観点から，これまで承認されなかった[9]。今回の上場による調達資金は新規出店などに充当する予定であるが，ただ，マルハンに次ぐ業界2位の売上高であり高い収益性を誇る同社の上場の主な目的は資金調達ではない。パチンコホールには，射幸性や中毒性，反社会的組織との関係や脱税など，ネガティブイメージが根強くつきまとっている。日本でかなわなかった上場を，海外市場で実現することで，自社と業界の社会的地位を高めることが最大の目的である[10]。

　また，中国において店頭取引市場に未公開株を登録する日本企業が増えている。中国の店頭取引市場の1つである上海股権托管交易センターでは，2014年12月末の登録企業数が3,105社と過去1年間で6倍近くに増えた。急増したのは2013年8月，上海に従来の「E（エクスチェンジ）板（ボード）」に加え，より審査が簡単な「Q（クォーテーション）板」を創設したからである。2015年1月30日には香港のコンサルティング会社の支援のもと結婚式場専門の設計事務所のアークデザインインターナショナル，オンライン教育のイー・ラーニング研究所，女性向けつけまつげ施術店を展開するブラン，結婚式場・レストラン運営のリューセイ・ホールディングスの日系企業4社が初めて登録し，いずれの企業も中国でのビジネス拡大を目的としている[11]。

　以上のアジア証券取引所での上場は，資金という経営資源の創造だけを念頭に置いているわけではない。それに伴う副次効果と考えられる知名度の向上ならびに有能な人材の獲得といった面での経営資源の確保ならびにネットワーク構造の拡大を目的としている点で，海外上場は中小企業にとって有効な戦略になると考えられる。

5. 事例分析―重光産業

　これまで新興国市場開発における資源の非連続性とその克服のためのネット

ワークの重要性について説明し，日本以外のアジアの証券取引所で上場する日本企業の存在を明らかにした。本章では，中小企業の新興国市場開発における資源の非連続性の克服について検討するために，わが国で上場を実施後に，アジアの証券取引所で上場した企業ではなく，最初の上場がアジアの証券取引所である中小企業を事例とする。このような過程を経た企業は，「株式会社ジークホールディングス」「株式会社オートサーバー」「重光産業」の3社である。特に味千ラーメンを運営する重光産業は，香港の証券取引所とシンガポール証券取引所の新興国企業市場であるカタリストにおいて上場を実施し，アジアを中心とした国外での事業展開が国内でのそれをはるかに上回る点，そして新興国市場開発における非連続性を克服している点で最適な事例であると考えられる。そこで本節では重光産業を事例として分析する。

(1) 重光産業の非連続性の克服

製造業と比較して，飲食業はローカル性が強い業種であると考えられる。新興国市場において，有効なマーケティング手法をもとに，深耕したマーチャンダイジング全体の現地化の最適化を達成することによって，魅力ある商品開発とメニュープランを進める必要がある。重光産業は出店やメニュー構成は現地パートナーの意見を尊重する一方，スープ原料は日本から供給して味を統一し，現地工場で生産する麺も日本と同じ製法にこだわりながら徹底的に標準化している点で注目されている。川端（2010）は，同社は，門外不出のスープとそれに適した麺を製造する企業で，店舗展開とともに，麺とスープのセットを販売することで収益を確保している食料供給企業であると論じている[12]。

① パートナーの重要性

重光産業は（本社：熊本市）は，「味千ラーメン」を国内海外12の国に展開している。創業者である台湾出身の重光孝治氏は，故郷の台湾料理をヒントに開発した「千味油」を使用した独特のとんこつ味のスープを完成させた。このスープこそが所有特殊的優位性の源泉であると考えられる。2015年4月末現在で，国内は89店舗，海外は中国，タイなどで692店舗と，国外の店舗数が国内のそれよりもはるかに上回っており，特に中国の店舗数は615と群を抜いている。

同社の海外展開の成功の要因の1つは，国外のネットワークである現地パートナーの選択によるものが大きい。その重要性を同社が認識したのは，1994年の最初の台湾出店の失敗にある。当時，現地の運営を行っていた台湾の製麺会社には重光産業が40％を出資し，開業準備を支援した。ところが，麺もスープも納得のいく味をなかなか出すことができず，その後に味千ラーメンのスープの味が変わってしまった。その結果，台湾進出は失敗に終わり，1998年に運営会社を清算して撤退，出資分の損失を計上した。この過程により，現・代表取締役社長の重光克昭氏はパートナーとの信頼関係の重要性を身にしみて学んだと述べている[13]。具体的に重光克昭氏は，味千ラーメンの味を守ってくれるパートナーと組まなければいけないということを認識し，味千ラーメンの味を尊重してくれるパートナーが見つからない限り，海外進出はしないことを決めたと述べている[14]。そして，絶対的な基本のラーメンのスープの味は変えない戦略にシフトした。自分たちの味を守るため現地スタッフの教育を徹底して，海外で出店する際には，現地からその店のスタッフを熊本に呼び寄せ，本店でおよそ1カ月間，味千ラーメンの味を叩き込むカリキュラムを組んでいる[15]。

 そして1995年に，2人の香港の実業家から香港への出店のオファーがあった。そのうちの1人で，現在は味千中国の会長兼CEO（最高経営責任者）を務める潘慰（デーシー・プーン）氏は，当時は中国の食品を米国やカナダに輸出する貿易業者だった。新しい商売のヒントを探して日本の食品産業の視察ツアーに参加したとき，たまたま味千ラーメンに出会い，その味に惚れ込んだ。もう1人の鄭威濤（リッキー・チェン）氏は，当時はまだ20代半ばの若さで，香港で日本式のクレープ屋を経営していた。日本時代にラーメンが好きになり，いつか香港で自分の寿司屋かラーメン屋を開業したいという夢を抱いていた。重光克昭氏は，彼らがビジネスの拡大よりも，味千ラーメンの味を第1に尊重してくれていることから，彼らを信頼できると直感したと語っている[16]。そこで，彼らとともに香港進出の計画を練り上げ，1996年に香港1号店を出店した。香港への進出にあたり，重光社長はパートナーに1つだけ「ラーメンの味を変えない」という条件をつけたが，経営の権限は彼らに大胆に委譲した。

 中国事業の成功の要因は潘慰氏に負うところが大きい。2007年末に同社は潘慰氏をトップとして味千チャイナ・ホールディングスの組織再編を実施した。

その際に，店舗開発や営業を担当する部門，総務や生産を担当する部門，財務を担当する部門の3つを配置しているが，それとは別に社長直属になっている部門があった。それは，商品開発と従業員教育を担当する部門であり，その当時4名しかいない日本人のうち工場長を除いた3名は商品開発研究部門に配属された。川端（2010）は，「このことは，同社が事業のコア（核心）がどこにあるのかを明確に認識している現れと言えよう。すなわち，商品（品質向上と開発力）と教育こそが「外食産業の命だ」と見なしているのであり，そこに日本人を配置し，それを社長自らが直接ガバナンスすることで高い品質（ブランド性）と競争優位性の確保，およびそれらに関する的確な判断とスピーディーな決定を確保していると考えられるのである」[17]と述べている。これは重光社長の味を頑なに守り，現地でのオペレーション自体は現地の意思決定により行うという潘慰氏の経営理念を示すものであると考えられる。

② 国際化と進出先国でのイノベーション

日本側が出資しているのは中国市場と台湾市場のみであり，その2つの市場では現地に合弁会社を設立して，マスター・フランチャイズ権を与える形をとっており，他の市場は，すべて現地企業とのストレート・フライチャイジング契約となっている[18]。ただし，現地の店舗は，基本的にすべて現地企業との各国の現地本部（マスター・フランチャイジー）の直営店となっている。つまり，現地の店舗は，基本的にすべて各国の現地本部との直営店となっている点にある[19]。

また注目されるのは進出先国での業態開発のイノベーションが挙げられる。川端（2010）は，日本のスタイルを現地「適応化」（修正）させたのではなく，現地で新たに創造した点に意義があると述べており，具体的に，海外の味千ラーメンは，ラーメン専門店ではなくラーメンを柱とする日本食レストランとして発展しており，同社はこれを「ラーメンレストラン」と呼んでいる。

例えば香港では鄭威濤氏の提案で，「焼き鳥」「揚げ物」「うな重」などの日本食メニューを追加するようになり，中国本土においても「牛丼」「カツカレー」「海老フライ」「イカのゲソ揚げ」「ポテト」「ソーセージ」など味千のサイドメニューは多岐に及ぶ。これは中国の食文化に合わせた結果である。つまり，

中国では，食事のときに多くの種類のメニューを頼む習慣があり，そこで同社は，サイドメニューの充実を図った。さらに，各国の食文化に対応するために開発されたのが「トッピング」であり，中国の味千では16種類ものトッピングが楽しめる。

　さらに，店舗デザイン（インテリア）も日本的なラーメン店とは異なる。中国の店舗の面積は日本のファミリーレストランと同程度で，赤と黒をベースとした現代的なデザインを採用し，高級な日本食レストランの雰囲気を醸し出している。そして，店舗の立地も，中国ではほとんどの店舗を都市中心部の繁華街，ショッピングモール，空港などの一等地に出しており，それが斬新なラーメン店のイメージづくりに寄与している。

③　現地化の徹底とスープのブラックボックス化

　中国大陸では店舗数が急増したことで現地生産への転換を迫られて，300店舗に迫ろうとしていた2007年に，初めての海外スープ工場（西蓋米食品（上海）有限公司）を上海に建設し，現地生産へと転換した。この工場は香港の合弁会社である鵬天國際有限公司の100％子会社であったが，工場長は日本人であり，オペレーションに関しては日本が実質的な権限を持ち品質管理を行うと同時に製法に関する情報漏洩を防いでいる。また，2010年頃からは，他地域でもスープの現地化が進んだ。東南アジアの店舗にはタイにある協力工場から，北米（アメリカとカナダ）の店舗にはアメリカにある協力工場から，濃縮スープを供給するようなった。この結果，日本からスープを輸出している地域は，現在では香港とシンガポールのみにとどまっている。

　ただし，スープの味の決め手となる調味料の配合はブラックボックス化している。つまりコカ・コーラ社のように，調味料の配合などは合弁先にも教えていない。したがって，これが現地生産のスープを日本と同じ味にするカギになると同時に，海外でのレシピ漏洩を防ぐ手段となっており，重光産業の所有特殊的優位性の源泉を維持している。

④　グローバル化を意識した株式上場

　重光産業（熊本市）は日本市場を素通りして，中国事業を統括する味千中国

ホールディングスを2007年3月に香港証券取引所に上場した。同社にとってこの上場は大きな転機となり，これをきっかけに，店舗の拡大は世界中に加速していった[20]。具体的には2006年末時点での店舗数は144店舗であったが，香港証券取引所での上場後の2007年末には210店舗に，2008年末には315店舗と急速に店舗数が増加した。

また2009年には東南アジアで味千ラーメンをフランチャイズ展開するシンガポールのジャパン・フーズ・ホールディングスが，シンガポール証券取引所（SGX）のカタリスト（新興市場）に上場した。調達額はおよそ1億6,900万円（当時の円ルート）である。ジャパン・フーズ・ホールディングスは1997年に重光産業とフランチャイズ契約を結んだ。上場によって得られた調達資金は店舗拡大に充てられ，また，シンガポールのほか，マレーシアやインドネシア等の東南アジア地域においても「味千」の店舗数をさらに増やすことが目的であると考えられる。

(2) 重光産業の資源の非連続性の克服とネットワークの構築

重光産業は資源の非連続を克服するうえで，独自のネットワークを構築していたが，同社の新興国での市場開発の要諦を，近能（2002）に依拠しながら「埋め込み理論」の観点から分析する。

同社のネットワークは，近能（2002）の理論に依拠すると，ハイブリッド型のネットワークを形成していると考えられる。上述したようにハイブリッド型のネットワークとは，結合の強いネットワークと冗長性のないネットワークを結合させたネットワーク構造のことである。それは，結合の強いネットワークを通じて機密性が高く内容の濃い情報や暗黙知的なノウハウを入手していくことが可能となり，同時に，冗長性のないネットワークを通じて付加的な新しい情報を幅広く入手していくことが可能になるので，状況に関わりなく常に望ましいものと考えられる。これを重光産業に適用すると，前者は味千中国との深い信頼関係のもとに構築された結合の強いネットワーク，後者は株式上場による無数の冗長性のないネットワークの形成であると考えられる。

前者の結合の強いネットワークについて，合弁企業のマネジメントに関する数々の実証的な研究は，「出資の有無」や「出資比率」や「役員構成」といっ

た取引形態上のマネジメントばかりでなく，相互間の「文化融合」や「信頼構築」といった組織マネジメントも重要であるということを明らかにしている (e.g., Harrigan, 1986; Kogut, 1988; Lewis, 1990)。実際に味千中国の重光産業からの出資は，5％未満であり，相互の信頼関係が結合の強いネットワークの基盤となっている。

　後者のアジアの証券取引所での上場戦略は，不確実性の高い新興国市場での経営資源の拡大と創出ならびに事業展開の促進に寄与すると考えられる。具体的には，これまで中小企業の海外展開の最大の制約条件とみなされていた資金のみならず人材，知名度等の問題も克服するのである。つまり株式上場はネットワークを大幅に拡張させて，不足している経営資源の補完のみならず創出を可能にする。これを，Granovetter (1973) が提唱した「弱い紐帯の強さ」に依拠して説明すると，株式上場によって各国に企業情報が瞬時に開示されるため，無数の弱い紐帯が世界的に形成されると考えられる。

　Granovetterは，弱い紐帯を新しい情報にアクセスするための水路であると捉えている。弱い紐帯で結ばれる人々は，広範囲をカバーできるので，異なる経済圏に属する多様な人々を結びつける。このため，弱い紐帯は，新しい異質な情報を橋渡し (bridging) できる可能性が高いゆえ，海外での上場は通常の企業間の戦略提携よりもはるかに多くのネットワークのつながりを創出する。さらにRowley et al. (2000) は，不確実性の高い環境の下では，異なる選択肢に関わる新しい情報をより多く獲得していくことが必要であるため，「弱い紐帯」のネットワークの重要性が相対的に高まっていくと論じている。これは，近年，アジア地域でのネットワークを拡大させようとする目的でアジアの証券取引所で上場する欧米先進国企業の経営行動と整合性がある。

　そして，大企業よりもむしろ中小企業のほうが新興国市場開発において，効果的なネットワーク戦略を構築することにより不確実性の高い経営環境に柔軟に対応できるかもしれない。近年，グローバル経営環境がより複雑になるにつれて，複数の地理的市場に展開する多国籍企業内の本社経営陣が，さまざまな案件や提案を抱えている各海外子会社の外部環境のすべてについて，完全に認知することはもはや不可能である。さらには，環境適応に用いるための経営資源についても，各組織ユニット間のパワー関係によっては本社から有効に配分

されるとは限らない (Bouquet & Birkinshaw, 2008)。つまり，中小企業のほうが多国籍企業より事業構造が複雑ではない分，外部環境の認知と経営資源の配分において素早くかつ柔軟に対応することが可能になると考えられる。

6. 結論と今後の課題

　新興国市場開発を実施する際には，資源の非連続性が存在し，資源を再構成する場合には禁止的な高コストが発生する。これは経営資源が乏しい中小企業にとって大きな参入障壁であるが，これをどのようなネットワークを構築することにより克服するかが本章の目的であった。その1つの戦略として，ハイブリッド型のネットワークを構築することが有効であると重光産業の事例より導き出した。具体的には信頼あるパートナーとの強い結合のネットワークを軸として，新興国株式市場での上場により急速にネットワークを拡大させることは，事業の海外展開を促進させる効果があると考えられる。

　ここで1つの問題が提起される。中小企業にとって新興国市場での上場を果たすには非常に高い障壁があるのではないかという問題である。しかしながら，近年，アジア各国間での証券取引所の競争が激化しており，これにより規制も緩和されて，上場コストは大幅に低下している。さらに世界各国の証券取引所間で有望な中小企業を誘致する競争は激しさを増している。所有特殊的優位性を持つ中小企業ならば，投資銀行やコンサルティング会社との連携により，上場することは決して難しいことではない。グローバル化を意識した上場戦略は，経営資源の創出とネットワークの拡張を可能にして，新興国での事業展開を促進させると考えられる。

　しかしながら，本章で述べたネットワーク構築にもリスクが内在されている。例えば味千中国は2011年にスープの原料をめぐる虚偽宣伝で上海市工商局から行政処分を受けて，中国での出店戦略が低迷した時期もあった。これは新興国での急激な成長により，本社が制御できない領域を増やした結果と考えられる。本社は常にガバナンスの質を高めることへの意識を持つことが必要になる。

　今後の課題は山積している。まず，分析対象の企業数が極めて少なく，本章では中小企業の新興国市場開発の方向性を提示したにすぎないということであ

る。さらに対象企業の上場後の期間の短さもあり，その後の具体的な効果と損失について定量的な分析を行っていない。これと関連してネットワークには多様な捉え方があり，どこか掴みにくい面も多く，本章でのネットワークについて実証分析を用いて精緻な検証を行う必要がある。また，コーポレートガバナンスの問題も検討しなければならない。これらを課題として本研究を継続していきたい。

* 親切かつ丁寧にご対応いただいた重光産業の本田修氏と宮崎梨絵氏に感謝申し上げたい。

▶注

1 本稿は査読委員会による査読論文である（掲載承認2016年1月1日）。
2 「2014年度 日本企業の海外事業展開に関するアンケート調査（ジェトロ）」（2015年8月30日アクセス）。
 http://www.jetro.go.jp/ext_images//news/releases/20150311949-news/gaiyou1.pdf
3 天野（2010），1頁。
4 渡貫（2013）によると，ネットワーク理論は経営学において比較的最近に登場した学問領域であり，確立された一個の学問ではないため，至る所で，さまざまな観点から議論されるときに使用することができる多義的（触媒のような）な理論であると論じている。また神吉・中本（2009）は，ネットワーク分析を経営学に応用する際に生じる疑念に対して，その違和感を明示し，論点を整理している。
5 「埋め込み」概念を経済的行為に関する文脈で最初に提唱したのはPolanyi とされている。
6 Granovetter（1992），p.33.
7 『日本経済新聞』 2014年3月5日。
8 秦卓弥（2014）「ユニクロが香港上場―アジア拡大にアクセル」『東洋経済ONLINE』（2015年8月25日アクセス）。
 http://toyokeizai.net/articles/-/29394
9 2005年12月に，パチンコ準大手のピーアークホールディングスがジャスダックに上場申請したが，上場はできなかった。
10 『週刊東洋経済』2012年8月11-18日合併特大号。
11 『日本経済新聞』2015年2月7日。
12 川端（2010），200頁。
13 『日経ビジネス』 2009年1月28日（2015年9月5日アクセス）。
 http://business.nikkeibp.co.jp/article/pba/20090127/183995/?P=2&rt=nocnt
14 経営者通信Online（2015年9月10日アクセス）。
 http://k-tsushin.jp/interview/aji1000/

15 東洋経済ONLINE 2015年6月15日（2015年9月1日アクセス）。
　http://toyokeizai.net/articles/-/73152
16 経営者通信Online（2015年9月10日アクセス）。
　http://k-tsushin.jp/interview/aji1000/
17 川端（2010），207頁。
18 川端（2010），201頁。
19 これは，重光産業本社における担当者2名へのインタビュー（2015年10月30日）において確認している。
20 これは，重光産業本社における担当者2名へのインタビュー（2015年10月30日）において確認している。

▶参考文献

Ajisen (China) Holdings Limited (2014) Annual Reports.

Almeida, P. (1999) "Knowledge Sourcing by Foreign Multinationals : Patent Citation Analysis in the U.S. Semiconductor Industry," *Strategic Management Journal*, Vol.17, Winter Special Issue, 155-165.

Almeida, P. and B. Kogut (1999) "Localization of Knowledge and the Mobility of Engineers in Regional Networks," *Management Science*, Vol.45, No.7, pp.905-917.

Asakawa, K. (2001a) "Organizational tension in international R&D management: the case of Japanese firms," *Research Policy*, 30(5), 735-757.

Asakawa, K. (2001b) "Evolving headquarters-subsidiary dynamics in international R&D: the case of Japanese multinationals," *R&D Management*, 31(1), 1-14.

浅川和宏（2002）「グローバルR&D 戦略とナレッジ・マネジメント」組織学会『組織科学』第36巻第1号，51-67頁。

天野倫文（2010）「新興国市場戦略の諸観点と国際経営論：非連続な市場への適応と創造」『国際ビジネス研究』2(2)，1-21頁。

Bouquet, C. & J. Birkinshaw (2008) "Managing Power in the Multinational Corporation: How Low-Power Actors Gain Influence," *Journal of Management*, 34(3), 477-508.

Brouthers, K. D., Brouthers, L. E., & Wernet, S. (1996). "Dunning's Eclectic Theory and the Smaller Firm: The Impact of Ownership and Locational Advantages on the Choice of Entry-modes in the Computer Software Industry," *International Business Review*, Vol.5, No. 4, pp. 377-394.

Forsgren, M., U. Holm & J. Johanson (2005) *Managing the Embedded Multinational : A Business Network View*, Edward Elgar Publishing.

Galbraith, C. S. (1990) "Transferring Core Manufacturing Technologies in High-Technology Firms," *California Management Review*, Vol.32, No.4, pp.56-70.

Granovetter, M. (1973) "The strength of weak ties," *American Journal of Sociology*, 78, 1360-1380.

Granovetter, M.(1985) "Economic action and social structure: The problem of embeddedness," *American Journal of Sociology*, 91, 481-510.

Granovetter, M.（1992）Problems of explanation in economic sociology, In N. Nohria, & R. G. Eccles（Eds.）, *Networks and organizations: Structure, form, and action*, pp. 25-56, Boston, MA: Harvard Business School Press.

Granovetter, M.（1995）. *Getting a job: A study of contacts and careers*（2 nd ed.）, Chicago: University of Chicago Press.（渡辺深訳『転職：ネットワークとキャリアの研究』ミネルヴァ書房, 1998年）

Gulati, R.（1998）"Alliances and networks," *Strategic Management Journal*,19, 293-317.

Gulati, R.（1999）"Network location and learning: The influence of network resources and firm capabilities on alliance formation," *Strategic Management Journal*, 20, 397-420.

Gulati, R., Nohria, N. & Zaheer, A.（2000）"Strategic networks," *Strategic Management Journal*, 21, 203-215.

Hansen, M. T.（1999）"The Search-Transfer Problem: The Role of Weak Ties in Sharing Knowledge across Organization Subunits," *Administrative Science Quarterly*, Vol.44, No.1, pp.82-111.

Harrigan, K. R.（1986）*Managing for joint venture success*, Lexington, MA: Lexington Books.（佐伯彌監訳『ジョイントベンチャー成功の戦略』有斐閣, 1987年）

秦卓弥（2014）「ユニクロが香港上場　アジア拡大にアクセル」『東洋経済ONLINE』（2015年9月1日閲覧）。
http://toyokeizai.net/articles/-/29394

Johanson, J. & J.-E. Vahlne（2009）"The Uppsala internationalization process model revisited: From liability of foreignness to liability of outsidership," *Journal of International Business Studies*, 40(8), 1411-1431.

神吉直人・中本龍一（2009）「ネットワーク分析の経営学への応用に関する一考察―因果図式，および妥当性の検討の必要性」『香川大学経済論叢』第82巻第3号，190-210頁。

金光淳（2012）「ソーシャル・キャピタル」『現代社会学事典』弘文堂。

川端基夫（2010）『日本企業の国際フライチャイジング』新評論。

Kogut, B.（1988）"Joint ventures: Theoretical and empirical perspectives," *Strategic Management Journal*, 9(4), 319-332.

近能善範（2002a）「「戦略論」及び「企業間関係論」と「構造的埋め込み理論」(1)」『赤門マネジメント・レビュー』（1(5)），355-384頁。

近能善範（2002b）「「戦略論」及び「企業間関係論」と「構造的埋め込み理論」(2)」『赤門マネジメント・レビュー』(6), 497-519頁。

Lewis, J. D.（1990）*Partnerships for profit: Structuring and managing strategic alliances*, New York: Free Press.（中村元一・山下達也訳『アライアンス戦略―連携による企業成長の実現』ダイヤモンド社，1993年）

McEvilly, B., & Zaheer, A.（1999）"Bridging ties: A source of firm heterogeneity in competitive capabilities," *Strategic Management Journal*, 20, 1133-1156.

Nahapiet, J. and S. Ghoshal（1998）"Social Capital, Intellectual Capital and the Organizational Advantage," *Academy of Management Review*, Vol.23, No.2, pp.242-266.

中村久人（2013）「ボーングローバル企業（BGC）の早期国際化プロセスと持続的競争優位

性」東洋大学『経営論集』(81), 1-14頁。
西口敏広 (2003)『中小企業ネットワーク―レント分析と国際比較』有斐閣。
新宅純二郎・天野倫文 (2009)「新興国市場戦略論―市場・資源戦略の転換」『経済学論集』第75巻第3号, 40-62頁。
Polanyi, K. (1957 [1944]), *The Great Transformation: the Political and Economic Origins of Our Time*, Beacon Press, Boston.(吉沢英成・野口建彦・長尾史郎・杉村芳美訳『大転換―市場社会の形成と崩壊』東洋経済新報社, 1975年)
富田健司 (2013)「経営学における知識研究」同志社大学『同志社商学』第64巻第6号。
Rowley, T., Behrens, D., & Krackhardt, D. (2000) "Redundant governance structures: An analysis of structural and relational embeddedness in the steel and semiconductor industries," *Strategic Management Journal*, 21, 369-386.
東洋経済新報社『週刊東洋経済』2012年8月11-18日合併特大号。
Tsai, W. and S. Ghosal (1998) "Social Capital and Value Creation: The Role of Intrafirm Networks," *Academy of Management Journal*, Vol.41, No.4, pp.464-476.
中小企業庁編 (2014)『中小企業白書 (2014)』日経印刷。
丹下英明 (2015)「中小企業の新興国メーカー開拓戦略―中国自動車メーカーとの取引を実現した日系中小自動車部品メーカーの戦略と課題」『日本政策金融公庫論集』第27号。
臼井哲也・内田康郎 (2012)「新興国市場戦略における資源の連続性と非連続性の問題」『国際ビジネス研究』4(2), 115-132頁。
Uzzi, B. (1996) "The sources and consequences of embeddedness for the economic performance of organizations: The network effect," *American Sociological Review*, 61, pp.674-698.
Uzzi, B. (1997) "Social structure and competition in interfirm networks: The paradox of embeddedness," *Administrative Science Quarterly*, 42(1), 35-67.
若林隆久・勝又壮太郎 (2013)「戦略的提携ネットワークの形成要因：産業要因か, 企業要因か, ネットワーク要因か」組織学会『組織科学』Vol.47, No.1, 69-79頁。
渡貫正治 (2012)「燕産地型集積の歴史的な背景の整理とネットワーク理論の視点による社会的分業の優位性：スモールワールド・ネットワーク理論を中心に」新潟大学大学院現代社会文化研究科『現代社会文化研究』55巻, 237-252頁。
渡辺俊也・小林徹・藤原綾乃 (2013)「ネットワーク理論の知財情報への応用」一般社団法人特許情報機構『Japio Year book 2013』。
山本崇雄 (2013)「多国籍企業における外部環境との関係性のマネジメント―国際化プロセスモデルと埋め込みアプローチの研究視角を中心にして」神奈川大学経済貿易研究所『経済貿易研究』第39号。

▶第8章

歴史から見た中小企業の海外進出[1]

1. 問題の所在

　経済のグローバル化に伴い，日本の中小企業の海外進出が増加している。こういった動きは今日的な特徴なのであろうか。バブル経済の崩壊，リーマンショックなど中小企業を取り巻く経営環境の変化によって，日本国内では企業の経営基盤が崩壊し海外へ目を向けているのであろうか。または，労働力不足のため労働力を求め，あるいは相対的に賃金の安い地域を求めて海外進出しているのだろうか。このように中小企業が海外進出を目指す要因はいくつか想起されるし，中小企業は多数存在しているため進出要因も多岐にわたる。

　確かに現在は国際化，グローバル化が進展し，中小企業が国内だけにとどまらず，海外に進出する機会が増加している。中小企業が海外進出するための支援は多岐にわたり，海外へ転換することが以前に比べれば容易になっている。財務面での海外進出支援に注視すれば，都市銀行の海外進出支援にとどまらず，地方銀行が海外の金融機関と提携し中小企業の海外進出をサポートしていたり，海外での貸出業務等支援が法律上できなかった信用金庫や信用組合ですら，法改正が実施されたため会員・組合員の海外子会社への直接融資や海外銀行の貸付への保証業務が解禁された[2]。

　こういった中小企業の海外進出の支援や環境が整備されたことが起因して中小企業の海外進出が増加しているわけではない。すなわち，中小企業の海外進出に関する議論は21世紀になった今に始まったことではなく，戦後間もない頃から継続的に行われてきたのである。現在はグローバル化の進展によって中小企業の海外進出が相対的に容易になってきているとはいえ，本質的には歴史的，

継続的な関心事なのである。

　それならば，戦後60年以上経過する今日において，これまでの経験から海外進出の課題が克服されているはずであるが，中小企業の抱える経営問題を検討すると，依然として中小企業の海外進出の要因やそこに生じる経営課題は存在している。そこで，本章では，白書などのデータを用いて日本の中小企業の海外進出の要因と課題を戦後から現在にかけて歴史的に把握することを目的とする。そのなかで共通する事項と変化した事項をまとめることで，中小企業の海外進出における課題を本質的に注視することができ，時代を超えて普遍的な事項とそれ以外の事項とを区別することが示唆できよう。

2. 企業の海外進出の概念と本章の対象

　そもそも企業はなぜ海外に進出するのであろうか。企業は国内の市場でビジネスを進めていき，次第に国外と何かしらの関係性を有する最初のビジネスの方法として輸出，輸入といった貿易取引を始める。母国で操業することが企業は本来の範疇であるが，国内市場や貿易といった手法を超えて国外，すなわち海外へ進出する企業が存在するようになる。すなわち多国籍においてビジネスを営む企業，多国籍企業である。ジェフリー・ジョーンズによれば，「2カ国以上において事業ないし所得を生み出す資産を支配している企業」のことを多国籍企業と定義する[3]。多国籍企業は「その企業全体の国際的関与の程度が本国の生産基地から財やサービスを輸出するだけにとどまる企業は通常は含まれない」としている[4]。この定義を用いれば国外に工場や営業所といった拠点を持つような海外進出をしている中小企業は多国籍企業となる。

　企業が海外進出するタイプは市場志向型と供給志向型に分類でき，市場志向型は「市場に直接奉仕するために，特定の海外市場に生産拠点を配置」し，供給志向型は「原材料の供給源に接近するために特定国に立地」する[5]。言い換えるならば，生産した商品，製品やサービスを販売するために海外進出するパターンを市場志向型，ビジネスを行うために必要な何らかの経営資源を確保するために海外進出をするパターンを供給志向型として分類できる。

　また，海外に進出する方法には海外直接投資と間接投資があり，間接投資は

図表8−1 中小企業の海外進出のパターンと本章の対象

	市場志向型	供給志向型
直接投資	○	○
間接投資		

「海外法人の経営管理に対する支配権の行使を伴わない個人または組織による有価証券の取得」であり，海外直接投資は「海外での資産所有および支配双方を目的」とする[6]。中小企業の場合，有価証券や債券に対して投資をする間接投資よりも海外直接投資により事業所や工場といった設備を建設し，現地で従業員を雇用したり安価な資源を購入して生産活動を行っていることを対象として議論を行っており，海外進出はおのずと経営管理に対する支配権の行使を伴う。よって，中小企業の海外進出に関する議論の対象としては，市場志向型もしくは供給志向型，さらには両方志向する企業を念頭に置き，進出方法としては海外直接投資によって海外進出がなされていることに関して議論を行っていく（図表8−1）[7]。

3. 年代別中小企業の海外進出理由

(1) 1970年代以前の中小企業の海外進出

　第2次大戦から10年経過した1950年代後半，日本は輸出型産業が中心であり，当時は海外と中小企業に関する議論は輸出が中心となっていた。春日井は「日本が貿易国でならなければならないことは無条件の前提」とし，過剰な労働人口と技術および制度の高い国民を活用して中小企業国たる日本の活路と指摘した[8]。

　日本企業の海外進出の多くは大企業が主流であり，中小企業の場合は輸出型企業が多く，例えば日本からアメリカへの輸出が多かった繊維，雑貨，軽機械，化学製品などは発展途上国との競争が激化しシェアが低下していることが課題となっていた[9]。また，1964年にジュネーブで，1968年にはニューデリーで開催された国連貿易開発会議で提案された特恵関税に関する問題が生起し，発展

途上国との低価格競争が激化した。このような背景から日本国内市場だけではなく海外へ進出し，特恵関税問題への対応，高い学問と技術力を活用しようという指摘があった[10]。

1960年代の中小企業の海外投資について見ると，1966年3月末における生産事業における海外投資の新規証券取得許可ベースで見ると，証券取得総累計484件227百万ドルのうち，中小企業は95件5.5百万ドルだった[11]。投資先は商工中金の取引先ベースで見ると，台湾，アメリカ，タイ，韓国と続き，台湾，タイ，韓国など東南アジアは生産事業投資であり，アメリカは販売拠点や輸入拠点としての商業投資であった[12]。

海外進出要因は前述した特恵関税問題への対応が一因であり，その他としては国内での人手不足のため中小企業が雇用難に陥り，さらには省力化の限界に達したため東南アジアの安い労働力を確保することが挙げられる[13]。また，東南アジアだけではなく，イランやケニア，タンザニア，ウガンダといった東アフリカまでが進出先の候補として挙げられていた。また，中小企業の海外進出に際しての課題として，国の援助策や専門金融制度などが未整備であり，海外進出のための現地調査制度などの必要性が説かれていた[14]。

以上のように60年代までは輸出型中小企業の労働力不足を補うため，また特恵関税対策といった経済状況の要因のため海外に進出へと移行した特徴を有する時期である。

(2) 1970年代の中小企業の海外進出

前述したように1960年代にも中小企業の海外進出は行われていたが，1970年代に入ると海外投資が自由化されたため海外への進出数が増加した[15]。『昭和50年版　中小企業白書』によると，1973年3月末で投資先が製造業である投資件数465件のうち221件が，1974年3月末では825件のうち434件が中小企業のものであった[16]。1974年12月末での中小企業の投資地域別構成では，韓国が36％，台湾が22％，北米が7％であった。特にアジア地域が主流となり合計が84％となった[17]。

この頃の中小企業の海外進出理由としては，労働力不足による生産コストの上昇，発展途上国に対する特恵関税の供与に対する対策，市場開拓といったこ

とが挙げられる[18]。商工中金の調査をもとに1979年当時の中小企業の海外進出した理由を調べてみると,「労働力事情の有利性」が最も多く,賃金の安価な韓国や台湾などが進出先として多いことがわかる（**図表8－2**）。アメリカやEC（当時）は「市場の確保と開拓」先として挙げられており,東南アジアへの進出とは棲み分けが明確になっていたことが理解できる。

上記の調査から海外進出における課題の把握を試みると,「経済情勢の不安定」といった経済環境および「労働者の質・数」を挙げているものが最も多く,海外投資先資金の調達難や情報収集の困難さが問題となっていた。労働力を求めて進出したにもかかわらず,「インフレによる賃金の上昇」や「労働者の質が低く定着率が悪く,工業団地などの工場の集中地域では人手不足」といった問題が生じていた[19]。回答企業のうちの半数が「特に問題なし」と回答していたが,操業が本格化していないため問題点が顕在化しておらず,また失敗を公表できない等,回答にバイアスがかかっている可能性がある[20]。

以上のように,70年代の中小企業の海外進出は国内における労働力不足を補うために東南アジア等賃金の安い地域へ進出するものと,市場開拓のためにア

図表8－2　70年代の海外進出の理由

	韓国	台湾	香港	アセアン	中近東等	EC	アメリカ	中南米	計
労働力事情の有利性	22	7	2	8	2				41
市場の確保と開拓	7	4	4	8		7	16	3	49
原材料資源の供給確保	4		1	8	2		3	2	20
特恵関税,共同市場,輸出加工区等の第3国輸出の有利性	11	6	3	3		1			24
経営の多角化,国際化	1	2	2	2	1	2	2	1	13
国内での立地難		1							1
現地国政府の優遇措置	5	1		3	2			1	12
自社技術の活用	3	1		3	1			2	10
情報の収集			1		1	4	6		12
その他	2	2						2	6
合計	55	25	12	36	8	14	27	11	188

出所：商工組合中央金庫国際部（1979），27頁。

メリカに進出するものに大別され，労働力を求めて行ったにもかかわらず，労働力の質などが問題となっていたとまとめられる。

(3) 1980年代の中小企業の海外進出

1980年代に入ると海外直接投資を行っている企業全体に占める中小企業の割合は低下し，1973年度で43.3％，1978年度で33.7％だったものが82年度では27.1％となっていた[21]。しかし，円高や貿易摩擦の激化などから1983年度以降上昇し，1986年度には599件の海外直接投資に対して279件が中小企業であり46.5％となった[22]。

中小企業の進出先は製造業では北米・ヨーロッパが1983年までは構成比50.0％と高かったが84年以降は減少し，韓国やその他アジアの構成比59.8％にまで高まった。商業サービス業では1985年には60.6％が北米，7.9％がヨーロッパであり，アジアは28.9％であったが中国が増加し始めた[23]。進出形態は，北米は単独販売や合弁販売など販売拠点を設けており，一方アジアでは単独生産や合弁生産といった生産拠点を設ける進出形態であった。（図表8－3）。進出先として検討している国としてはアジアNICs（韓国，台湾，香港，シンガポール）が最も多くASEAN4（タイ，マレーシア，インドネシア，フィリピン）が続き，北米やヨーロッパでの拡大が停滞したためアジアへのシフトが顕著になった[24]。

また，アジアや中南米といった途上国への進出目的は，「現地市場の開拓・確保」と「低コストの労働力の利用」が上位であり，そのあとに「自社技術の有効活用」や「日本向けの逆輸出」が続く（図表8－4）。

1980年代では海外新進出の評価や課題が指摘される。海外進出の評価として，「成功」もしくは「どちらかといえば成功」と回答する割合が56.0％と半数を

図表8－3　1980年代の中小企業（製造業）の海外進出形態

進出形態	単独生産	合弁生産	単独販売	合弁販売
北米・EC(当時)	19.4%	8.3%	45.8%	26.5%
アジア	30.8%	59.6%	6.7%	2.9%

出所：小栗（1987），154頁をもとに筆者作成。

図表8-4　中進国，発展途上国向け海外進出の目的（1985年）

（複数回答，構成比）

	合計	アジアNICs	中国	ASEAN4	中南米他
現地市場の開拓・確保	55.3	53.9	60.0	50.0	73.3
低コスト労働力の利用	46.2	44.8	54.3	55.0	20.0
自社技術の有効活用	29.4	28.5	31.4	25.0	33.3
日本向けの逆輸入	28.6	27.9	34.3	27.5	20.0
第三国への輸出	27.5	30.9	25.7	25.0	13.3
安価な原材料の確保	16.8	11.5	22.9	27.5	20.0
海外情報の収集力強化	14.5	15.8	11.4	12.5	6.7
海外進出した販売先・親企業からの受注確保	12.6	12.7	5.7	15.0	20.0
現地における外資優遇策の活用	9.2	9.1	14.3	10.0	0.0
為替変動リスクの回避	2.7	3.6	0.0	2.5	0.0
貿易摩擦の回避	1.1	1.8	0.0	0.0	0.0
その他	3.1	1.8	5.7	2.5	0.0

出所：中小企業金融公庫・中小企業調査協会編（1987），7頁の第3表をもとに筆者作成。

超え，「どちらかといえば失敗」「失敗」の合計は9.4％であった[25]。また，課題として，「経営能力等で資質の高いパートナーを選択し，良好な協力関係を形成する」「進出予定国における市場，雇用等の環境を十分に把握する」「種々のリスクを見込んだ上で入念な計画を立て，適切かつ適量に十分な事業資金を確保する」「現地経済社会との調和に努める」といった4点が指摘された。また，欧米に進出した中小企業に比べ，アジアに進出した中小企業のほうが現地従業員とのコミュニケーションの難しさが存在し，「言葉・習慣・考え方の違い」や「現地従業員が転職」といったトラブルが見受けられた[26]。

80年代は円高を背景として中小企業の海外進出がアジアへとシフトする動きが顕著になったこと，そして海外進出の評価が行われ始め，課題などが指摘されるようになったことが特徴である。

(4) 1990年代の中小企業の海外進出

プラザ合意以降の円高を背景に増加していたが，1988年をピークにしてバブ

図表8－5 1995年における中小企業の海外進出の理由

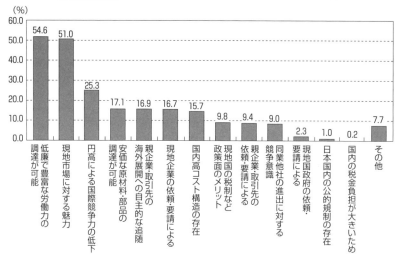

出所：中小企業庁（1996），208頁の図を抜粋。

ル経済が崩壊した1990年代は中小企業の海外投資は減少した。1995年の海外投資件数は全体が1,489件，そのうち中小企業の投資件数が783件と52％を占めていた[27]。投資先として中国が顕著に増加している点が挙げられる。1988年頃には北米が進出先として1位を占め，その後ASEAN（タイ，フィリピン，マレーシア，インドネシア，ブルネイ），NIES（韓国，香港，台湾，フィリピン）と続き，中国はヨーロッパよりも低かった。しかし1992年に急激に中国が進出先として上位となり，1996年には投資割合が減少したものの海外進出先として1位を占め続けていた[28]。

図表8－5は海外に進出した理由を示したものだが，「低廉・豊富な労働力の調達が可能」が挙げられており労働力の確保が最大の要因であった。続いて「現地市場に対する魅力」であり，市場の開拓を目的としていた。また，1990年代に入ってからの特徴は「親企業・取引先の海外展開への自主的な追随」や「親企業・取引先の依頼・要請による」といったように取引関係，企業間関係に基づいた海外進出が登場したことだ。労働力の確保や市場開拓とは違った外部からの要求に従った海外展開が見られることが1990年代の特徴である。これ

は，大企業の海外展開が市場開拓を目的として積極的に行われていたことから派生しているものと考えられる。また，この時期に国内拠点では開発および生産，海外拠点では生産や販売，資材の調達といった機能分担が中小企業でも見られるようになった。

このように海外進出が行われている一方で，海外進出，事業展開の失敗が見られるようになった。これまで中小企業が海外進出する際に直面する問題点は扱われていたが，この時期になると海外進出に対する評価が行われるようになった。1996年の調査では，中小製造業を対象として海外事業展開の成否を問うており，「うまくいっていない」が16％，「失敗」が3％であった[29]。

図表8－6は海外での事業経営の失敗理由を示しており，「事前調査・準備が不十分」26％，「品質管理が困難」26％が最も高く，「現地国内の需要の低迷」22％と続き，親企業や取引先の進出に伴って，十分な準備がされないまま"消極的進出"が行われ，その結果失敗につながったことが予想される。事前調査の具体的に不足だった事柄は，法規制や税制，関税といった制度面や市場調査自体が不十分でもあった点などが挙げられている[30]。

1990年代は中小企業の海外進出の失敗事例が報告されるようになり，安易な海外進出に警鐘が鳴らされるようになった。バブル経済崩壊の影響から内需か

図表8－6　海外拠点の経営の失敗理由（複数回答）

失敗理由	割合
事前調査・準備が不十分	26％
品質管理が困難	26％
現地国内の需要の低迷	22％
人件費上昇による採算悪化	21％
現地技術者の不足	21％
現地管理者の不足	16％
親企業・販売先の方針変更・撤退	16％
現地の商慣習・言葉・文化の問題	10％
部分・資材等のコスト上昇	7％
現地企業との競争激化	6％

出所：中小企業庁（1997），212頁をもとに筆者作成。

(5) 2000年代の中小企業の海外進出

　2000年代では海外展開する中小企業は増加傾向にあり，2001年では2,988社，2006年では3,484社であり，海外展開をする法人7,551のうち中小企業が46.1％を占めた[31]。2005年末時点での主な進出国は北米・ヨーロッパが24.5％，東南アジア24.5％，中国26.1％，NIES14.6％，その他が10.3％と，1995年末と比較すると北米・ヨーロッパが減少した一方で中国が増加し1位となった[32]。この頃は1990年代に引き続き，中国が進出先として注目されていたことがわかる。ただし，2000年代後半になると，中国におけるカントリーリスクが懸念され，中国以外でかつこれまでの韓国や台湾以外のアジアの国々であるベトナムやインドへの進出が検討され始めた。

　また，2000年代における中小企業の海外進出する要因は，販売市場の模索，取引先の移転，コスト削減となっており，1990年代が低廉な労働力市場を求めて進出していたのに比べ，販売市場を求めて進出することが逆転して1位となった[33]。これまで低廉な労働力を求めて中国や東南アジアを中心に中小企業は海外進出を行ってきたが，2000年代になると既存の進出先である中国や東南アジアの国々では低廉な労働力の確保がもはや期待できない兆候が見られるようになった。すなわち，中小企業の海外進出の目的が，低廉な労働力の模索から販売市場の確保への回帰した時期であった。

　中小企業が海外進出するにあたっての課題は，「現地マネージャー層の不足」「現地労働者の賃金コストが上昇」「品質管理が困難」などが挙げられ，この側面からも労働者の問題が浮き彫りになっており，こういった海外進出の背景が中小企業に浸透し，海外進出での目的と課題に影響していると推察する。

　2000年代の特徴は海外進出の目的として市場開拓型が多くなってきており，中国という巨大マーケットへの進出が増加したこと，中国での低廉かつ豊富な労働力もその目的になっていたことが特徴といえる。しかし，中国における経営上の問題が表面化し，中小企業は新たな進出先を求め検討し始めた点もこの時代の特徴である。

(6) 現在の中小企業の海外進出

　2010年代に入ってからの中小企業の海外進出の状況を見ると，平成26年経済センサスのデータによれば4,548社が海外子会社を保有している。製造業に限定すると，2,195社のうち953社が中小企業である。

　海外進出を行う理由は，「海外での市場を確保するため」が最も多く，「安い人件費」「国内市場縮小に備えて」「取引先企業が海外進出を行うため」「為替変動の影響を回避するため」と続く[34]。JETROの調査によると日本企業全体のアジアへの海外直接投資上位5カ国の推移を見てみよう（図表8－7）。2012年までは中国の13,479百万ドルがトップであったが，2013年はタイの10,174百万ドルが，2014年にはシンガポールの7,580百万ドルがトップと入れ替わっている。このことから日本企業の海外投資先に変化が表れていることは明らかである。

　2015年現在，前出の商工組合中央金庫調査部（2015）の調査によると，これまでに中小企業が進出した国は，中国が最も多く，タイ，台湾，ベトナムと続いていたが，今後の進出予定先になるとベトナム，タイ，インドネシア，中国の順へと変化している。これら4カ国に進出する理由として挙げられる項目は，市場の拡大・確保であり，続いてコストダウンである。ベトナムにすでに進出

図表8－7　アジア上位5カ国への海外直接投資推移

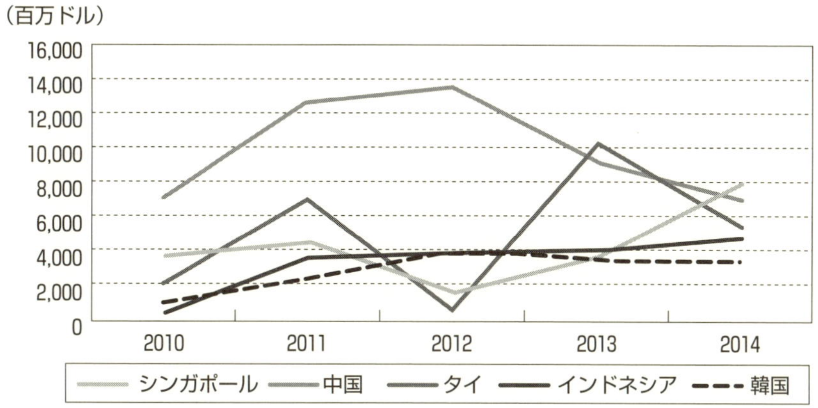

出所：日本貿易振興機構（JETRO）の直接投資統計をもとに筆者作成。

している企業の進出理由は「コストダウン」であったが，今後進出しようとしている企業の進出目的は市場の拡大，確保である。これまでトップであった中国へは海外直接投資の額が減少し，進出先としての順位も下降しているが，中小企業の中国への進出理由としてコストダウンが上位に挙げられており，依然として中国での低廉な労働力の確保を目的する企業が存在している。その一方で，中国からの撤退および第三国（地域）への移転を検討している中小企業も存在し，中国へ海外展開する動きは減退する傾向にある[35]。

上記のように中国から撤退する企業が現れるようになったように，海外進出とは逆に撤退をする企業も現れて注視されている。主な理由としては，「環境の変化等による販売不振」「海外展開を主導する人材の力不足」「現地の法制度・商習慣の問題」などが挙げられており，「人件費の高騰等による採算の悪化」も撤退理由となっている[36]。中小企業はもはや既存の進出先では低廉な労働力の確保が困難になり，進出先から一度撤退し，新たな進出先としてベトナムを志向している要因となっているのであろう。さらに中小企業が撤退を志向していても撤退ができない課題も存在している。例えば，投資した資金の回収が困難な状況，現地で採用した従業員との雇用関係，現地の法制度などがその理由として挙げられており，中小企業単独では対処が不可能な状況も散見され，支援体制の整備が待たれる。

5. おわりに—歴史的に分析した中小企業の海外進出の課題とは

本章では1960年代から2010年代の現代まで，各年代の中小企業の海外進出の目的，進出先，そして課題をそれぞれ検証してきた。戦後間もない頃は，輸出型産業という観点から海外との関係が議論されていたが，その後1960年代になると低賃金の労働力確保を目的として海外に直接出向く中小企業が現れた。1970年代もコストを削減するためには低廉な労働力が必要であり中小企業はアジア諸国に進出した。また，当時の経済環境の1つに発展途上国の特恵関税が影響し，輸出型の中小企業の海外展開を後押しすることになった。1980年代はバブル経済だったこともあり，市場開拓型の海外進出が増加し，北米やヨーロ

ッパに加えてアジアの市場もターゲットになった。1990年代に入ると，バブル経済が崩壊しコスト意識が再浮上したため，低廉な労働力を求めるための海外展開が復活した。2000年代以降は，失われた20年といわれるように国内需要が減退しデフレ経済となっていたため，市場を求めて海外展開が再び行われ，現在に至っている。

　このように見ると，中小企業の海外展開は1960年代から現代にかけて，低廉な労働力と市場の開拓の2点にその目的が集約できる。進出先は韓国，台湾といった国から中国，ASEANへと移り変わっているが，中小企業の海外展開の目的は変わっていない。さらに，中小企業の海外展開における課題が1990年代から問題化しており，低廉な労働力と市場開拓といった各年代において普遍の目的とその実態との差が明らかになっていた。すなわち，海外展開における中小企業が抱える課題は20年以上も認識されている。それにもかかわらず，進出先が移行しているとはいえ，「低廉な労働力」と「市場」を求めて進出する目的は変わらず，そこで生じる中小企業の課題は，進出先と日本との違い，例えば文化や習慣から由来するものであり，今後どこへ進出しようと本質的にはこれも変わらない。

　戦後，日本の産業構造はサービス経済化の進展のもと，第2次産業である製造業が減少してきており，海外展開の要因の1つとなっている。図表8－8によれば，製造業の就労者人口のうち2012年では16.5％が製造業に就いているだけであり，製造業の労働者は海外に依存していることをうかがえるデータといえる。今後も低廉な労働力や市場を求めた海外展開が進展するのであれば，製造業だけではなく小売業やサービス業の中小企業でも，進出先国を変えながら同様の目的で海外展開を進めていくことが予想される。現状のまま海外展開が行われるのであれば，業種に関係なく起因する課題は解決されることが困難であり，また継続的に生じる。根本的な事実は，日本ではない他国へ進出することであり，日本と同じようには経営者は経営できないことである。これらの課題に対して中小企業自身のリスクへの認識，解決策や政府や関係団体の支援が整えられない限り，中小企業の海外展開数は増加するが，失敗する企業や撤退を検討する企業はそれに比例して増える可能性がある。なぜなら，ここ数十年，同じ議論が繰り返されているからである。

低廉な労働力と市場開拓を目的として中小企業が海外へ進出する戦略は，上記で見たように数多く行われ，また課題も山積みになっている。進出先が変われば状況や制度が変わるため一般化は困難であるが，中小企業の海外展開の難易性を国ごとに整理し，事前に中小企業が把握できる仕組みの構築が必要であろう。また，中小企業の経営者は海外展開が必要なのか，そのリスクと照らし合わせて再度検討する姿勢も要求されよう。さらに，中小企業の中には，LCC（Low Cost Carrier）の発展などを活用してあえて海外に進出せずに，必要なときに日本から出張し市場を確保する事例が存在したり，ICT（Information and Communication Technology）の進展により日本国内に拠点を置きながら海外の市場を取り込み，輸出を展開する企業やそれを支援する企業も存在する。今後は技術や環境の変化に伴って，中小企業だけではなく大企業でも単なる海外展開だけではなく新しい方法による海外との活動も見られるようになろう。

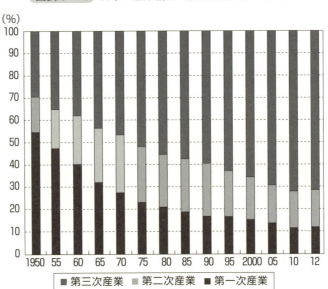

図表8－8　日本の産業構造（就業者構成）の推移

注：データの都合上，「農林漁業」と「鉱業，建設業」を第一次産業，「製造業」を第二次産業，それ以外すべてを第三次産業として集計した。
出所：『平成25年版厚生労働白書』82頁，第2-(2)-1図をもとに再加工。

第8章　歴史から見た中小企業の海外進出　113

　本章は，中小企業の海外展開の実態について，資料を用いながら検証した。二次的なデータを用いたこともあり，実際に海外展開を行った中小企業の事例や経営者の声などを把握できていない。今後は海外展開をしている中小企業経営者にインタビュー調査などを実施し，中小企業の海外展開のあり方や課題を実証していく必要がある。

▶注

1　本稿は査読委員会による査読論文である（掲載承認2016年1月7日）。
2　2013年3月に「信用金庫法施行令及び中小企業等協同組合法施行令の一部を改正する政令」が閣議決定され，同月に政令・内閣府令として公布・施行された。
3　ジョーンズ（1998），p.5。
4　同上，p.5。
5　同上，p.5。
6　同上，p.5。
7　中小企業の中にはインカムゲインやキャピタルゲインを求めて海外に向けて間接投資を行っている企業が存在している。しかし，本章では有価証券や債券を所有することで利益をあげることではなく，生産や販売といった事業活動を行ううえでの海外進出をする中小企業を研究の対象としているため，直接投資に焦点を当てて議論を行う。
8　春日井（1958），1頁。
9　池田（1968），15頁。
10　同上，16頁。
11　最賀（1968），1頁。
12　同上，2頁。
13　同上，2頁。
14　前掲，池田，21頁。
15　商工組合中央金庫国際部（1979），29頁。
16　中小企業庁編（1975），282頁。
17　同上，284頁。
18　中小企業金融公庫・中小企業調査協会編（1973），26-31頁。
19　前掲，商工組合中央金庫国際部，36頁。
20　同上，36頁。
21　小柴（1987），10頁。新規証券取得（現地法人の新設や新規資本参加）の件数を集計。
22　中小企業金融公庫・中小企業調査協会編（1987），4頁。
23　前掲，小柴（1987），153頁。
24　前掲，中小企業金融公庫・中小企業調査研究会編（1987），6頁。
25　中小企業庁編（1989），61頁。
26　中小企業庁編（1990），111頁。

27　中小企業庁編（1997），94頁。
28　同上，95頁。
29　同上，212頁。
30　同上，213頁。
31　中小企業庁（2008），123頁。
32　同上，124頁。
33　中小企業庁編（2010），166頁。このころになると，中小企業白書の中では海外展開という用語を用いずに，国際化と呼ぶようになっている。
34　商工組合中央金庫調査部（2015），6頁。
35　同上，14頁。
36　中小企業庁編（2014），330頁。

参考文献

池田彰（1968）「中小企業海外進出の条件」日本立地センター『工業立地』7巻2号，15-21頁。
春日井薫（1958）「中小企業商品の海外進出」商工組合中央金庫『商工金融』8(4)，1-5頁。
厚生労働省（2013）『平成25年版労働経済白書』新高速印刷。
小柴徹修（1987）「わが国中小企業の海外直接投資と技術貿易」『東北学院大学論集』通号104号，143-175頁。
最賀吉典（1968）「中小企業者の海外進出」財政経済弘報社『財政経済弘報』1284号，1-4頁。
佐竹隆幸編著（2014）『現代中小企業の海外事業展開』ミネルヴァ書房。
商工組合中央金庫国際部（1979）「中小企業の海外投資実態調査」商工組合中央金庫『商工金融』29(6)，19-37頁。
商工組合中央金庫調査部（2015）「中小企業の海外進出に対する意識調査」2015年4月2日。
Jones, G.（1995）*The Evolution of International Business*, Cengage Learning EMEA,.（ジェフリー・ジョーンズ著，桑原哲也・安室憲一・川辺信雄・榎本悟・梅野巨利訳『国際ビジネスの進化』有斐閣，1998年。）
Jones, G.（2005）*Multinationals and Global Capitalism: From the 19th to the 21st Century*, Oxford University Press.（ジェフリー・ジョーンズ著，安室憲一・梅野巨利訳『国際経営講義』有斐閣，2007年。）
中小企業金融公庫・中小企業調査協会編（1973）『中小企業金融公庫月報』20（8・9）。
中小企業金融公庫・中小企業調査協会編（1987）『中小企業金融公庫月報』34（12）。
中小企業庁編（1975）『昭和50年度中小企業白書』大蔵省印刷局。
中小企業庁編（1989）『平成元年版中小企業白書』大蔵省印刷局。
中小企業庁編（1990）『平成2年版中小企業白書』大蔵省印刷局。
中小企業庁編（1996）『平成8年版中小企業白書』大蔵省印刷局。
中小企業庁編（1997）『平成9年版中小企業白書』大蔵省印刷局。
中小企業庁編（2008）『2008年版中小企業白書』ぎょうせい。
中小企業庁編（2010）『2010年版中小企業白書』日経印刷。

第9章
中小企業の海外事業再編戦略
中国市場を中心に

1. 海外事業の再編を求められる中小企業

　中小企業の海外進出としてこれまでにいくつかのブームが観測された。低廉な労働力への期待，可処分所得の増加による市場としての期待，自動車海外製造拠点での部品供給（サプライヤーパーク形成）など，時代背景ごとにさまざまな海外進出理由があった。2000年代，日本企業の進出先首位であった中国もその人気に陰りが見え始め，インドネシアなどASEAN諸国への進出の人気が高まっている。さて，企業の海外展開は大まかには，進出検討，進出，操業，撤退の4段階を変遷する。中国に進出した中小企業も，人件費の高騰や中国経済の減速，さらには対外政策・社会情勢不安（カントリーリスク）などによって中国での事業展開の再考を迫られつつある。これは上記の4段階のうちで撤退のフェーズに対応する。そこでの具体的な撤退行動の選択肢には現地法人の株式売却，会社の清算，収用国有化，合併，休眠などが想定される。

　中国からの撤退が進行するにつれ，その研究で中心となる対象は中小企業であり，2014年版の中小企業白書でも言及されている[1]。そして，これまでに海外進出していた中小企業の撤退の中心となっているのは中国であり，2009年に全体の4割を占めている[2]。

　本来，海外展開をする場合，埋没費用（sunk cost）を算出し，また，プロダクトライフサイクルに沿って直接投資を行った段階で撤退を計画に組み入れるべきである[3]。しかし，中小企業は大企業に比べて情報収集能力や資金力に乏しく，十分な検討がなされないまま海外展開を敢行した例は少なくない。また，上記のサプライヤーパークを形成していた部品サプライヤーとしての中小

企業の入れ替わりの実態は明らかではない。

丹下は撤退したという事実を外部に公表したくないと考える企業も存在し、撤退経験を有する企業への研究者からのアプローチは容易ではないと指摘しており[4]、そのため、研究が不十分な分野となっている。

ポーター（Porter, M. E.）らにより提唱されたリショアリング[5]は埋没費用をマイナスにする可能性を秘めた戦略的撤退の形態であり、今後、中小企業が海外展開を行うのに際して有効な一選択肢となると考えられる。

そこで本章では事業再編の中でも企業の撤退の分野について、①事業再編の概念整理、②文献サーベイを行い、③そして撤退の動向を事例調査を通じて分析し、④中小企業の撤退の現状を中国市場を中心に明らかにする。これらに依拠して、わが国中小企業へ海外戦略の指針あるいは示唆を与え得るための論考を行う。

2. 事業再編に関する先行研究

(1) 海外進出

企業は国内市場で競争が激化したり飽和状態になったときなどに海外市場を目指す傾向にある。この傾向が顕著に見られた米国では、企業の海外進出のプロセスに関する研究が多く行われるようになった。例えばバーノン（Raymond Vernon）は1960年代に①導入期、②成熟期、③標準化期という3期に分類する多国籍化モデルを提唱した（**図表9－1**）[6]。

さらにこの時代はハイマー（Stephen H. Hymer）[7]やコース＝ウイリアムソン（R. Coase＝O.E.Williamson）[8]、その後70年代に入ってからはカソン（M. Casson）[9]やダニング（J.H.Dunning）[10]など、米国企業の海外進出の研究が盛んに行われた。

日本の主権回復後間もなくわが国の企業も海外進出を再開していたが、日本企業の海外進出の研究が盛んになったのは米国での研究に誘引された1970年代以後のことである。1985年のプラザ合意以降の急速な円高に伴って中小企業の海外進出も盛んに行われるようになり、国内の特定の業種やその業種が集積し

図表9－1　バーノンの多国籍化モデル

(1) **導入期**：技術的優位性をもって自国で，新製品を生産・販売する。この導入期においては，競争企業が存在しないことから，その企業は独占的利潤を得る。
(2) **成熟期**：＜前期＞国内で大量生産を行い，供給能力が国内需要を上回るようになると，その一部を先進工業国へ輸出する。
＜後期＞国内での限界生産費と限界輸送費の合計が，他の先進工業国での限界生産費を超えると，先進工業国へ生産拠点を移転する。一部輸入を始める。
(3) **標準化期**：発展途上国へ輸出を開始し，技術の普及が進み，途上国のほうが生産諸要素の費用面で優位性を持つようになると，やがてこの標準的技術を持った生産拠点を途上国へ移転する。そして当該製品の全面的な輸入国になる。

図表9－2　国際化の動機

(1) **低コスト化**：人件費，原材料費，ユーティリティなど求めて国際化する。
(2) **新しい市場の開拓**：自国内で過当競争の回避，市場の成熟化からの新しい挑戦，また有望な海外市場の存在などが強い刺激となって国際化へ乗り出す。
(3) **貿易摩擦の回避**：たとえば製品輸出を続けていると貿易摩擦が起こり，相手国から輸入制限や関税引き上げなどの措置を受けることもありうる。そこで輸出から現地生産へ切り替えることになる。
(4) **タックス・ヘイブン目的**：租税が著しく安い租税回避地を目指す。
(5) **為替リスク回避**：為替レートの変動が人為的あるいはそれ以外の原因で激しいとき，現地へ拠点を移す。

出所：原田・原（2006），252頁より。

た特定の地域が打撃を受けたことから，1986年に中小企業事業転換法を改正し中小企業の事業転換を支援した。さらに1991年のバブル経済崩壊後，中小企業の自助努力を尊重しつつ，きめ細かな支援体制も確立されてきた。

　なお，2000年代に入り，原田らは**図表9－2**に示すように，企業の国際化について①低コスト化，②新しい市場の開拓，③貿易摩擦の回避，④タックス・ヘイブン目的，⑤為替リスク回避があると指摘した[11]。

(2) 事業再編

　海外進出した企業が，進出先市場でも国内市場と同様の問題に直面したとき，進出先の事業のリストラクチャリング（restructuring：事業の再構築）を実

施するようになる。米国では日米貿易摩擦が激化した1980年代に入って，リストラクチャリングが盛んに実施された。日本でも1990年代に入るとバブル経済も崩壊し，長期不況によって日本的経営が行き詰まったことから，リストラクチャリングが盛んに行われるようになった。そして，リストラクチャリングといえば事業の再構築というよりは事業の縮小，ひいては人員整理を意味し，「リストラ＝レイオフ」という使われ方がされてきた。

その後2012年頃から始まったアベノミクスおよび日本銀行の量的緩和措置による円安，株高の進行は，原田らが示した国際化の動機の中でも，「⑤為替リスク回避」による国際化の動機を低減し，さらに先にも述べた中国の人件費の高騰は，「①低コスト化」による国際化の動機も低減させるものとなった。

また，2000年代に入ると戦後最長ともいわれる第14循環が始まり，企業行動に多少の変化があったものの，2008年に起きたリーマンショックでまた行動が鈍化した。このようなことから，日本企業の海外事業について，戦略の見直しを迫られる事例が出てきた。

このため，従来，リストラ＝レイオフだったものが，本来の意味でのリストラクチャリングが実施されるようになってきた。このリストラクチャリングの概念を**図表９－３**に示すが，事業再編の中には事業の縮小，第三国への移転，そして撤退と分けることができる。なお，本章では上述のような日本国内の経済情勢の中で，事業再編を戦略的に実施していくための方策を中心に分析していく関係上，現地での事業の縮小や第三国への移転は対象としない。そこで，

図表９－３　リストラクチャリングの範囲

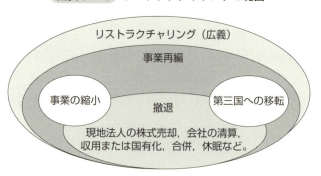

図表9－4　ボドウィンの撤退条件

［条件1］　直接投資を行っている企業が他国企業に対する競争上の優位性を所有しなくなる。
［条件2］　または，仮に競争上の優位性を保持していたとしても，自社で内部化しているよりは外国企業に売却したり賃貸したりしたほうが利益がある。
［条件3］　または，企業が，母国外でそうした内部化された競争上の優位性を用いることが利益のあるものではなくなる。すなわち，外国市場に対しては輸出で，自国市場に対しては自国生産で供給したほうが有利か，または外国，自国のどちらか一方ないしはその双方を放棄したほうが有利な場合も出る。

事業再編の中でも撤退について深くサーベイしていくこととする。

海外事業からの撤退は，具体的には現地法人の株式売却，会社の清算，収用または国有化，合併，休眠などのほか，第三国への転出も含まれる。

ボドウィン（Boddewyn, J. J.）は国内・国外に対する投資の開始と撤退の意思決定に関する理論を提示した[12]。ボドウィンはダニングの折衷理論における3条件に対応させて，次の3の条件のうち，いずれか1つが当てはまると撤退が起こると論じた（**図表9－4**）。

また，ケイブス（Caves, R. E.）とポーターは参入障壁と退出障壁の双方を移動障壁として一般化する議論を展開した[13]。そして従来の解消的な撤退とは異なる戦略的撤退の形態をリショアリングという用語によって説明した。

(3) リショアリング

リショアリングとは，海外事業の縮小や撤退，第三国への移転ではない新しい形態であり，海外事業を自国に戻すというものである。リショアリングは輸送コストや原材料調達コストなどを総合的に判断した場合，生産を進出先の新興国で行うより，本国で行ったほうが安くなるとき，生産を本国に回帰させるという理論である。

このリショアリングの基本的な考え方に基づいて，エルラム（Ellram, M. L.）らは，取引コスト経済学やダニングの折衷理論，ラグマンの内部化理論などの多国籍化理論の援用を試みた[14]。さらに米国における製造業のオフショア

リングとリショアリングに関する調査に基づいて，①製造場所を決定するために，サプライチェーンの中で，潜在的リスクを検討してオフショアリングもしくはリショアリングの決定を行う，②コスト要因が製造拠点の意思決定に重要な要因を与える，③総コスト，収益性，顧客の価値創造への影響を考慮し，従来のコスト削減の枠を超えて製造拠点が移動する，というリショアリング条件の結論を得た[5]。また，ポーターらは，オフショアリングには隠されたコストが存在し，海外での人件費の高騰や，米国のシェールガス革命によって米国の製造業は米国国内に戻ってくる，つまりリショアリングが起こると指摘した[5]。さらにグレイ（Gray, J. V.）らは，リショアリングが起こるポイントとして，サプライチェーンの延長によって隠れたコストとリスクの回避があると主張した[15]。なお，グローバルレベルでの製造場所の決定は，コストとリスク因子が進出相手国によって影響を受けるという主張もある。

なお現在，米国でリショアリングが進行する主な要因は中国にある。米国に限定すると，①シェールガスが2013年に進展したため，電気と原料の費用低減が今後期待される。このため，メーカーはシェールガスによって高品質製品を製造可能となった，②国内生産に移行することは，中国や新興国などの海外で生産するよりも輸送費を削減でき，またさらにそれはより低い生産費を可能にし，生産のリードタイムを短縮し，より高い高級製品を生産することが可能となった，③国内製造業の回復は，米国政府の政策となっているため，製造業企業は減税などの利点を享受できたなど，いくつかのリショアリングの原因があった。

なお，最近の研究で，３Ｄプリンタなどが工場に導入されてきたことから，３Ｄプリンタと現場力を融合させる高付加価値工場を日本に作っていくために，リショアリングを起こそうとする事例も報告されている[16]。また政策的には設備投資の即時償却が可能となったため，リショアリングという企業行動はますます活発化すると考えられる。

3. 事業再編の事例

本節は企業の中国からの事業再編戦略を中心に議論を進めていく関係上，こ

こではまず，中国経済の現状と企業の状況を明らかにしていく。

2013年にAIIB（Asian Infrastructure Investment Bank：アジア インフラ投資銀行）が提唱[17]され，今まで以上にアジアでのプレゼンスを高めてきた中国であるが，2015年7月に襲ったチャイナショック[14]では上海証券取引所発の株価急落によって世界の株式市場で株価が乱高下し，中国経済失速[15]が報道された。これは来料加工に代表された中国の経済発展モデルが限界に来ている可能性が考えられる。具体的には中国国内での物価の高騰，東部沿海部，特に華東地域および華南地域をはじめとする人件費の高騰が挙げられ，また，それに先立って2014年から続いている不動産価格下落もその一因となっている。

これらの現象の背景は次のとおりである。中国は1992年の中国共産党第14回大会によって社会主義市場経済体制へと移行した。このため，基本的には資本主義国とは異なり強い共産党管理の下で経済を発展させてきた。このようなことから資本主義諸国とは異なり，「バブル経済」というものが存在しないと主張されてきた中国において，長年において「過熱経済」という表現を使用し経済をコントロールしてきた。しかし，2015年9月に開催されたG20では，中国人民銀行総裁が中国株式市場についてバブルであったことを認める[18]など，市場経済への移行に伴って，当局のマクロコントロールが及ばないほど，市場が急速発展してきた。

これらを要因とする人件費，生産コストの上昇は，中国への進出魅力度を下げる結果となった。それは中国の経済成長に伴った市場の成熟化を意味する。なお，代表的な中国からの撤退事例を図表9－5に示す。

しかしながら，いったん進出した中国市場から撤退することは容易ではなく，大企業であればそのリスク，トータルコストは大きい。例えば2013年末の大連からの東芝液晶テレビ工場撤退時には，地元政府から解雇従業員の雇用確保，あるいは再就職先の斡旋を要求された。2015年2月にシチズンが現地法に則って会社の清算を行い，中国事業を縮小しようとしたところ，解雇時の摩擦や補償問題などのトラブルとなった。大企業の場合，中小企業とは異なり企業規模が大きな多国籍企業が中心であることから撤退理由が中小企業のそれとは異なることも考えられる。そこで，次に大企業の中国市場における撤退理由について明らかにしていく。

図表 9 − 5　代表的な中国からの撤退事例

企業名	撤退内容
エスビー食品[19]	大連工場の清算
キヤノン[20]	カメラなどの国内生産比率を段階的に60％に引き上げる方針
シチズン[21]	シチズン，中国工場の1,000人を一斉解雇し工場を閉鎖
シャープ[22]	テレビなど家電の一部を栃木県矢板市や大阪府八尾市の工場に移管を検討
ダイキン工業[23]	家庭用エアコンの一部を滋賀県草津市の工場に移管
東芝[24]	大連東芝テレビジョン（大連市）は清算し，約900人いる従業員は経済保証金を払って原則解雇
ホンダ[25]	原付バイクの一部を熊本県大津町の工場に移管を検討
TDK[26]	スマホ，自動車向け電子部品を秋田県の工場などへ移管を検討
パナソニック[22]	洗濯機など家電の一部を静岡県袋井市や神戸市の工場へ移管を検討

　まず，大企業の場合，世界各国にグローバルに展開していることから撤退は中国に限定していない場合が多い。また，海外事業の再編を行っている大企業は本国事業での不採算，つまり赤字が続いているということもある。しかし，多くの場合，市場からの評価が高く株価が上昇している。このような前提があるものの，中国に限定した事業再編理由を考察すると，①日本銀行の量的緩和以降の円安による人民元高，②また，中国の人件費の高騰，そして，それに関連して③中華人民共和国労働契約法（2008年施行）による，中国人労働者の権利意識の高揚，④中国市場における現地企業との競争・価格競争の激化，⑤中国における生産設備の過剰，⑥2008年1月に施行された新企業所得税法による外国資本に対する優遇税制の撤廃，⑦環境規制，などが挙げられる。

　大企業であってもこうした中国市場の特性に苦しむことが多い中国からの撤退であるため，中小企業の撤退では上記の7項目を基本としてさらに多くの困難を伴うものと考えられる。

4. 中小企業における事業再編

　中国市場に限定したものではないが，企業の撤退を分析したのが丹下と金子

である[27]。丹下らは，撤退後も海外展開に取り組み，撤退経験を活かす中小企業の存在を明らかにしたうえで，中小企業の海外撤退に関する研究が少ないことからさらなる研究が必要であるとも述べている。というのも，撤退に関する研究は大企業を対象にした研究や『中小企業白書』や丹下らの研究にもあるように定量的な調査が多く，定性的な撤退要因の分析がなされているのは中小企業庁の『中小企業の海外事業再編事例集』くらいであり，しかも，複数の国を取り上げていることから，中国市場に限定した撤退要因を明らかにした研究は存在しない。そこで本章では新たな中小企業の撤退事例を追加し，特に中国市場に限定した撤退研究を深める。

経済産業省の「海外事業活動基本調査」によれば，海外現地法人は中小企業の製造業で2007年の68.1％から2012年の59.3％へと減少している。これは大企業で同期の47.4％から40.4％へと低下している。このことからわかるように，日本の製造業の海外進出は減少傾向にあるといわれている。しかし，非製造業に関しては，同期に中小企業が19.0％から26.9％まで増加し，大企業も同様な増加傾向にあることは留意すべき点である。

地域別現地法人数の推移を見ると，2012年には65.2％がアジアに集中している。そして，アジアの中でも2011年を境に中国の法人数と中国を除くアジアでの法人数は逆転現象を起こしている。このことは，中国からの撤退は製造業が中心となっていることを意味する。

これを裏づける調査に損保ジャパン日本興亜リスクマネジメントが2013年12月に発表した「海外展開の実態把握にかかるアンケート調査」がある。この調査によれば，今後，直接投資先（生産機能）に関して，中国からタイ，ベトナム，インドネシア，ミャンマー，インドへの移転傾向があると指摘している。

また，中小企業庁は2015年6月に，難航する中国を含めて各国からの中小企業の撤退を事例集という形で発表した[28]。この事例集から本節で主として扱う中国（香港含む）に注目すると，17社の撤退事例が掲載されている。この中で実名を公表していない企業は71％に上り，多くの中小企業が撤退という場合，実名が公表できないことを暗示している。実際公表していたのは，精密機器製造の株式会社アペレ，食品製造の株式会社有村屋，医療機器のレルテック医療機器株式会社，中古射出成型機販売の株式会社エス・ケイ・カンパニー，そし

て美容室の株式会社ダダである。これら実名を公表している企業は比較的撤退を円滑に行っているが、事例集に掲載されている撤退の理由について分析すると、大まかには次の4点に集約できる。①中国国内の事情がよくわからなかった、②現地工場が低品質な製品しかつくれず、赤字が増加したことから撤退することになった、③取引先の破産により撤退せざるを得なかった、④合弁相手が暴走し、勝手に価格を決められなくなった、などが提示されている。

上述の研究からも明らかなように、アベノミクスや日本銀行の量的緩和の結果、日本の企業、特に製造業は国外の事業再編を加速させている。

上記以外でも先進的な企業撤退の事例として、玉田工業株式会社（石川県金沢市）や株式会社東京印（東京都中央区）、株式会社南信精機製作所（長野県上伊那郡）などがある。以下に詳細を述べる。

○玉田工業株式会社（石川県金沢市）http://www.tamada.co.jp

玉田工業は、ガソリンスタンドなどの地下タンクおよび防火水槽を設計・施行するメーカーであり、鉄を繊維強化プラスチック（FRP）で被覆する「SF二重殻タンク」という他社にない優れた技術を武器に市場で一定のシェアを確立しており、減少している国内ガソリンスタンドに代わって、乗用車市場が急拡大した中国市場をターゲットとした海外展開を行った。

なお、同社の技術は高く評価され、東日本大震災後に発生した東京電力福島第一原子力発電所から出ている放射能を含んだ汚染水を貯留するタンクとして使用されている[29]。

中国市場では2009年10月に玉田側（子会社）30％、中国企業側70％で合弁企業を設立、合弁企業に対して二重殻タンクの技術供与を行った。しかし、中国でのタンクの油漏れに対する環境規制の強化が進まず事業が停滞、合弁先との間で摩擦が表面化したことから撤退を行った。すなわち同社の優れた技術は中国では「オーバースペック」であったことが撤退の要因と結論づけられる。

その後中国での教訓を生かして、ベトナムに進出、2015年4月には経済産業省が選ぶ、「頑張る中小企業・小規模事業者300社」に選定された[30]。その後は順調にベトナムにタンク部分の一部を生産移転するなど、順調な経営を行っている[31]。

○株式会社東京印（東京都中央区）http://www.tokyoin-co.jp

　東京印は浴衣製造の大手メーカーであり，1982年に創業して以来，着物，ゆかた，袢纏（はんてん）等，日本の伝統的衣装を製作，販売，輸出している企業である。同社はゆかた市場では国内の2割程度のシェアを誇り，またその中国工場で可能となった低価でのアパレル生産能力を活かして女性用水着も中国で生産，割安な製品を中心に販売を増やしている。2010年12月期の売上高は11億2,000万円となっている[32]。

　中国で人件費の高騰を受け，コスト競争力を維持するためにミャンマーやカンボジアなどに生産拠点を求め，中国での生産量を順次減らしている。

○株式会社南信精機製作所（長野県上伊那郡）http://www.nanshinss.co.jp

　南信精機製作所は金属切削を主事業として創業した会社であり，今日では精密プレス，精密プラスチック，インサート／アウトサート成型を行う企業である。同社は1993年に中国や香港に進出，その後もベトナムに進出し，国内のみならず海外市場を狙った生産体制を効率的に行っている。

　部品サプライヤーである同社は，このグローバルな生産体制の中で得られた情報をもとに，部品需要を見極め生産体制の効率化を図っている。日本企業の撤退事例が相次ぐ2014年頃から，同社の取引先が中国から撤退する事例が多くなり，撤退先が日本であることから，日本国内にリショアリングした企業を対象に，部品供給体制を強化するため，国内工場の生産体制を増強した。これは一部中国から日本に撤退をした事例である。

　上記の先進的な撤退事例3社について分析すると，撤退の中心は中国であるものの，100％出資子会社の撤退ではなく，合弁会社の清算を行ったり，日本国内の需要増に備える戦略的撤退を行ったりしていることがわかる。これは経済産業省の撤退事例にもあるような，中国現地での不協和音による撤退が多いことを意味している。そして，この撤退は，進出していた日系中小企業を連鎖的に撤退させる現象を生じさせている。

5. 中小企業への示唆

　前節までに明らかにしてきたように中小企業の海外進出先国のうちで事業再編の注目の中心は中国である。その事業再編の中でも撤退については，『中小企業白書』や経済産業省が発表した撤退事例集でも中国市場での失敗による事例が多く見られる。本章で明らかにした中国での事業再編の主要な理由は次のとおりである。

　①円安・人民元高，②中国の人件費の高騰，③中国労働契約法による労働者の権利意識の高揚，④中国市場における現地企業との競争・価格競争の激化，⑤中国における生産設備の過剰，⑥新企業所得税法による外国資本に対する優遇税制の撤廃，⑦環境規制，が挙げられる。さらに中小企業に限ると乏しい経営資源に起因する①情報収集力，②現地法人の運営能力，③合弁相手との摩擦（大企業より身近な問題で起こる）などの問題で撤退が余儀なくされる。したがって，中小企業各社ではこれらの理由が自社に該当する度合いを見極める必要がある。

　なお，1985年のプラザ合意以降問題となった産業の空洞化における日本産業の六重苦が解消されつつある今日，中小企業は国内での増産を活発化していると考えられる。ちなみにこの六重苦とは，①超円高，②法人税の実効税率の高さ，③自由貿易協定の遅れ，④電力価格問題，⑤労働規制の厳しさ，⑥環境規制の厳しさである。しかし，六重苦ともいわれた日本の産業の国内立地競争力の低下傾向が改善され，国内が魅力ある立地先となりつつある。そして，大企業の撤退に対応した中小企業の国内生産の増加の例も見られるようになってきている。

　このような背景もあり，中小企業は中国市場での事業再編を盛んに行っている。この中心は事業の清算，第三国への移転である。しかし，米国の例にもあるように，撤退の新しい形態としてのリショアリングが示されている。エルラムらが提示するリショアリング条件は次のとおりである。それは，①製造場所を決定するために，サプライチェーンの中で，潜在的リスクを検討してオフショアリングもしくはリショアリングの決定を行う，②コスト要因が製造拠点の

意思決定に重要な要因を与える，③総コスト，収益性，顧客の価値創造への影響を考慮し，従来のコスト削減の枠を超えて製造拠点が移動する，というものである。これらのリショアリング条件に当てはまる場合，日本国内での立地に魅力が出てきている現在，事業再編に清算や第三国への移転ではなく，自国に戻る，リショアリングを選択肢に入れることが，中長期的に企業を発展させる原動力となると考えられる。

6. おわりに

　本章は事業再編の中でも研究蓄積がほとんどない企業の撤退の分野について，まず企業の多国籍化について，バーノンやダニングらを取り上げ明らかにした。次に，海外進出した多国籍企業のリストラクチャリングについて，事業の縮小，第三国への移転，撤退があることを明らかにしたうえで，ボドウィンやポーターの文献サーベイを行った。そして，単なる撤退とは異なる本国への回帰，すなわち戦略的撤退であるリショアリングの文献サーベイを行い大企業・中小企業の撤退事例の分析により撤退理由を明らかにした。中小企業の行動を見ると，大企業の撤退に合わせた行動をとる中小企業も存在することが明らかになった。そして研究例の少ない中小企業の撤退事例を3件明らかにした結果，摩擦による撤退の中に潜んで明らかにされなかった「オーバースペック」による撤退（リショアリングの事例）の存在を明らかにすることができた。このようなことから，本章はリストラクチャリングについて，従来の撤退と第三国への移転に付け加えてリショアリングが含まれることを明らかにした。そのうえで中小企業が撤退をする際の指針となる考え方を示した。

　中小企業に関しては具体的な事例をほんの一部しか明らかにすることができなかった。ただ，中小企業のリショアリングは報道ベースでは取り上げられており，中小企業にとっても必要な事業再編である可能性が高い。そこで事業再編におけるリショアリング事例の調査・論考を今後の研究課題としたい。また，特に自動車など大型製品を現地生産する大企業アセンブリ工場に付随するサプライヤーパークを形成する部品サプライヤーの入れ替わりは決して少なくないが本章では議論の対象とはしなかった。このサプライヤーパークの形成と解体

の過程分析も重要な検討課題である。

▶注

1　中小企業庁（2014）『中小企業白書2014年版』日経印刷。
2　中小企業庁（2012）『中小企業白書2012年版』日経印刷。
3　Hirschman, Albert O. (1969) *Exit, Voice, and Loyalty. Responses to Decline in Firms, Organization, and States*, Cambridge, MA: Cambridge University Press.
4　丹下英明・金子昌弘（2015）「中小企業による海外撤退の実態―戦略的撤退と撤退経験の活用」『日本政策金融公庫論集　第26号』日本政策金融公庫。
5　Porter, M. E. and Rivkin (2012) J. W. "Choosing the United States: In contests to attract high-value business activities, the U.S. is losing out more than it should," *Harvard Business Review*.
6　Vernon,R. (1971) *Sovereignty at Bay* (*The Harvard multinational enterprise series*), Basic Books.
7　Hymer,S.H. (1976) *The International Operations of National Firms : A Study of Direct Foreing Investment*, MIT Press.
8　Coase, Ronald H. (1960) "The Problem of Social Cost," *Journal of Law and Economics*, 3,pp.1-44. & Williamson, Oliver E. (1981) "The Economics of Organization: The Transaction Cost Approach," *The American Journal of Sociology*, 87(3), pp.548-577.
9　Casson, M. and Wadeson, N. (2013) " The economic theory of international supply chains: a systems view," *International Journal of the Economics of Business*, 20 (2), pp.163-186.
10　Dunning, J.H. (1958) *American Innvestment in British Manufacturing Industry*, Allen & Urwin.
11　原田行男・原優治（2006）『現代経営学の基礎』シーエーピー出版，252頁。
12　Boddewyn, J. J. (1983) " Foreign and Domestic Divestment and Investment Decisions: Like or Unlike?," *Journal of International Business Studies*, 13.
13　Caves, R. E. and Porter, M. E. (1976) Barriers to exit, in Qualls, D. P. and Masson, R. , eds. , *Essays on Industrial Organization in Honor of Joe S. Bain, Ballinger*. Cambridge, MA.
14　Lisa M. Ellram, Wendy L. Tate and Kenneth J. Petersen, 'Offshoring and Reshoring:An Update on the Manufacturing Location Decision," *Journal of Supply Chain Management* (49-2), pp.14-22, 2013.4.
15　Gray, J. V. , Keith, S. , Esenduran, G. and Rungtusanatham, M.J. (2013) "The Reshoring Phenomenon: What Supply Chain Academics Ought to know and Should Do," *Journal of Supply Chain Management*, 49, pp.27-33.
16　日本経営学会第88年次大会「統一論題サブテーマ②「日本型ものづくり経営の再生」」2014年9月における報告。
17　《亚洲基础设施投资银行协定》签署仪式在北京举行-中华人民共和国财政部

http://www.mof.gov.cn/zhengwuxinxi/caizhengxinwen/201506/t20150629_1262372.html （2015年9月30日確認）
18　日本経済新聞（2015）「中国人民銀総裁「6月まで株バブル」，G20で言及，政策対応で正常化強調，財政相「今後5年は苦難」」2015年．
19　日本経済新聞（2015）『エスビー食品，中国生産撤退．』2015年2月3日朝刊．
20　日経産業新聞（2015）『国内生産6割に増強，キヤノン，御手洗CEOに聞く，M&A，最大4000億円，米欧と3極体制，医療やロボに注力．』2015年8月28日．
21　日本経済新聞（2015）『シチズン子会社の広州工場，突然の解雇に従業員が抗議』2015年2月9日夕刊．
22　日経産業新聞（2015）『製造業「国内移管」真意は，進む円安，トップ発言に探る，やはり地産地消，高級機は国内．』2015年1月8日．
23　日経産業新聞（2015）『コスト減で力，再び日本に，ダイキン，家庭用エアコン製造時間半減』2015年7月9日．
24　日本経済新聞（2013）『東芝，テレビ，中国生産撤退，インドネシアに集約』2013年11月30日朝刊．
25　日本経済新聞（2015）『二輪王者ホンダ，苦肉の国内回帰，中国から移管の「原チャリ」生産開始』2015年9月12日朝刊．
26　日本経済新聞　地方経済面（2015）『企業，円安で国内シフト，内需型多い東北——アイリス，照明，生産比率上げ，漬物の青三，原材料，中国産から』2015年6月25日．
27　丹下英明・金子昌弘「中小企業による海外撤退の実態」（2015）『日本政策金融公庫論集第26号』日本政策金融公庫，pp.15-34．
28　中小企業庁（2015）『中小企業の海外事業再編事例集』．
29　日本経済新聞（2011）『福島第1の汚染水タンク，玉田工業，あす出荷，月末までに3万トン分量産．』地方経済面 北陸 2011年6月4日．
30　プラスチック産業資材新聞 2015年4月15日．
31　油業報知新聞 2015年5月15日．
32　日経産業新聞（2011）『インドネシアに工場，東京印，中国の人件費増で．』2011年11月2日．

第10章
中小企業のアジアへの進出と地域金融機関の役割[1]

1. 中小企業のアジアへの進出と地域金融機関

　わが国では，少子高齢化に伴う人口減少の中で，大企業だけでなく，中小企業においても海外で事業展開していくことが求められつつある。中小企業で海外の現地法人を持つ企業数は，2006年の1,686社から2012年の5,183社へと3倍近く増加している。中小企業の主な進出先は，アジア各国（中国，インド，ASEAN諸国など）である。「中小企業の海外進出＝アジアへの進出」と考えてよいであろう。これらの国々は若者人口が多く，経済的な伸びが期待できる。また日本から比較的距離が近く，行き来がしやすい点で，中小企業にとって有力な進出先となっている。

　こうした動きと連動する形で近年，地方銀行が駐在員事務所を設けるだけでなく，他機関やアジア圏の銀行と提携する動きがここ数年で活発化している。また営利を目的としない協同組織でかつ営業エリアが限定されているイメージが強かった信用金庫でも，駐在員事務所を開設し，企業の海外進出を積極的にサポートするケースが見られる。

　なぜ，中小企業の海外進出を地域金融機関がサポートする必要性（必然性）があるのであろうか。資金面に関しては日本政策金融公庫と国際協力銀行，ノウハウ面に関してはJETRO（日本貿易振興機構）などの海外進出支援の活用が考えられ，必ずしも企業は取引銀行の支援を受けなくても海外進出が可能であろう。

　その意義を理解するためには，地域金融機関と取引企業との間で成立するリレーションシップ・バンキング機能を考えてみる必要性がある。リレーション

シップ・バンキングとは,「金融取引を通じた借り手と金融機関との密接な結びつき」である。これは,地域金融機関と企業とが協力し合うことで発揮される目に見えない力である。中小企業は,取り扱っている製品の製造（提供しているサービス）においては自信を持っていたとしても,企業財務や現地でのノウハウといった面では弱い。中小企業の海外進出のサポートを,日頃の取引を通じて,その企業の良し悪しを熟知している銀行が行うことは1つの最適なやり方と考えられる。本章では,リレーションシップ・バンキングの機能の観点から,中小企業のアジア進出と近年の地域金融機関の動向を概観し,その課題を明らかにしていく。

2. 地域金融機関とリレーションシップ・バンキング

(1) 地域金融機関の役割

　地域金融機関とメガバンク（主要行）との役割の違いは何であろうか。村本(2015)は,図表10－1のように,地域金融機関と主要行の違いを,経営目的・取引対象,ステークホルダー,自己資本比率規制・地区規制の各観点から整理している。

　主要行と地域金融機関（地域銀行,共同組織金融機関）との違いは,その活動の範囲にあるであろう。主要行が全国もしくは国際的な営業展開を行っているのに対して,地域金融機関はその地域を中心に活動している。

　地域金融機関には,地域銀行（地方銀行,第二地方銀行),協同組織金融組合（信用金庫,信用組合）が含まれる。地方銀行と第二地方銀行は株式会社組織で,信用金庫と信用組合は協同組合組織であり,組織形態が異なっており,それぞれの根拠法も異なっている[2]。こうした組織形態の違いは,経営に関する考え方にも当然反映されてくる。特に,信用金庫や信用組合は,税制面での優遇措置を受けており,非営利で運営されているという点で地方銀行とは,異なっている。第二地方銀行は,その多くが相互銀行から転換したものであり,地方銀行と比べれば相互扶助が強い。組織形態に違いはあるものの,地方銀行,第二地方銀行,信用金庫,信用組合などの地域金融機関は,地域に密着してい

るという点では共通している。つまり，どういった組織形態であれ地域を活性化させる役割を担っている[3]。

地域金融機関は東京などの主要都市に支店を置くことはあるものの，海外に支店（拠点）を置くことは少なかった。つまり，活動範囲は主に地域に限られていたわけである。しかしながら，取引企業の海外進出をサポートする目的で，最近では地域金融機関がアジアなどに駐在員事務所を置くことは珍しくなくなった。地域金融機関も地域（ローカル）から，国際（グローバル）への対応が求められるようになり，取引企業からの海外支援に対するニーズは増加している。なぜ，地域金融機関が，取引企業（中小企業）に対する海外進出の支援を行う必要があるのか。次項では，その背景をリレーションシップ・バンキングの観点から考察する。

(2) リレーションシップ・バンキングの機能

Petersen and Rajan（1994）は，リレーションシップ・バンキングについて「金融取引を通じた借り手と金融機関との密接な結びつき」と定義づけている。一般に金融機関は借り手となっている企業と長期にわたって継続的に取引を行う場合が多いと考えられる。この長期的な関係性によって，貸し手（金融機関

図表10－1　金融機関のミッション

	経営目的・取引対象 （個人を除く）	ステークホルダー	自己資本比率規制・地区規制
主要行	全金融ニーズへの対応，大企業・政府部門中心	株主・預金者・借り手	国際基準 融資対象制限なし 地区規制なし
地域銀行	主として地域の金融ニーズへの対応，地域の活性化，地域密着型金融，大企業・中堅・中小企業・自治体	株主・預金者・借り手・自治体・地域社会	国際基準と国内基準 地区規制・融資対象制限なし
協同組織 金融機関	狭域の地域の金融ニーズへの対応，地域の活性化，地域密着型金融，中小企業中心	出資者・預金者・借り手・自治体・コミュニティ	国内基準 地区規制・融資対象制限あり

出所：村本（2015），2頁。

側）は，定量的な情報だけでなく，貸し手の資質や事業の将来性等の定性的な情報を得て，より効果的な融資を実施することが可能になる。

　リレーションシップ・バンキングの有効性は，主に大企業ではなく中小企業で強調されることが多い。中小企業の多くは非公開企業であり，財務情報は原則として公開されていない。もちろん，融資の有無については，銀行は企業から提出された財務情報に基づき判断されると考えられるが，会計監査を経たものではないため，信頼性が乏しい。そうしたなかで，有効な融資を実行するために，リレーションシップ・バンキングを機能させることが期待される。

　リレーションシップ・バンキングの第1の機能は，情報の非対称性の解消もしくは縮小にある。先述したように中小企業が提出する財務情報，いわゆるハード情報に関する信頼性は，低い。銀行が中小企業の持つ「本当の力」を測定するためには，ハード情報に含まれない経営者の資質や事業の将来性，取り扱っている製品（サービス）の競争力などのソフトの情報（非財務情報）を入手することが重要になる。

　リレーションシップ・バンキングが有効に機能すれば，情報の非対称性が解消・縮小し，結果として，借り手である企業は資本コストを低下させることになり，貸し手である銀行は貸倒率の低下により収益が向上することになる。つまり，企業と銀行の「win-win」の関係を構築することが可能になる。ただし，リレーションシップ・バンキングは，金融機関と企業間の癒着を招き，無計画な融資につながる側面（モラル・ハザードを引き起こす可能性）もある。また，企業の過度な銀行依存による生じるホールドアップ問題が生じる可能性もある。そのため，リレーションシップ・バンキングの有効な機能を発揮するためには，銀行と企業とが，つかず離れずの関係（arm's length）を保っていくことも重要である。

　リレーションシップ・バンキングに関する研究は，わが国よりも先行して，海外（米国）で盛んに行われている。例えば，Petersen and Rajan（1994）は，リレーションシップ・バンキングにより金利が低くなっていることは確認できなかったものの，資金調達が促進されている結果を得ている。異なる結果としてBerger and Udell（1995）では，より長期間にわたって銀行取引を行っている中小企業ほど，より少額の担保で低い借入金利を支払っていることを明らか

にし，リレーションシップ・バンキングが，借入企業の信用力を測定するうえで機能していることを明示している。またCole et al.（2004）が，融資の決定プロセスにおいて大銀行（100億ドル以上の資産を持つ企業）は，財務諸表などの定量的な基準で融資の決定を行っている一方で，小規模の銀行は，借り手の性質についてのより幅広い情報に基づいて決定しているということを実証的に示している。

　比較的最近の研究では，リレーションシップ・バンキングがもたらす効果が貸付だけでないことが実証されている。Santikian（2014）は，リレーションシップ・バンキングは，貸し手との貸付に限らない相互的な関係から生じる利益（例えば，コンサルティング業務など）や貸し手からの新たな顧客の紹介などの，貸付とは異なった利益を生じさせる効果があることを示している。このことは，わが国における地域金融機関が，海外進出企業に対して貸付だけでなく，進出にあたり必要な幅広いサービスを提供している実態とも共通している（この点については後述する）。つまり，リレーションシップ・バンキングの機能がもたらす効果は，ソフト情報の入手による情報の非対称性の縮小だけではないということである。

　海外（特に米国）においてその機能の検証が進んでいたリレーションシップ・バンキングがわが国において意識され始めたのは，金融審議会が2003年3月に公表した報告書「リレーションシップ・バンキングの機能強化に向けて」を公表し，金融庁が同年にそれを具体化するための取り組み「リレーションシップ・バンキングの機能強化に関するアクションプログラム」を作成し，同機能の強化を各地域金融機関に求めてからであろう。

　この報告書の中では，先に述べた海外の先行研究の知見で得られた成果を前提に，リレーションシップ・バンキングの有効性を強調している。さらに，リレーションシップ・バンキングの担い手として期待されるのは，地方銀行，第二地方銀行，信用金庫，信用組合などの地域の金融機関であるとしている。さらに同報告書では，わが国の中小企業が，自己資本が小さく，借入金に多く依存している現状から，安定的な資金調達のために長期継続的なリレーションシップを築いている中小・地域金融機関が果たす役割は大きいと述べ，その機能を強化することの重要性を強調している[4]。

この報告書が公表されて以降，わが国においてもリレーションシップ・バンキング機能に着目した研究が盛んに行われるようになった。例えば，家森らの研究（多和田・家森（2005），家森（2007））は，東海地域，関西地域における企業金融に関する意識調査を行い，リレーションシップ・バンキングの実態について調査している。

　その中では，リレーションシップ・バンキングに対する期待は中小企業において非常に強く，特に比較的規模の大きい中小企業では事業に関するソフト情報を利用した貸し出しへの期待が大きいことが明らかにされている。さらに，リレーションシップ・バンキングが適用されている企業は，比較的規模が大きく成長志向がある企業であることなども明らかにされている。特に家森らの研究で興味深いのは，わが国におけるリレーションシップ・バンキングのメリットを明らかにしている点である。企業側から見たリレーションシップ・バンキングのメリットは，低利の資金ではなく，安定的な資金であり，銀行側から見たメリットは，ソフト情報の蓄積により顧客が他の金融機関に逃げる可能性が下がり，顧客基盤を固めることができる，といったことが特定の地域に限定した調査であるものの明らかにされている。

　野間（2007）は，地方銀行の貸し出しを中心に，地域金融発達の意味や地方銀行のパフォーマンスと地域経済との関係性などについて，県民総生産成長率の1976～1999年の24年間のデータを使い，検証を行っている。1980年代以降，地銀の貸し出しは，経済成長に影響を与えており，1990年代にその重要性が高まっていることを確認している。こうした結果を示す一方で，野間（2007）は，東京が日本の地域金融を集中的に仲介するような状況になっていることから，地方銀行の情報生産機能を東京が代替し，地方では金融機能の空洞化が生じてしまうことを懸念している。また，地域金融機関が能力を向上させようにも，高収益率の投資が実現できるような企業投資自体が少なくなっており，地銀貸出を受容する企業側の改善なくして貸出は増加しないことを指摘している。

　海外とわが国の先行研究をまとめると，リレーションシップ・バンキングの研究成果から次の3つのことがいえるであろう。

① リレーションシップ・バンキング機能の強みは，企業・銀行間のソフト情報（非財務情報を含む企業の実態に関する情報）であり，成長志向を持

つ中小企業において重視される機能である。
② 地域金融機関の中小企業への貸し出しは地域経済に重要な影響を与えている。
③ 地域金融機関の能力だけでなく，高収益を実現できるような投資案件が企業から出されることが重要である。

有効なリレーションシップ・バンキングを構築することは，企業・銀行間のみならず，地域経済の活性化にとって重要であり，高収益を実現できるような積極的な投資を実現させていくことが求められている。少子高齢化の影響で，国内需要がこれ以上に期待できないなかで，海外にその収益の機会を求めていくことは，成長志向の強い中小企業に必然的に求められることであり，地域金融機関もそれをサポートしていく必要性が生じている。

3. 海外進出する中小企業とそのニーズ

前節ではリレーションシップ・バンキングの重要性を確認した。本節では，中小企業の海外進出の状況を確認する。**図表10－2**は，海外に進出している現地法人数の割合である。2006年から2011年に至るまで緩やかに増加し，2011年から2012年に急激に伸びていることがわかる。2013年時点で5,183社の企業が海外進出している。2006年比で3倍以上増加していることになる。進出数が増加している背景には，この時期，円高であったことも関係しているであろう。ただし，アベノミクス後に円安傾向が強まってからも，増加傾向に変わりはない。2014年時点で6,126社の中小企業が海外進出を行っている。アジアの新興国における経済発展ならびに日本の人口減少を考えると，今後も進出企業は増加し続けると推察される。

中小企業はどのような国・地域に進出しているのであろうか。**図表10－3**は，海外子会社の地域構成割合の推移である。中小企業の海外子会社は，80％以上が中国やASEANなどのアジア地域に展開していることがわかる。さらに中国への進出割合が2004年をピークに減少し，代わりにASEAN地域が増加する傾向にあることもわかる。2000年時点において中国への進出割合が43.3％，

第10章　中小企業のアジアへの進出と地域金融機関の役割　　137

図表10－2　中小企業の海外現地法人数の推移

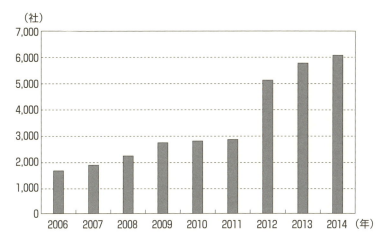

出所：中小企業庁（2015）と日本政策金融公庫（2013；2014）のデータをもとに筆者作成。

図表10－3　中小企業の海外現地法人先の割合

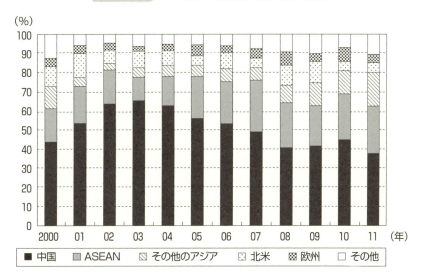

出所：中小企業庁（2014）のデータをもとに筆者作成。

ASEANは17.7％に過ぎなかったものが，2011年時点で中国37.4％，ASEAN25.3％とその差が急速に縮まってきている。ASEANは，東南アジア10カ国（タイ，インドネシア，シンガポール，フィリピン，マレーシア，ブルネイ，ベトナム，ミャンマー，ラオス，カンボジア）で構成される地域協力機構である。ASEANは，2015年末にアセアン経済共同体（AEC）発足させることを目指しており，域内の「モノ」「ヒト」「サービス」の自由化が進めることを目標に取り組んでいる。ASEAN諸国の今後の成長力を期待して，中小企業が積極的な海外進出を行っていることがうかがえる。

中国に進出している企業の割合が減ったからといって，脱中国の動きが加速していると結論づけるのは早計であろう。むしろ，従来，主な進出先としては中国が最有力地として考えられていたのが，ASEAN諸国の発展により多様化していると考えるべきであろう。

それを示すのは，日本政策金融公庫が2013年，2014に行った「中小企業事業取引先海外現地法人の 業況調査報告」をまとめた**図表10－4**である。

図表10－4からラオスを除く各国における進出企業数が増加していることもわかる。個別のASEANの進出企業数を見るとタイ，ベトナム，インドネシア，マレーシア，フィリピンの順に多くなっている。タイは，ASEANの中で最も経済発展が進んでいる国であり，政治的なリスクを抱えているものの，自動車産業をはじめとした企業の集積地となっており，かつ交通網のインフラが整っている。ベトナムは，人口については9千万人程度であるものの若者人口が多く，ASEANの中心に位置し，沿岸部が長いため生産・物流拠点として優れている。インドネシアは，インフラ面の未整備がネックとなるが，人口は2億3千万人で，若者人口が多く，かつ石油，ガス，ゴム，石炭などの資源の豊富な国である。マレーシアは人件費の点では他の国よりも割高であるものの，ASEANのほぼ中心に位置しており，かつ海上交通の要所であるマラッカ海峡に位置している。また，英語が公用語であることからも進出しやすい国の1つであろう。同じくフィリピンは，英語が公用語であり，かつ2014年に人口が1億人を突破し，若者人口が多いため，労働力の確保の場として注目を浴びつつある。カンボジア・ラオス・ミャンマーの総称で「新興メコン」と呼ばれる各国は，近年，経済成長率が年6〜8％の高水準であり，労働力のコストが安

図表10-4 2013年・2014年の中国・ASEANへの進出企業数

	2013年度	2014年度
中国	2,945	3,062
ASEAN	1,583	1,707
タイ	602	657
ベトナム	286	315
インドネシア	203	218
マレーシア	170	173
シンガポール	160	170
フィリピン	127	132
カンボジア	17	20
ミャンマー	11	16
ラオス	7	6
	6,111	6,476

出所：日本政策金融公庫（2013；2014）のデータをもとに筆者作成。

いことでも知られている。特に，ミャンマーは，人件費のメリットから日本企業の進出が最も拡大している国である。帝国データバンクによると，2014年10月末時点でミャンマーに進出している企業は大企業・中小企業を含めて280社あり，その数は，民主化後の約4年間で5.4倍に急増している[5]。

中小企業の海外進出は今後，ますます多様化すると考えられる。こうした進出先の多様化は，地域金融機関にとって新たな課題に直面することを意味している。主要行であれば各国に駐在員事務所や支店を置くことが可能である。しかしながら，地域金融機関がアジア各国のすべてをカバーすることは，規模もしくは人材の面から難しい。そのため，近年，地域金融機関は他機関や海外の金融機関との連携を強める方策を打ち出している。次節ではその事例をいくつか紹介する。

4. 地域金融機関における海外展開支援

(1) 中小企業が必要としている支援内容

 図表10－5は,『中小企業白書』(2014)に基づく,中小企業が進出先の国で必要としている支援内容に関する調査である。図表10－5から,進出企業のニーズは,資金調達よりもむしろ,現地の法制度,商習慣,市場に関する情報や,信頼できる提携先のほうが上位にあることがわかる。中小企業は海外進出するために必要な資金,情報,ノウハウ,人材が,大企業と比べて不足している。

 海外進出を行う中小企業のニーズに対応するために,地域金融機関は,近年,中小企業を資金調達以外でのサポートすることが求められている。取引企業をより積極的にサポートする目的で,進出先が多い国に駐在員事務所を設けていることが多い。ただし,先述したように地域金融機関が中国,ASEAN諸国な

図表10－5 現地の国で中小企業が必要としている支援内容（複数回答）

(単位：%)

内容	
法制度・商習慣に関する情報提供・相談	48.0
市場調査・マーケティングの支援・情報提供	47.5
販売先の紹介（展示会・見本市・商談会等）	46.5
信頼できる提携先・アドバイザーの紹介	32.9
他の日系企業・邦人との交流の機会の創出	22.0
資金調達の支援	20.4
現地政府等との交渉・要請	16.8
事務所・拠点の貸出・提供	12.6
現地従業員への研修の実施	12.5
各種専門家の派遣	9.6
事業改善等にかかる相談	8.1
その他	1.3

出所：中小企業白書（2014）のデータをもとに筆者作成。

どの多様な国々をすべて包括して,取引企業の業務をサポートすることは不可能に近い。そこで,いくつかの地域金融機関は,海外の機関や国内の他機関との包括的な提携を行い,中国,ASEAN全域を含めたアライアンス（提携）の構築しつつある。こうした地域金融機関の具体的な事例を取り上げる。

(2) 地域金融機関の海外進出支援の取り組み

① 池田泉州銀行の事例

　地域金融機関が,中小企業の海外進出支援を企業戦略の1つとして挙げていることはまだ少ない。地域金融機関にとって,海外進出支援は,他の業務と比較すれば,まだ収益源といえるだけの規模になっていないといえるであろう。

　そうしたなかでも,海外進出支援を企業戦略の1つとしてすでに組み込んでいる金融機関がいくつかある。その代表的な事例として挙げられるのは池田泉州銀行である。池田泉州銀行は,2010年に池田銀行と泉州銀行が合併して誕生した金融機関である。池田泉州銀行は,合併時における競争力強化のための3つの独自戦略の1つに,アジア・チャイナ・ゲート機能の強化を挙げ,具体的な目標として「蘇州事務所で集積したニーズ・実績,新銀行とメガバンクや親密取引先等とのネットワークを活用して,アジア・チャイナ全域における顧客サポート力を飛躍的に高める」ということを掲げている。合併以前である2006年時点で池田銀行は蘇州事務所を,他の地域金融機関に先駆けて設立していた。池田泉州銀行は,合併の結果,大阪全域と阪神地域を広域にカバーできるだけでなく,神戸・大阪港に面したエリアとなった。中小企業が海外企業と取引を行っていくうえでの,立地の良さも活かした戦略といえよう。池田泉州銀行は,駐在員を置く事務所は,蘇州のみであるものの,12行12カ国の銀行と業務協力協定を結んでいる。海外進出支援としても,「現地投資環境に関する情報の提供」「海外進出に伴う金融サービスの提供」「海外販路開拓や拡大の支援」「委託生産先および部材調達先の紹介」「知財や法制度に関するアドバイス」「海外送金や外貨に関するご要望への対応」などを掲げており,国別の担当者が海外進出を検討する企業をサポートする体制を取っている。2015年3月期には,池田泉州銀行の貸付金残高は,中小企業を中心に712億円も増加しており,着実にその成果が表れ始めているといえよう。

② フィデアホールディングスの事例

　フィデアホールディングス（以下，フィデア）は，荘内銀行（山形県），北都銀行（秋田県）の2行で構成される広域のホールディングスカンパニーであり，2009年に設立された。フィデアも池田泉州銀行と同じく海外進出支援を業務戦略の1つとして掲げている企業である。フィデアは荘内銀行と北都銀行の両行合わせても，資産規模では26,000億円程度であり，64行の地方銀行の中では，40番目程度に位置する規模の小さな銀行である。先に取り上げた池田泉州銀行が約4,600億円の資産規模であることを考えれば，その規模の違いは明らかである。

　しかしながら，フィデアは，規模の差を他行との提携を積極的に行うことで埋めようとしている。2010年にカシコン銀行との提携を皮切りに，11カ国18行との提携を結んでいる。提携行数では先ほどの池田泉州銀行を上回っている。またリスクコンサルティング支援を，東京海上日動火災，㈳日本貿易保険，損害保険ジャパンを通じて行える体制を構築している。2015年4月には，プロネクサス社とも業務提携を行い，同社が持つ提アジア各国・地域における有力会計事務所とネットワークを活用できる体制を整えている。

　興味深いのは，フィデアのように規模が小さかったとしても，提携先を拡大していくこと通じて縦ではなく横のネットワークを拡大し，海外進出行う企業を支援する体制を整えている点である。フィデアの成果については，池田泉州銀行よりも取り組みが遅かったこともあり，まだ出ていない。仮にこの取り組みが成功すれば，地方の規模の小さな地域金融機関の1つのモデルケースとなる可能性があろう。

③ 大規模な連携の事例

　個別の銀行の取り組みだけでなく，地域金融機関が連携を組み，より大規模な提携を行う事例も出てきている。特に，この数年で中小企業の海外支援事業の枠組みは一気に拡大した。最近行われた大規模な提携の事例として，地方銀行25行のバンコク宣言への参加が挙げられる。2014年11月にバンコクにてカシコン銀行の主導で参加した外国銀行9行と日本の地方銀行25行が「Bangkok Declaration:AEC+3 Banking Initiatives」（以下，バンコク宣言）の参加を表

明しており，先の事例に挙げた池田泉州銀行，フィデアも加わっている。「AEC+3」とは，ASEAN諸国に日本，中国，韓国の3カ国を加えた国々であり，バンコク宣言は，アジア広域を包括する金融機関の連携プラットフォームの構築を目指している。

　2015年5月には，日本貿易振興機構（ジェトロ）名古屋貿易情報センターは，愛知銀行，名古屋銀行，岡崎信用金庫，瀬戸信用金庫の愛知県内の各地域金融機関と，中小企業の海外展開支援を充実させるため，従来以上に連携を強化した取り組みを行う覚書を締結している[6]。具体的には，「海外事務所ネットワーク」を含む国内外120を超える拠点を有するジェトロと地域金融機関が連携することにより，海外進出を全面的に支援する体制を強化することを表明している。

　2015年6月には，全国26の地方銀行・第二地方銀行が，東南アジアに進出する取引先企業を支援する目的で，企業再生ファンドと一斉に提携している。提携を通じて，取引先の進出や現地でのM&A（合併・買収），事業再生までを幅広く後押しすることが目的とされている。この枠組みには日本政策投資銀行も加わっており，官民一体での中小企業の海外進出の支援の取り組みといえる[7]。

　2015年10月には，㈳日本貿易保険（NEXI）が，地方銀行・信用金庫との「中堅・中小企業事業支援ネットワーク」の拡大を表明している。そのなかで，㈳日本貿易保険は，取引先企業の海外事業展開を積極的に支援している地方銀行8行および信用金庫16金庫と業務委託契約を締結し，貿易保険の普及と利用促進に係る全国的なネットワーク「中堅・中小企業海外事業支援ネットワーク」）を拡充したと発表している。これに伴い，既存の77行に加えて，計101行の地域金融機関による全国的なネットワークが構築されたことになる[8]。

(3) リレーションシップ・バンキングに求められる進化

　海外進出時における企業の成功の可能性は，未知数であり，ハード情報だけでは成否を判断するのは困難である。融資案件として判断する場合には，リレーションシップ関係を構築している地域金融機関が，対象企業のソフト情報に基づき行う必要があろう。また融資の有無を判断するだけでなく，海外進出が

成功するような環境を整備することも必要である。『中小企業白書』(2014) は，海外展開を行った中小企業のうち，3割が売上高を増加させることができなかったことを明らかにしており，その理由として当該企業からのアンケートを通じて「販売先の確保」(25.8％)，「信頼できる提携先・アドバイザーの確保」(16.2％)，「現地の市場動向・ニーズの把握」(13.2％) にあることを挙げている。つまり，中小企業が単独で，海外進出を成功させることは難しく，サポート体制を構築することが不可欠であるといえよう。

海外進出時には，地域金融機関はリレーションシップ関係にある企業に対する経営支援を積極的に行う必要が生じており，それがここ数年における地域金融機関の積極的な海外展開の拡大につながっているといえよう。従来のリレーションシップ・バンキングの一義的な機能は，情報の非対称性の解消もしくは縮小にあった。しかしながら，リレーションシップ・バンキングが持つ可能性は，貸付に限定されない。先述したようにSantikian (2014) の研究では，リレーションシップ・バンキングは，コンサルティングなどの利益も生じさせることを示している。

中小企業の活動が，その地域からグローバルへと拡大していくなかで，リレーションシップ・バンキングの機能も進化が求められていくであろう。リレーションシップ・バンキングが，海外進出時にどのように機能するかは，先行研究でも確かめられておらず，未知数である。一般的に考えれば，海外進出の際に，その企業のことをよく知る地域金融機関が積極的に支援することは，ビジネスの成功確率を高めることになるであろう。しかしながら，中小企業だけでなく，地域金融機関もまた海外進出のための人材，ノウハウ，資金，情報が十分にあるとは言えない。そのハンディを，包括的な連携を通じてどこまで補完することができるのかが課題である。地域金融機関は，中小企業の海外進出を単に支援するという意識ではなく，相互に成長していく機会と捉える必要がある。本来，地域に主な活動が限定されていた地域金融機関にとって，国際的な対応は大きな課題でもあり，収益を拡大するまたとないチャンスでもある。リレーションシップ関係にある企業が海外進出に成功すれば，必然的に企業はさらなる拡大のために資金が必要になる。貸付金の拡大は，結果的に，銀行の収益を拡大することにつながるであろう。

5. 中小企業の海外進出支援の意義と課題

　海外進出支援に関するリレーションシップ・バンキングの実態については，より詳細なデータの収集とヒアリングなどを通じた調査が必要である。また本章では地域金融機関に着目したものの，主要行（メガバンク）との関係についても検証していくことが必要である。メガバンクは，中小企業の支援を積極的に行うだけでなく，地域金融機関とも連携したうえで支援を行うケースも見られる。メガバンクと地域金融機関との海外進出支援における役割の違いやその相互補完性についても検討していく必要がある。こうした研究上の課題はあるものの，本章ではリレーションシップ・バンキングの機能の観点から，中小企業のアジア進出と近年の地域金融機関の動向を概観し，その課題を明らかにしてきた。

　銀行は，預金者から預かったお金を，企業，個人等に貸し付けることによって収益を獲得するビジネスである。優良な借り手が増えることは，銀行の収益を拡大することにつながる。地域金融機関によっては，池田泉州銀行やフィデアのように海外進出支援を業務戦略の1つとして位置づけ行っているケースもある。ただ，そうした金融機関はまだ少ない。今後，少子高齢化により国内産業の伸びが期待できないとすれば，地域金融機関も中小企業の海外事業支援も事業戦略の1つ柱に据えていくことが求められていくのではないであろうか。

　中小企業の海外進出をさらに後押しするためには，これから進出しようとしている（進出を検討している）企業の支援が欠かせない。『中小企業白書』（2014）は，中規模企業で約3割，小規模事業者で約4割の企業が海外進出に関心を持っているものの，「販売先の確保」「必要資金の確保」「信頼できる提携先・アドバイザーの確保」といった懸念から進出することに足踏みをしていることが明らかにされている。

　中小企業の海外進出数を増やし，かつそれを成功させるためには，リレーションシップ関係のある地域金融機関の積極的なサポートが必要不可欠である。しかしながら，繰り返し述べてきたように中小企業だけでなく，地域金融機関もまた海外進出のための人材，ノウハウ，資金，情報が十分にあるとはいえな

い。不足する点については,池田泉州銀行やフィデアのように各機関との連携を強化していくほかないであろう。池田泉州銀行,フィデアの個別事例やバンコク宣言やファンドとの提携の事例でもわかるように,幅広い提携(アライアンス)の枠組みを構築することを通じてサポート体制を構築することが,企業の海外進出支援を行う地域金融機関に求められている。ただし,アライアンスを結んだからといって,企業の海外進出を成功させることができるということではない。アライアンスを機能させる中核はその企業のことをよく知る金融機関である。中小企業の海外進出の拡大は,地域金融機関のあり方を変える機会であり,かつリレーションシップ関係のある企業と相互に成長する機会になるであろう。

▶注

1 本稿は査読委員会による査読論文である(掲載承認2016年1月17日)。
2 信用金庫は信用金庫法,信用組合は中小企業等協同組合法,地方銀行,第二地方銀行は銀行法が根拠法となっている。
3 信用金庫の役割についての詳細は,村本(2015),滝川(2014)を参照のこと。
4 詳細については,金融審議会(2007,3-5)を参照されたい。
5 詳細については帝国データバンク(2014)を参照のこと。
6 詳細については,名古屋銀行の以下のWebサイトを参照されたい。
「日本貿易振興機構(ジェトロ)名古屋貿易情報センターとの連携強化に関する覚書の締結について」http://www.meigin.com/manage/data/entry/news/news.00765.00000001.pdf(2015年10月21日確認)
7 詳細については,日本経済新聞電子版「中小企業の東南ア進出,地銀26行が支援 ファンドと一斉に提携」(2015年6月30日)を参照のこと。
8 詳細については,㈱日本貿易保険の以下のWebページを参照されたい。
http://nexi.go.jp/topics/general/2015093003.html(2015年10月21日確認)

▶参考文献

Berger, A. N., and G. F. Udell (1995) "Relationship Lending and Lines of Credit in Small Firm Finance," *the Journal of Business*, Vol.68, July 1995, pp.351-381.

Cole,R. A.,Lawrence G.Goldberg,and J.W.Lawrence (2014) "Cookie Cutter vs. Character: The Micro Structure of Small Business Lending by Large and Small Banks," *Journal of Financial and Quantitative Analysis*, Vol.39, No. 2, June 2004, pp.227-251.

Petersen, M. A., and R. G. Rajan, (2004) "The benefits of lending relationships: Evidence from small business data," *Journal of Finance*, Vol.49, March 2004, pp.1367-1400.

Santikian, L., (2014) "The ties that bind: Bank relationships and small business lending," *Journal of Financial Intermediation*, April 2014, pp.177-213.
滝川好夫（2014）『信用金庫のアイデンティティと役割』千倉書房。
多和田眞・家森信善（2005）『東海地域の産業クラスターと金融構造』中央経済社。
中小企業庁（2015）「中小企業の海外事業再編事例集（事業の安定継続のために）」，2015年6月。
　http://www.meti.go.jp/press/2015/06/20150616001/20150616001.pdf
中小企業庁（2014）『中小企業白書』「第4章 海外展開―成功と失敗の要因を探る」。
中小企業庁（2012）『中小企業白書』「第2章 中小企業の経営を支える取組」。
帝国データバンク（2014）『第3回: ミャンマー進出企業の実態調査』。
　http://www.tdb.co.jp/report/watching/press/pdf/p141105.pdf
日本政策金融公庫（2013）『中小企業事業 取引先海外現地法人の業況調査報告』。
日本政策金融公庫（2014）『中小企業事業 取引先海外現地法人の業況調査報告』。
野間敏克，第7章（2014）「地方銀行パフォーマンスと地域経済―地域における「金融深化」とは」『リレーションシップ・バンキングと地域金融』，日本経済新聞社，2007年。
家森信善，第2章（2007）「リレーションシップ・バンキング機能は強化されたか―関西地域企業アンケートに基づく文責」『リレーションシップ・バンキングと地域金融』日本経済新聞社，48-80頁。
村本孜（2015）『信用金庫論―制度論としての整理』きんざい。

第11章
中堅・中小企業のアジア展開におけるバイアウト・ファンドの活用[1]

1. はじめに

　近年，日本の中堅・中小企業が，バイアウト・ファンドのネットワークを活用し，アジア展開を強化するケースが増えている。産業財メーカー，消費財メーカー，アパレルショップ，外食チェーンなど多様な業種でバイアウト・ファンドの活用事例が登場し，中国や東南アジアでの事業を強化し，成功事例と呼べる案件も出てきている。しかしながら，バイアウト・ファンドによる日本企業の海外展開に焦点を当てた研究は少ないのが現状である。特に，「中堅・中小企業」，「アジア展開」，「バイアウト・ファンド」の3つのキーワードを関連づけて論じたものは筆者の知る限り存在しない。

　本章では，まずバイアウト・ファンドの仕組みについて触れたうえで，日本で活動するバイアウト・ファンドの動向について明らかにする。次に，具体的な事例も交えながら[2]，日本企業のアジア展開支援におけるバイアウト・ファンド活用の意義と可能性について考察する。そして，個別企業の事例としてキトーの案件について分析したうえで，今後の展望について述べる。

2. バイアウト・ファンドの仕組み

(1) バイアウト・ファンドの組成

　バイアウト・ファンド（buy-out funds）とは，バイアウト案件へのエクイティ投資を行うファンドでありプライベート・エクイティ・ファンド（pri-

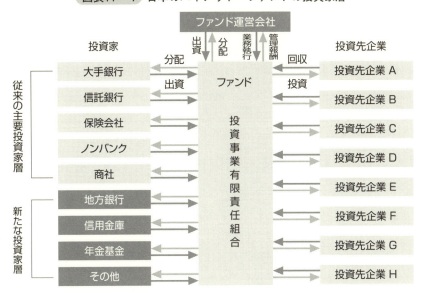

図表11-1 日本のバイアウト・ファンドの投資家層

出所:筆者作成。

vate equity funds)の一種である。通常,バイアウト・ファンドは,未上場企業の株式の過半数を取得し,対象企業の経営支援を行い,企業価値向上を支援する。そして,最終的には,保有株式を売却し,リターンを投資家に分配する。

これまでの日本のバイアウト・ファンドの投資家層として比率が高かったのは,大手銀行,信託銀行,政府系金融機関,証券会社,保険会社などであった。また,ノンバンクや商社なども日本のバイアウト・ファンドの規模拡大に大きな役割を果たしてきた。さらに,近年は,地域金融機関(地方銀行・信用金庫)が日本のバイアウト・ファンドにコミットする動きも顕著になってきており,投資家層の多様化がみられる[3]。地方銀行がバイアウト・ファンドと連携する動きも増えてきており,今後は地方の中堅・中小企業のアジア展開の支援が行われるケースも増えていく可能性が高い。

(2) バイアウト・ファンドの投資プロセス

図表11-2は,バイアウト・ファンドの投資プロセスを示したものである。

図表11-2 バイアウト・ファンドの投資プロセス

投資の実行	経営支援	投資の回収(exit)
・買収金額の算定 ・買収資金の調達 　(通常は買収資金の 　一部を借入で調達) ・経営陣へのインセン 　ティブ付与	・経営陣の補強 ・基幹人材の投入 ・マーケティング・ 　チャネルの拡大 ・戦略的提携の支援 ・株式公開支援	・投資回収の方法の 　選択 ・投資回収のタイミ 　ングの見極め ・全部売却 or 一部 　売却

出所:筆者作成。

　第1段階の投資の実行では，バイアウト時の社長は内部登用か外部登用か，バイアウトをする際の資金調達方法はどうするのか，経営陣は自己資金を拠出しバイアウト後の新会社に出資するかどうか，などが検討される。通常，バイアウト・ファンドが企業を買収する際には，投資効率を高めるためにLBO（leveraged buy-outs）の方式が採用される。LBOとは，買収資金の一部を借入金などのデットで調達する買収方式であり，調達したデットはバイアウト後に対象会社が生み出したキャッシュで返済していくこととなる。LBOを実施した企業にとっては，滞りなくデットの返済が実施できるかが重要な課題となる。

　バイアウト・ファンドの投資が完了して体制が決定した後には，第2段階として，投資先企業の経営改善支援が実施される。投資先企業の事業価値の創造は，バイアウトのプロセスにおいて最も重要な局面であり，収益力の強化のためにさまざまな施策が実施される。

　そして，一定の支援が完了した後には，最終段階として，バイアウト・ファンドは投資の回収を行い，エグジット（exit）の達成がなされる。この際には，バイアウト・ファンドと経営陣の双方が納得するエグジット方法が選択されることが望まれる。具体的なエグジット方法としては，株式公開，M&A（mergers & acquisitions）による事業会社への売却，他のバイアウト・ファンドへの売却，投資先企業が生み出したキャッシュでの買戻しなどがある。ある程度の規模や成長ストーリーがないと株式公開は難しく，規模が小さい企業の場合は，M&Aやその他の方法でエグジットする場合が多い。

3. 日本で活動するバイアウト・ファンドの動向

　日本でバイアウト市場が誕生したのは，1990年代後半のことであるが，2000年代半ば頃になると，「日本企業のアジア展開の支援を行う」ということに積極的なファンドが複数登場した。

　シティック・キャピタル・パートナーズ（CITIC Capital Partners）は，日本の中堅企業を投資対象とするファンドを2004年に立ち上げている。シティック・キャピタル・パートナーズは，香港を本拠地とするシティック・キャピタル・ホールディングス（CITIC Capital Holdings Limited）のプライベート・エクイティ部門であり，中国，日本，米国のそれぞれの企業を対象にした中国ファンド，日本ファンド，米国ファンドの各ファンド事業を営んでいる。これらのファンドは，中国の産業・金融コングロマリットであるシティック・グループの経営資源やネットワークを活用し，中国およびアジア地域での成長をサポートし，さらなる企業価値の拡大を支援するという理念を持って運営されている。

　CLSAキャピタルパートナーズ（CLSA Capital Partners）は，2006年より日本での活動を開始している。CLSAキャピタルパートナーズは，アジア有数の証券および投資銀行部門を擁するCLSAアジアパシフィックマーケッツ（CLSA Asia-Pacific Markets）グループのオルタナティブ資産運用部門であり，香港，シンガポール，東京に拠点を置いている。そして，地域に長く根ざした豊富な経験により，多くのアジア企業の成長支援の実績を有する。日本のサンライズ・キャピタル（Sunrise Capital）は，国内の中堅企業への投資に特化したバイアウト・ファンドとして，経営陣と一体となった事業運営により投資先企業の国内成長を促進させ，アジアでの幅広い経験とネットワークを活用し，海外への事業展開をサポートしている。

　日本を含むアジア地域で成長企業とバイアウト案件を中心とする投資を行っているベアリング・プライベート・エクイティ・アジア（Baring Private Equity Asia）は，2006年に日本オフィスを開設し，香港，上海，北京，ムンバイ，シンガポール，ジャカルタを含む7拠点で投資活動を行っている。

近年は，国内系ファームも日本企業のアジア展開の支援に力を入れている。アドバンテッジパートナーズは，2007年9月に香港オフィスを開設し，サービス提供ファンドの投資先企業のアジア展開の支援を積極的に行っている。また，ポラリス・キャピタル・グループは，2012年6月にシンガポール現地法人を設立しており，アジアでの事業展開に力を入れている。

さらに，世界各国に多数の拠点を有するグローバル・プライベート・エクイティ・ファームもアジアでの事業展開を本格的に開始している。カーライル・グループ（The Carlyle Group）は，2000年に東京オフィスを開設し，現在は，北京，成都（中国），香港，ムンバイ，ソウル，上海，シンガポールにも拠点を置いている。コールバーグ・クラビス・ロバーツ（Kohlberg Kravis Roberts）は，2006年に東京オフィスを開設し，現在は，香港，北京，ムンバイ，ドバイ，ソウル，シンガポールにもオフィスを開設している。ベインキャピタル・アジア（Bain Capital Asia）は，2006年に，東京オフィス，上海オフィス，香港オフィスを開設し，2008年には，ムンバイにもオフィスを開設している。

4. 日本で活動するバイアウト・ファンドによる日本企業のアジア展開支援

本節では，具体的な事例も交えながら，日本企業のアジア展開支援におけるバイアウト・ファンド活用の意義と可能性について，経営人材の補強，生産面の支援，販売面の支援，M&A・資本提携の支援という側面から考察する。

(1) 経営人材の補強

中堅・中小企業がバイアウト・ファンドを活用する魅力の1つとして，経営人材の支援を受けられるという点が挙げられる。具体的な役職については，CEO（chief executive officer），COO（chief operating officer），CFO（chief financial officer）のほか，経営企画室長，営業企画部長など多様であるが，アジア展開という観点からは，海外担当役員，海外事業部長，海外現地法人のCEOなどの人材が外部からバイアウト実施企業に着任するケースも存在する。

経営人材を外部から補強する具体的な方法としては，以下のような方法が存

在する。
　①ヘッドハンティング会社（サーチ型）を利用する。
　②人材紹介会社（登録型）を利用する。
　③ファンド運営会社の出資母体やグループ企業のネットワークを利用する。
　④ファンドのメンバーの個人的ネットワークを利用する。
　⑤過去に他の投資先企業で派遣した経営人材の起用を検討する。
　⑥バイアウト・ファンドのメンバー自身が投資先企業への一定期間常駐する。

　まず，ヘッドハンティング会社や人材紹介会社などの人材エージェントを活用する方法が有力であるが，経験が豊富なプライベート・エクイティ・ファームほど，人材登用に関するスキルを有しており，人材不足という経営課題を解決できる可能性が高いと考えられる。近年は，プライベート・エクイティ・ファームとの連携を深めて，バイアウト・ファンドの投資先企業の経営人材の採用支援に積極的な人材エージェントも出てきており，選択肢が拡大しつつある。また，プロフェッショナル経営者を目指す人材も増えており，中堅・中小企業にとっても追い風となっている。

　金融機関や商社が設立母体となったプライベート・エクイティ・ファームについては，ファンド運営会社の出資母体やグループ企業のネットワークを活用することも可能である。過去には，金融機関のOBなどがバイアウト・ファンドの投資先企業に経営人材として派遣されたケースが存在する。

　その他には，過去に他の投資先企業で派遣した経営人材を起用するケースや，バイアウト・ファンドのメンバー自身が投資先企業への一定期間常駐する方法により，経営人材が補強されるケースもある。**図表11－3**に示されているように，アパレルのバロックジャパンリミテッドやオリーブ・デ・オリーブのケースでは，バイアウト・ファンドのメンバーがアジア拠点に一定期間常駐することにより支援が行われた。

　以上のように，バイアウト・ファンドは，多様な経営人材ネットワークを持っており，中堅・中小企業がバイアウト・ファンドを活用することで人材登用の幅を広げることができるといえる。

(2) 生産面の支援

　製造業のケースでは，バイアウト後の経営施策として，生産面の改善が実施されるケースも多い。例えば，新工場建設の計画立案・実行やすでに稼動している海外工場の強化・撤退・統合などの支援が行われる。バイアウト・ファンドのネットワークで招聘した生産改善コンサルタントとの助言により，製造現場の改善が推進されるケースもある。

　具体的な事例としては，クレーン製造のキトーが，カーライル・グループのアジアチームのサポートにより，中国での旺盛な需要に対応するための新工場を建設したケースがあげられる。また，精密ばねなどの精密プレス製品の製造を行うLADVIKの経営陣が，ベアリング・プライベート・エクイティ・アジアのメンバーと連携し，アジア展開の可能性を検討したうえで，2010年にタイ工場を設立し，海外での生産体制を強化したケースも該当する。

(3) 販売面の支援

　業種を問わず，アジアを有力な市場として捉え，バイアウト・ファンドが日本企業のマーケティング・チャネルの拡大を支援するケースも多い。製造業では，販売拠点設立や現地でのマーケティング支援が行われる。また，多店舗型の小売・サービス業では，香港などのアジア地域の出店戦略の支援が行われたケースも存在する。

　図表11－3に記載されている事例にも見られるように，実際にバイアウト・ファンドがネットワークを活用してアジアでの「市場開拓」を支援するケースは多い。日本の人口が減少傾向にあるなかで，アジアに市場を求める中堅・中小企業は多いが，海外進出に関するノウハウや人材の乏しいケースでは，外部の資本パートナーと組んで海外事業を強化することは有効な手段となる。海外展開において，事業会社を資本パートナーに迎えることも可能であるが，事業会社では独立性が維持されないケースもある。その点，バイアウト・ファンドは，独立色を維持しながら事業展開を行うことが可能であり，トップラインを伸ばす有力なパートナーになり得る存在である。

(4) M&A・資本提携の支援

プライベート・エクイティ・ファームには，M&Aアドバイザリーの経験を有するメンバーが所属していることが多く，そのスキルは，バイアウト実施企業がM&Aや資本提携を行う際に大きな力となる。M&Aアドバイザリー・ファームや証券会社の投資銀行部門などに所属していたプロフェッショナルは，クロスボーダー M&Aや海外現地パートナーとの合弁会社設立などのエグゼキューションや取引支援を経験している。

バイアウト実施企業がM&A・資本提携を行う局面としては，追加買収を行うケース[4]，資本政策の一環としての資本提携先の招聘，バイアウト・ファンドのエグジットを想定した戦略的パートナーの招聘などがあげられる。

バイアウト実施企業が追加買収でクロスボーダー M&Aを実施したケースとしては，次節で述べるキトーがインドのクレーン製造企業を買収した事例が存在する。資本提携のケースとしては，アント・キャピタル・パートナーズが運営するファンドの投資先であった本間ゴルフが，2010年に中国の大手企業集団が共同出資するMarlion Holdings Limitedと，中国市場での本格的な営業体制の強化を目的とし，資本提携を締結した事例があげられる。また，アパレルのバロックジャパンリミテッドについては，ファンドが保有していた株式が，中国最大の靴の小売の百麗国際控股（Belle International Holdings）とCDH Runway Investmentに譲渡されている。なお，百麗国際控股（Belle International Holdings）は子会社のMutual Crown Limitedを通じて株式の取得を行っている。

(5) 中堅・中小企業の事例

図表11－3は，バイアウト・ファンドにより日本の中堅・中小企業のアジア事業支援が行われた主要案件を示している。製造業が多く，従業員の数が300人以下の「中小企業」も多数含まれている。

図表11-3 バイアウト・ファンドにより日本の中堅・中小企業のアジア事業支援が行われた主要案件

年月	案件名	投資会社	概要
2003年9月	キトー	The Carlyle Group	The Carlyle Groupのアジアチームのサポートにより、アジアでの事業展開を支援。中国では、旺盛な需要に対応するための新工場を建設。
2005年9月	ポッカコーポレーション	アドバンテッジパートナーズ	香港やシンガポールなどアジア事業基盤の強化を推進。現地流通網のM&Aや周辺アジア諸国への輸出拡大、現地マーケティング・生産基盤の構築を支援。
2005年9月	第一精密産業	日本みらいキャピタル	中国子会社の基盤の整備・強化。機械設備の増強および生産管理システムの導入支援。
2006年6月	三起商行	東京海上キャピタル	東京海上キャピタルとの協力関係のもとで中国をはじめ拡大するアジア需要の取り組みに重点を置いた戦略を展開。
2006年8月	鳴海製陶	CITIC Capital Partners	CITICの上海チームから、中国ビジネス戦略策定支援、販拡支援、中国調達先の検討支援、中国現地法人などの運営レベルアップ支援などを実施。
2006年8月	麦の穂ホールディングス	アント・キャピタル・パートナーズ	経済成長が見込まれる中国やASEAN地域を中心とする海外展開を加速。
2007年3月	アルテック	フェニックス・キャピタル	中国、インドネシアでのペットボトル向けプリフォーム製造事業における生産体制の確立を支援。
2007年9月	小松ライト製作所	トライハード・インベストメンツ	海外生産拠点の撤退を含む整理統合。欧米、中国、アジア各国のメーカーとの取引開始または受注交渉をトライハード・インベストメンツのメンバー自身が交渉実行。売上に占める海外取引比率を5%程度から40%程度まで引き上げ。
2007年9月	バロックジャパンリミテッド	CLSA Capital Partners	CLSAはバロックの中国展開を側面からサポート。CLSAジャパンのメンバーがバロック上海の董事副総経理として着任し、商流の検討や展開地域の検討、店舗候補地選択、リクルーティングなどのオペレーション面を支援。
2007年12月	LADVIK	Baring Private Equity Asia	Baring Private Equity AsiaのメンバーとLADVIKの経営陣が連携し、アジア展開の可能性を検討し、2010年にタイ工場を設立し、海外での生産体制を強化。
2008年3月	日本オイルポンプ	ポラリス・キャピタル・グループ	外部よりCEOを招聘し、海外市場でのマーケティング戦略を整理し、サプライチェーン構築や顧客獲得活動を支援。
2009年5月	オリーブ・デ・オリーブ	J-STAR	J-STARの投資担当者が半年間中国に常駐し、企業理念・ビジョン策定、中期経営計画策定、当局向けに必要な申請資料の作成、現地日系金融機関とのネットワーク構築などの支援を実施。
2010年7月	マークテック	キャス・キャピタル	キャス・キャピタルから海外展開に長けた常駐の経営人材を派遣し、戦略立案機能を強化し、海外の新興市場開拓を支援。また現地幹部人材を招聘。
2011年10月	ファイベスト	インテグラル	インテグラルから投資担当者を4年にわたり常駐派遣し、中国・韓国の新規顧客開拓・拡販、現地代理店の選定、戦略顧客との共同開発推進を実施。アジア向けの売上構成比率を投資前の3%から25%まで引き上げ、最大成長市場であるアジアへの本格進出を実現。
2013年3月	ザクティ	アドバンテッジパートナーズ	生産拠点であるインドネシア工場において、経営体制の整備・強化に加え、生産現場における生産性向上を支援。

注:投資会社については、当該投資会社がサービスを提供もしくは運用・助言などに携わるファンドも含めて総称して「投資会社」と表記している。
出所:日本バイアウト研究所編(2011a, 2011b, 2011c, 2012, 2016a, 2016b)に記載の事例や各社プレスリリースなどの各種資料(一部ヒアリングを含む)に基づき筆者作成。

5. キトーの事例

本節では，バイアウト・ファンドのネットワークを活用してアジアでの事業展開を強化した日本の中堅企業の事例として，キトーの案件について述べる[5]。具体的には，案件の背景，カーライル・グループによるアジアでの経営支援，主要連結経営指標の推移，エグジット戦略，近年のアジア展開の加速について明らかにする。

(1) 案件の背景

ジャスダックに上場していたクレーン製造のキトーは，グループの財務体質の抜本的な改善と海外における積極的な事業展開を図るため，2003年7月にグローバル・プライベート・エクイティ・ファームのカーライル・グループの支援を伴う株式の非公開化型バイアウトを公表した。具体的なスキームとしては，カーライル・グループが設立した受皿会社が株式の公開買付けを実施し，キトーの株式の大半を取得した。バイアウト時には経営陣も一部出資を行っており，MBO（management buy-outs）の形態となった。既存の有利子負債を含む買収総額は100億円を超えたが，カーライル・グループによるエクイティ出資と三井住友銀行を中心とするシンジケートローンにより買収資金が調達された。

(2) カーライル・グループによるアジアでの経営支援

グローバルなネットワークを有するカーライル・グループによる主な経営改善支援は，以下のとおりである。日本以外では，主に北米と中国を中心とするアジアでの支援が実施されている。

① 日 本

日本においては，まず生産現場での工場業務フローの抜本的な見直しが実施された。専門のコンサルタントと協働し，トヨタ生産方式を導入し，在庫の大幅な削減と注文から出荷までの時間短縮を実現した。また，資本効率の観点から，資産の売却を推進し，財務体質の強化が実施された。例えば，東京本社ビ

ル，工場用地の一部，持ち合いで保有していた有価証券が売却されて，借入金の返済に充当されている。さらに，カーライル・グループと経営陣が決断し，物流システム事業のダイフクへの譲渡が実施された。この物流システム事業の売却により，中核事業であるホイスト・クレーン事業に資源を集中できるようになり，経営改革のスピードアップを進めることが可能となった。

② 北 米

北米では，米国チームのサポートを得ながら，キトーの米国子会社の経営体制の見直しが実施された。具体的には，従業員に対するヒアリングが実施され，既存の経営陣の問題点を正確に把握したうえで，新しいCEOを外部から招聘し，現地の潜在的な力が発揮できるような体制が整備された。新CEOの招聘に際しては，カーライル・グループが有するマネジメント・ネットワークが活用されている。

③ アジア

アジアにおいては，カーライル・グループのアジアチームのサポートを得ながら主に中国での事業展開の強化が実施された。キトーは，1995年にいち早く中国に進出し，中国江蘇省の現地のホイスト・クレーン製造会社との合弁会社である江陰凱澄起重機械有限公司を設立し，現地で生産した製品・部品の日本国内への輸入やキトー製品の中国市場への提供の拠点として運営してきた。その後，カーライル・グループが株主となった後には，2004年3月に，上海凱道貿易有限公司が新規に設立され，2005年1月には，江陰凱澄起重機械有限公司の出資比率が65％から80％に引き上げられた。さらに，2005年5月には，拡大し続ける需要に対応するために新工場を建設し，事業の拡大を図っている。新工場の総投資額は14億円であったが，最新鋭の設備とシステムにより，電動ロープホイストを年間35,000台，クレーンを年間500台生産可能な能力を備えたものとなった。

(3) 主要連結経営指標の推移

図表11－4は，キトーの主要経営指標の推移を示したものである。バイア

第11章　中堅・中小企業のアジア展開におけるバイアウト・ファンドの活用　　159

ウト実施前の2003年3月期は，国内における長引く不況に加え，米国経済にも陰りが見え始め，世界同時不況の懸念もあった時期であり，売上高は208億円，営業利益は10億円にとどまっていた。その後，バイアウトを実施した2004年3月期からは，業績は右肩上がりに上昇した。

　その後，2007年8月には，再上場を達成し，その2008年3月期には，売上高は370億円に達し，営業利益は2003年3月期の5倍を超える54億円に拡大した。そして，リーマン・ショックを契機とし，いったん売上高は縮小したが，2011年3月期には回復し，近年は拡大基調である。注目すべき点は，キトーの連結売上高全体に占める海外売上高の割合である。2002年3月期には26.3％に過ぎなかった海外売上高の割合が，2011年3月期には66.3％まで上昇しており，キトーの事業の中心が海外に大きくシフトしてきていることが読み取れる（**図表11-5**）。この間の海外へのシフトは，カーライル・グループのグローバル・ネットワークを活用した支援が大きく影響していると考えられる。その後も，海外売上高の割合は増加し，2015年3月期には76.6％となっている。

(4) エグジット戦略

　バイアウト・ファンドは，ファンドの存続期間内に投資先企業の保有株式を売却してエグジットしなければならないが，キトーの事例では，カーライル・グループは投資後数年を経てから段階的に保有株式の売却を実施してきた。

　まず，上場前には，キトーによる自己株式の取得と資本政策に基づく取引先への売却により一部の株式を売却して投資資金の回収が行われた。次に，2007年8月の東証第一部上場時に「売出し」が実施された際に，買取引受を行った証券会社に一部の株式を売却している。

　その後，数年間は株式の売却が実施されなかったが，2010年3月には，KONE-CRANES PLCとの業務・資本提携が実施され，一部の株式が売却されている。また，この取引と同じ時期に，キトーが資本政策の目的で実施した自己株式立会外買付取引（ToSTNeT-3）に申し込んで株式の売却を行っている。さらに，2011年3月には，再度「売出し」が実施され，カーライル・グループが保有する残りの全株式が売却され，完全エグジットを達成した。

図表11－4 キトーの主要連結経営指標の推移

(単位：百万円)

指　標	2000年3月期	2001年3月期	2002年3月期	2003年3月期	2004年3月期	2005年3月期	2006年3月期	2007年3月期
売上高	20,816	22,726	23,369	20,759	22,608	23,643	26,904	31,794
営業利益	794	1,292	601	1,001	1,915	2,661	3,562	4,418
経常利益	448	945	439	725	1,484	2,475	3,653	4,518
当期純利益	△3,116	392	△1,217	367	993	1,353	2,307	2,787
営業キャッシュフロー	1,820	2,254	993	2,043	2,151	5,441	3,054	3,748
投資キャッシュフロー	491	△176	△643	△510	1,560	317	122	△887
財務キャッシュフロー	△2,634	△557	△756	△1,430	△5,259	△3,787	△5,142	△599
有利子負債	12,225	11,799	11,197	10,054	N/A	N/A	3,105	2,305

指　標	2008年3月期	2009年3月期	2010年3月期	2011年3月期	2012年3月期	2013年3月期	2014年3月期	2015年3月期
売上高	36,961	32,605	23,925	28,095	33,282	35,501	41,855	49,968
営業利益	5,408	2,366	437	1,119	1,658	2,510	4,006	3,395
経常利益	5,188	2,045	471	885	1,572	2,440	4,094	3,423
当期純利益	3,286	1,185	122	423	662	1,023	2,361	2,026
営業キャッシュフロー	2,500	572	2,097	1,908	411	△515	4,056	3,338
投資キャッシュフロー	△1,130	△2,026	△594	△1,983	△1,310	△1,746	△2,729	△8,402
財務キャッシュフロー	△2,582	820	△895	385	899	850	465	7,050
有利子負債	0	1,722	2,457	2,721	3,942	5,391	6,425	21,343

出所：有価証券報告書（2011年3月期は決算短信）に基づき筆者作成。2004年3月期と2005年3月期の営業利益は決算説明会資料に基づき作成。

図表11－5 キトーの海外売上高の推移

(単位：百万円)

売上高	2002年3月期	2003年3月期	2004年3月期	2005年3月期	2006年3月期	2007年3月期	2008年3月期
海外売上高	6,150	6,655	9,488	11,412	13,641	16,472	20,101
連結売上高	23,369	20,759	22,608	23,643	26,904	31,795	36,961
海外売上高の割合 (%)	26.3%	32.1%	42.0%	48.3%	50.7%	51.8%	54.4%

売上高	2009年3月期	2010年3月期	2011年3月期	2012年3月期	2013年3月期	2014年3月期	2015年3月期
海外売上高	18,983	15,009	18,615	22,331	23,818	30,231	38,265
連結売上高	32,605	23,925	28,095	33,282	35,501	41,855	49,968
海外売上高の割合 (%)	58.2%	62.7%	66.3%	67.1%	67.1%	72.2%	76.6%

出所：有価証券報告書/決算短信/決算説明会資料に基づき筆者作成。

(5) 近年のアジア展開の加速

キトーは，中国以外にも，インド，タイ，インドネシア，ベトナム，韓国などのアジア諸国で事業強化を推進している。

インドでは，M&Aを活用した市場開拓の取り組みが行われている。2010年10月には，グローバル成長戦略の一環として，経済成長著しいインドでの事業基盤を確保することを想定し，インドの中堅クレーン製造メーカーであるアームセル（Armsel MHE Pvt. Ltd.）の全株式を取得している。アームセルは，インド国内に400社を超える顧客企業を有する優良企業であり，特に製鉄，石油，ガス，電力などのインフラストラクチャー関連や，鉱業，製造セクターなどの顧客基盤に高付加価値のクレーンを販売している。そして，キトーとアームセルは，日系製造業がインドに進出する際のクレーンシステムのサービス提供などでのシナジー創出を目指すこととなった。

インドネシアでは，2011年8月に現地法人（PT. KITO INDONESIA）が設立され，シンガポールでは，2013年4月に子会社（KITO HOISTS & CRANES ASIA PTE. LTD.）が設立されている。また，タイについては，2013年7月に，現地法人（SIAM KITO CO., LTD.）の「タイ第2工場」の操業が開始されている。その他にも，この10年間に，韓国における新規合弁会社の設立やベトナムにおける駐在員事務所の開設などのアジア展開が行われている。

6. おわりに

本章では，バイアウト・ファンドの仕組みについて概説し，また日本で活動するバイアウト・ファンドにより日本企業のアジア展開の支援が実施された事例も踏まえて，今後の活用の意義と可能性について考察した。キトーの事例は，バイアウト・ファンドの活用が成長のドライバーとなったことは間違いない。その他にも，**図表11－3**で示されているように多くの事例があり，バイアウト・ファンドの機能をうまく活用すれば，中堅・中小企業が海外展開を強化する際の有力なパートナーになるといえる。

今後は，日本でオーナー企業の事業承継に伴うバイアウト案件が増加してい

くと予想されるが，独力で海外展開の強化を目指す経営資源に乏しい中堅・中小企業の場合には，バイアウト・ファンドの活用は有力な手段となり得る。しかし，日本で活動する各バイアウト・ファンドは多彩な強みや特色を持っているため，オーナー経営者の視点では，自社にマッチするバイアウト・ファンドをパートナーとして選択するという視点がより重要になってくる。自社と親和性のあるバイアウト・ファンドと組んで企業価値向上を目指す取り組みが増えることが期待される。

　本章では深く掘り下げることは行わなかったが，バイアウト実施企業の経営改善に関連する論点や留意点は多い。例えば，経営人材という観点からは，トップ・マネジメントが内部登用か外部登用かという点は，重要な論点である。また，オーナー企業の事業承継という観点からは，オーナーが承継後も何らかの形でその企業の経営に関与するのか完全に引退するのか，という論点も企業のパフォーマンスに影響を与える重要な要素である。さらには，海外展開に失敗した事例などが出てくれば，その要因を解明することには大きな意義がある。これらの点については，筆者の今後の研究課題としたい。

▶注

1　本稿は査読委員会による査読論文である（掲載承認2016年1月15日）。
2　本章で取り上げる案件の情報ソースとしては，公開買付届出書，意見表明報告書，公開買付開始公告，公開買付報告書，大量保有報告書，変更報告書，有価証券報告書，決算短信，決算説明会資料，各社プレスリリース，各社Webサイト上の会社概要・沿革などの公表情報のほか，プライベート・エクイティ・ファームへのヒアリングも一部実施している。
3　日本のバイアウト・ファンドの投資家層の動向については，杉浦（2014, 2015a）に詳しい。
4　バイアウト・ファンドの投資先企業が追加買収を行ったり，投資先企業同士が経営統合を行ったりすることで企業規模を拡大していく手法はロールアップ（roll-up）とも呼ばれている。
5　キトーの事例の詳細は，杉浦（2012b, 2015），鬼頭・野村・山田（2011）に詳しい。本節でまとめたキトーの事例は，杉浦（2012b, 2015）で記述した項目に最新の経営指標と近年のアジア展開の加速について加筆したものである。

▶参考文献

安立欣司・榎祐作（2011）「「日本のものづくり」の長所を承継しつつ，アジア成長市場での

事業拡大を推進―LADVIKの事例」日本バイアウト研究所編『事業再編とバイアウト』中央経済社，269-293頁。
石川健一（2011）「いきいきへの再生投資事例―法的手続からの再出発―」日本バイアウト研究所編『事業再生とバイアウト』中央経済社，153-176頁。
今泉智幸（2011）「創業50年 老舗ブランドの復活を目指して―ゴルフクラブ・用品製造 本間ゴルフの事例―」日本バイアウト研究所編『事業再生とバイアウト』中央経済社，325-352頁。
鬼頭芳雄・野村博・山田和広（2011）「キトーの事業価値向上と再上場―事業再編とグローバル戦略の推進―＜座談会＞」日本バイアウト研究所編『事業再編とバイアウト』中央経済社，419-440頁。
小林進太郎（2011）「バイアウト・ファンドを活用した中国事業強化―伸和精工の事例―」日本バイアウト研究所編『事業承継とバイアウト』中央経済社，219-238頁。
榊原隆（2011）「中小製造業の「ものづくり」再生への取り組み―第一精密産業の事例―」日本バイアウト研究所編『事業再生とバイアウト』中央経済社，353-377頁。
杉浦慶一（2009）「日本におけるゴーイング・プライベートと再上場―トーカロとキトーの事例分析―」『年報経営分析研究』第25号，日本経営分析学会，88-94頁。
杉浦慶一（2010）「日本のバイアウト市場の10年の軌跡」杉浦慶一・越純一郎編『プライベート・エクイティ―勝者の条件―』日本経済新聞出版社，1-26頁。
杉浦慶一（2010）「スモールビジネスのM&A」鯨井基司・坂本恒夫・林幸治編・中小企業・ベンチャービジネスコンソーシアム著『スモールビジネスハンドブック―不況を勝ち抜く事例企業に学ぶこれからの企業価値経営―』ビーケイシー，208-223頁。
杉浦慶一（2012a）「バイアウトの定義に関する一考察」『東洋大学大学院紀要』第48集，東洋大学大学院，287-296頁。
杉浦慶一（2012b）「バイアウト実施企業の財務特性と経営改善―キトーの海外における事業展開の強化を中心として―」『年報経営分析研究』第28号，日本経営分析学会，60-69頁。
杉浦慶一（2014）「日本のプライベート・エクイティ・ファンドの進化と発展性―新たな投資家層の流入に向けて―」日本バイアウト研究所編『年金基金のためのプライベート・エクイティ』きんざい，287-299頁。
杉浦慶一（2015a）「地域金融機関によるプライベート・エクイティ・ファンドへの投資」『ニュープロップ』創刊号，想研，26-27頁。
杉浦慶一（2015b）「バイアウトの経営分析」日本経営分析学会編『新版経営分析事典』税務経理協会，327-331頁。
高橋善太（2011）「成長支援型MBOの事例―バロックジャパンリミテッドの成長と企業価値向上の軌跡―」日本バイアウト研究所編『事業承継とバイアウト』中央経済社，311-331頁。
日本バイアウト研究所編（2011a）『事業再編とバイアウト』日本バイアウト研究所。
日本バイアウト研究所編（2011b）『事業再生とバイアウト』日本バイアウト研究所。
日本バイアウト研究所編（2011c）『事業承継とバイアウト』日本バイアウト研究所。
日本バイアウト研究所編（2012）『プロフェッショナル経営者とバイアウト』日本バイアウト研究所。
日本バイアウト研究所編（2016a）『続・事業承継とバイアウト―製造業編―』日本バイアウ

ト研究所。

日本バイアウト研究所編（2016b）『続・事業承継とバイアウト―小売・サービス業編―』日本バイアウト研究所。

松川力造（2011）「シティック・ファンドによる鳴海製陶の企業価値向上の取り組み―相互信頼深化を通じた本音での企業改革―」日本バイアウト研究所編『事業再編とバイアウト』中央経済社，343-366頁。

吉村洋一（2011）「なにわの［クライシスマネジメント］×［イノベーション］―製造業ターンアラウンドの失敗と少しの成功から学んだこと　小松ライト製作所の事例―」日本バイアウト研究所編『事業再生とバイアウト』中央経済社，245-279頁。

第12章

中小企業の海外進出の目的と進出時における資金調達
長野県の製造業を事例として[1]

1. はじめに

　中小企業を取り巻く課題として，日本における人口減少・高齢化に伴う市場の縮小や，事業承継問題が挙げられている。後者は中小企業が特に直面する問題であり，2006年の中小企業白書において，年間廃業者数約29万社のうち，事業承継を理由とする廃業が毎年7万社といわれ，事業を自分の後も引き継がせたいと考えている55歳以上の中小企業経営者のうち，後継者が決まっていないのが約半数の49.4％であるというデータが示されている[2]。長野県企業に限定すると，3分の2近くが後継者不在であるという調査がある[3]。

　後継者不在の理由はさまざまであるが，業績不振や先行きの見通し難から事業承継をためらう場合が多い[4]。しかし，このような現状を，「第二創業」で打破しようとする企業も存在する。第二創業とは，既存企業がこれまで行われてこなかった新たな取り組みによって，事業を発展させることである。事業承継と関連させると，経営者交替を控えた後継者が，先代経営者とは異なる視点で創業以来蓄積された既存の経営資源を見直し，経営者交替後，新たな技術や市場に進出していくことをいう。経営者交替のタイミングで新たな市場である海外に進出するというケースもある。

　図表12－1は海外子会社を保有する企業の割合である。これを見ると，中小企業の海外進出の割合は中小企業全体で13.4％，製造業のみの中小企業でみると18.9％であり，年々増加している。長野県関係企業の海外進出は，長野県産業労働部産業政策課による調査「長野県関係製造業企業の海外進出状況調査

図表12−1　海外子会社を保有する企業の割合

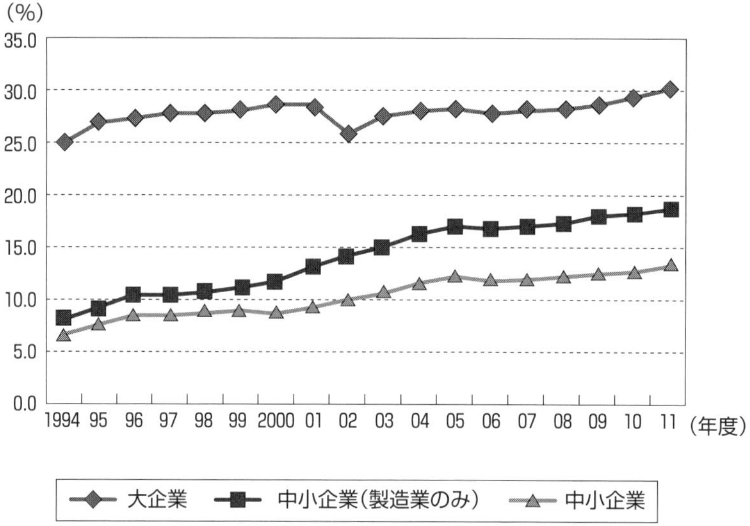

（グラフ：大企業／中小企業（製造業のみ）／中小企業、1994〜11年度）

注1：「海外子会社を保有する企業」とは，年度末時点に海外に子会社又は関連会社を所有する企業をいう。
注2：「子会社」とは，当該会社が50％超の議決権を所有する会社をいう。子会社又は当該会社と子会社の合計で50％超の議決権を有する会社も含む。「関連会社」とは，当該会社が20％以上50％以下の議決権を直接所有している会社をいう。
資料：経済産業省「企業活動基本調査」再編加工。
出所：『中小企業白書2014年度版』，299頁。

結果」を見ると，従業員10人以上の全製造業事業所3,191のうち，2013年度末における海外事業所の総数が1,150事業所であり，全事業所の約3分の1が海外へ進出している実態がわかる。このうち，特にアジアへの進出が最も多く，886事業所で全体の約4分の3を占めている。このように，多くの企業が海外進出しているが，資金力が相対的に弱い中小企業は，海外進出にかかる資金をどのように調達しているのか。本章では，長野県の中小企業の事例をもとに，海外進出にあたっての目的や意義を明らかにするとともに，資金調達が困難な中小企業はどのようにして現地法人を設立させ，グローバル時代において事業を継続させていくのか，といった課題についても検討する。

2. 中小企業の海外進出目的

(1) 取引先の進出に伴う海外進出

　一般的に想定される，海外，特にアジアへ進出する目的は，人件費等のコスト削減であろう。労働集約型の業態であれば，人件費の削減は重要な課題となるため，労働コストの安いアジアに進出する事例は多い。大企業はこのようにコスト削減を求めて進出するが，中小企業の海外進出はそれだけでなく，取引先（大企業）の海外進出に合わせて行われる場合も多い。一次下請の企業が，大企業の要請に合わせて進出するのである。

　事例1は精密挽物部品製造，精密研磨，電子機器組立等を行っている，高島産業株式会社である[5]。同社は，創業当初は時計部品の精密加工を行っていた。しかし，オイルショックの頃から海外の割安コストに押されて苦戦するようになる。国内需要の減退を予測し，多くの大企業は当時から海外進出していたが，同社も海外進出を加速させる一方で，「世界に通用する商品開発」を目指して多機能デスクトップ加工機「マルチプロ」を開発した。

　このように同社は研究開発に重点を置く会社であり，2006年4月に「元気なモノ作り中小企業300社」（経済産業省）に選定，2007年3月の第19回中小企業優秀新技術・新製品賞（りそな中小企業振興財団）にて，「精密微細冷間鍛造技術」で優秀賞を受賞，2009年7月の第3回ものづくり日本大賞にて「多機能・高剛性・高精度デスクトップ型プラットフォームの開発」で優秀賞を受賞，2013年10月のものづくり大賞NAGANO2013（ものづくりNAGANO応援懇話会）にてグランプリを受賞，2013年10月に「マルチプロ」が長野県から「NAGANOものづくりエクセレンス2013」の認定を受けるなど，数多くの受賞歴がある。

　海外進出の話に戻すと，同社は主要取引先とともに海外に進出している。1993年という早い段階から，香港に高島産業有限公司を営業所として設立しており，1995年に中国に現地生産工場を設立，2004年には現地法人を設立し，本格的に進出を図っている。「小さく生んで大きく育てる」ことが同社社長の方

針である。その後，中国の人件費が高騰していくことを受け，2008年にはベトナムに高島ベトナム株式会社を設立した。アジアに進出している取引先に対しては輸送コストの削減にもなり，直接投資によるプラスの効果が現れている。

【事例1　高島産業株式会社・概要】

- 創業：1945年3月16日
- 本社：長野県茅野市
- 代表者：小口 武男氏
- 事業内容：
　　精密挽物部品製造，精密研磨，ICウェハ研磨，電子機器組立，機器設計製作
- 資本金：2,400万円
- 従業員：240名
- 関連会社：
　　高島産業有限公司（香港），拓希瑪光電（深圳）有限公司，高島ベトナム株式会社，新和工機株式会社

---

(2) 現地を市場として捉える海外進出

　海外，特にアジアへの進出を，コスト面での優位性を求めて，あるいは主要取引先とのつながりで進める中小企業がある一方で，それらとは異なる目的での進出が見られるようになってきている。

　事例2は，精密プレス用・プラスチック用の精密金型の設計製作や，自動車用配線器具に使用されているプレス製品等を製作している東北テクトロン株式会社（ティー・ピー・エスグループ）である[6]。同社も2002年3月という早い段階で中国に工場を設立している。エンジンやブレーキ制御等の重要部品を製造していたため，「自動車の重要部品を中国で作るのはまだ早い」との声もあったが，当時は優遇税制が存在していたこと，現地で生産できる体制を整えておく，という戦略のもと実施している。

　優遇税制は，発展途上であった当時の中国政府が，外資を受け入れて経済の

発展を促すことを目的としていた。しかし，中国は外資と中国企業の法人税率を段階的に統一する「企業所得税法」を2008年に施行するなど，外資優遇策の見直しを推進している。日本経済新聞が2010年に実施した中国進出企業アンケートでは，6割の企業が2007～2008年頃と比べ政策が「外資に不利になった」と感じており，今後についても6割が「外資に不利になる」との見解であった[7]。

【事例2　東北テクトロン株式会社（ティー・ピー・エスグループ）・概要】
- 創業：1924年5月（東京都大田区に個人経営の「高木製作所」を設立）
- 会社所在地：
  株式会社 ティー・ピー・エス（TPS：販売管理担当）：東京都港区赤坂
  東北テクトロン株式会社：【長野工場】長野県茅野市
  天泰精密電子（蘇州）有限公司：中国江蘇省
- 代表取締役：髙木孝司氏
- 事業内容：
  プレス用精密金型の設計製作，精密プレス加工，プラスチック用精密金型の設計製作，精密プラスチック成形加工，精密インサートモールド成形加工，精密電子部品の組立加工
- グループ全体総資本金：3,200万円
- 年間売上高：25億円
- 従業員：150名

　労働集約型ではない業務を行っている同社は，人件費の削減という海外進出時に一般的に考えられるメリットは享受しにくい。その中で同社が海外に進出した当初の目的は「情報収集」であった。海外進出時点（2000年代初頭）から，同社社長は今後国内需要の減退が見込まれると考えており，早い段階で海外拠点を作ったのである。ここが情報収集拠点にもなっており，「市場」として成長する中国に早い段階から進出しておき，様子をうかがいながらいつでも対応できる体制を整えていた。そのため，現地調達率を上げるようにという中国政府からの要請にも対応でき，市場として成長する中国でいち早く事業を展開で

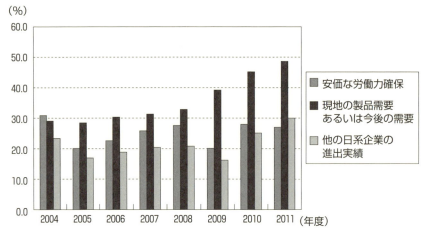

図表12-2 中小企業が海外投資を決定した際のポイント

注1：国内本社が，中小企業基本法に定義する中小企業者と判定された企業を集計している。
注2：2011年度に回答の割合の高い上位3項目について表示している。
資料：経済産業省「海外事業活動基本調査」
出所：『中小企業白書2014年度版』，304頁。

きるようになった。まさに，マーケットの先を読む力である。

　東北テクトロンのように，現地を市場として捉えて海外進出する企業が増加している。**図表12-2**は中小企業が海外投資を決定した際のポイントを調査したものである。2004年には「良質で安価な労働力が確保できる」ために直接投資をする比率が最も多く31.2％であったが，2011年になると，「現地の製品需要が旺盛又は今後の需要が見込まれる」ために直接投資をする比率が49.0％と最も多くなっている。

　同社が手がける車の部品の製造に関する金型は，車のモデルチェンジごとに必要であり，その金型は，以前は技術力のある会社に発注されていた。しかし現在，アジア諸国には日本より良い機械・技術を保有している会社も存在し始め，アジア（中国など）にも高度な技術を持つ優秀な人材が増加しているため，これまでと同じような意識では仕事がなくなってしまう。そのため，「商品力」「ブランド力」を高め，競争に打ち勝っていくこと，海外展開における人材については，文化の違いを理解し現地の労働者を有効に活用すること，を心がけ

ているとのことである。

3. 海外展開時の資金調達

　前節において，海外進出の目的について見てきたが，そもそも海外展開にはどのような形態があるのか。**図表12－3**は，日本政策金融公庫総合研究所による，海外進出するにあたってどのような形態を選択しているかのアンケート調査である。生産拠点としての現地法人を設立する企業や，販売拠点として設立する企業など，海外に現地法人や支店を保有する直接投資を行っている企業が46.7％，生産を海外企業に委託する企業が28.6％，直接あるいは商社等を通じての間接的な輸出を行っている企業が43.9％である。この中でも現地法人（生産）が34.4％で全体の中で最も割合が高く，生産拠点としての位置づけで展開される場合が多い。製造業に限ってみると，現地法人（生産），現地法人（販売），現地法人（その他），支店（生産），支店（販売），支店（その他）の

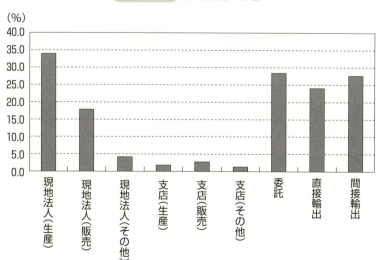

図表12－3　海外展開の形態

注：日本政策金融公庫総合研究所による2,240社に対するアンケート調査。複数回答。
出所：竹内（2013b），6頁。

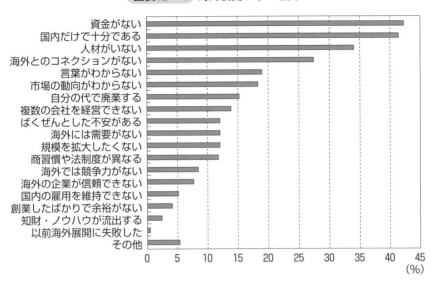

図表12-4 海外展開しない理由

注：日本政策金融公庫総合研究所によるアンケート調査。n=1325。
出所：藤井（2013），5頁。

合計である直接投資の割合は81.0％にも及んでいる。製造業の海外展開は，委託や輸出という形態ではなく，現地法人や支店の設立がほとんどであり，そのための資金を捻出する必要性に迫られることが想定される。しかし，中小企業にとっては特に，その資金調達は困難であろう。**図表12-4**は同研究所によるアンケート調査結果であるが，海外展開しない理由に「資金がない」ことを挙げる企業が最も多くなっている。海外展開を行いたいが資金調達の問題が障壁となっていることがここから推察される。

海外展開時の資金調達にはどのような形態があるのか。海上（2013）は，企業間信用，銀行借入（日本の金融機関から），銀行借入（現地金融機関から），増資，リース会社の与信類似機能，商社の与信類似機能，の6つに分類している（**図表12-5**）[8]。

簡単にそれぞれの資金調達手法を確認する。1つ目は企業間信用である。これは，親会社から現地法人子会社への親子ローンである。親会社はその資金の原資を自己資金によって賄う場合もあれば，親会社名義で金融機関から借り入

図表12－5　現地法人による資金調達パターン

類型	タイプ	使用用途	メリット	デメリット
グループ金融	①親会社から現地法人子会社への親子ローン	短期運転資金	・グループの余剰資金を活用できる ・現地法人を持たない金融機関を活用できる	・中国では，投注差（投資総額と登録資本金の差額）の範囲に限られる ・外貨からの両替に時間がかかる
銀行借入	②日本金融機関現地法人からの借り入れ	短期運転資金	・本社グループの信用力が使える ・外貨でも人民元でも借り入れができる	・現行の貸出規制が厳しい環境であり，新規の取引を受け付けない傾向が強い
銀行借入	③現地金融機関から資金調達（スタンドバイ・クレジット）	短期運転資金	・親会社のメインバンクが現地法人を持たない場合でも，現地金融機関との提携関係をもとに活用できる ・現地での保有資産を担保として使えるケースがある	・地場銀行から借り入れるリスクがある ・現地法人が負担する金利が高くなる
増資	④親会社からの増資	長期設備資金	・現地法人を持たない金融機関の支援を受けて資金調達できる ・中長期資金の調達が可能になる	・投資した資金の回収が困難（減資も困難）
その他	⑤リース会社を利用	長期設備資金	・総量規制等の影響を受けずに実施できる	・可能なリース資産が限られる ・リース費用が割高になる
その他	⑥商社を利用	短期運転資金	・売掛金回収期間の短縮化，回収リスクの回避が可能になる	・マージンが発生する

出所：海上（2013），22頁をもとに筆者作成。

れる場合もある。2，3番目の銀行借入は，現地法人が現地に支店や出張所を持つ日本の銀行から融資を受けるパターン，現地の金融機関から融資を受けるパターンがある。4つ目の増資は，現地法人が株式を発行し，親会社に買い取ってもらう形である。5つ目のリース会社の与信類似機能とは，現地法人が日系のリース会社にリースバックを行い，買い取り資金を受け取るというものである。リースに出した設備物件等は，リース会社にリース料を支払って使用し

続ける。最後の商社の与信類似機能とは，商社を通して資金回収の期間を短縮するというもので，日本の現地法人が商品を現地企業に販売する際，直接販売ではなく商社を介在させ，その商社が売掛金を日本の現地法人に立て替え払いする形態である。これによって，通常の直接販売時の現地企業から売掛金を回収するまでにかかる時間を短縮させ，仕入先への買掛金支払など資金繰りの改善に役立てる。

　この中でも，地域金融機関による支援が近年行われるようになってきている。近年の例を挙げると，フィデアホールディングス参加の荘内銀行・北都銀行がフィリピン最大の商業銀行であるBDOユニバンクと業務協力協定を結び，フィリピンに進出した企業に対し現地で資金調達する際に債務保証をする旨の信用状を発行することで，BDOから現地通貨建て融資を受けることを容易にしている[9]。また，横浜信用金庫は日本政策金融公庫と業務連携協力協定を結び，同公庫が行っている中小企業の海外資金調達支援制度を利用し，取引先中小企業に向けての海外展開支援サービスを強化しているという事例もある[10]。これらは，海外進出先で現地の金融機関から現地通貨建ての融資を円滑に受けられるように支援する「スタンドバイ・クレジット制度」を活用している。この制度は，日本政策金融公庫が実施している，信用状の発行を通じて海外支店または海外現地法人による現地流通通貨での資金調達をサポートするものである。同公庫は2015年5月時点で，インドネシア，韓国，シンガポール，タイ，台湾，フィリピン，ベトナム，マレーシアとメキシコに所在する金融機関と提携しており，今後拡大が期待される資金調達方法であると指摘されている[11]。

4. 資金力のない中小企業による海外進出方法

　海外展開を行うにあたっての資金調達といっても，海外進出時と進出後に分けることができるが，特に海外進出時にかかる費用は莫大である。現地法人に生産機能を持たせなければならない製造業（中小企業）には，その資金を捻出することは困難であり，可能であったとしても非常にリスクが高い。金融機関による支援も充実してきているが，その一方で，金融機関に依存しない経営をいかに行っていくかということも，今後検討すべき課題であろう。この問題を

第12章　中小企業の海外進出の目的と進出時における資金調達　175

解決するための手法の1つが，事例3である。

【事例3　株式会社ナショナルツール・概要】
- 創業：1987年10月
- 会社所在地：長野県茅野市
- 代表取締役社長：両角 政秋 氏
- 営業品目：
  (1) 特殊刃物・治工具
  　　超硬総型バイト，超硬ダブテール，超硬段付バニシングドリル，バニシングリーマ，半月，平錐，リーマ，エンドミル（各種），コンパックスバイト，コンパックスカッター，総型錐，総型カッター，その他各種治工具
  (2) 各種挽き物部品加工（自動車部品・その他）
- 資本金：4,050万円
- 従業員：男性55名・女性43名（パートタイマーを含む）

　事例3は，自動車部品の製造を行っている株式会社ナショナルツールである[12]。

　一次下請けは大企業からの要請があり，取引先大企業とともに海外へ進出できるが，中小・零細企業である二次下請け以降は残される場合が多い。取引先との関係，大手取引先とのつながりはあるが，カネ，人材，さらには現地の情報もない，といったように，中小・零細企業の海外進出は難しい。しかし同社は，2013年にタイに現地法人「協和NT（タイランド）株式会社」を設立させている。設立は，主要取引先の1つである協和工業株式会社と共同で行った。協和工業が100％出資，事務・経営全般をナショナルツールが担当という形であり，同社は金銭面での出資を行っていない。現物出資，人材による出資も可能な合同会社に類似した形態であるといえよう。ではなぜこのようなスキームが成立したのか。

　協和工業との会社を設立する以前から，同社社長は別の取引先の社長からタイの会社を任されており，会社の舵取りを行っていた。さらに同社社長は，このタイの会社経営を行っていると同時に，さまざまな国を積極的に視察してお

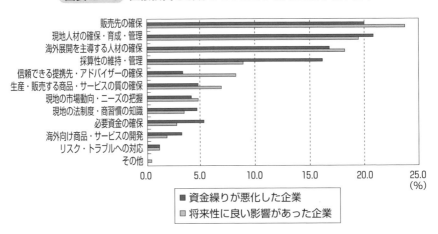

図表12-6 直接投資を成功させるために最も重要な取り組み

注1：「将来性に良い影響があった企業」とは，最も重要な直接投資先への投資が与えた国内事業への影響について，企業の将来性への影響として，「良い影響」，「やや良い影響」と回答した企業をいう。また，「資金繰りが悪化した企業」とは，資金繰りへの影響として，「やや悪い影響」，「悪い影響」と回答した企業をいう。
注2：最も重要な直接投資先の機能として，「生産機能」と回答した企業を集計している。
資料：中小企業庁委託「中小企業の海外展開の実態把握にかかるアンケート調査」（2013年12月，損保ジャパン日本興亜リスクマネジメント㈱）
出所：『中小企業白書2014年度版』，321頁。

り，海外進出に関する経営能力を持っていた。そこで，海外展開をしたいが現地で海外展開を主導する人材がいないことが課題であった協和工業と，カネはないが海外展開のノウハウを持っていたナショナルツールが共同で現地法人を設立させることで，双方のデメリットを打ち消すことができたのである。この事例は直接的な資金調達ではないが，「資金をどのように工面するか」という問題への対応策として広く捉えれば，間接的な資金調達といえよう（**図表12-6**）。

　同社は自動車の重要部品を製造しているが，不良品等が出て不具合が起きると運転手の生命に関わるような部品については，これまで日本でしか作られていなかった。しかし，しかし，リーマンショック以降，自動車業界のトレンドが変化し，重要部品も海外で生産するようになった。関税が高いので，現地で作って売るように変化したのである。自動車部品の業務拡大のため国内に工場

第12章　中小企業の海外進出の目的と進出時における資金調達　　177

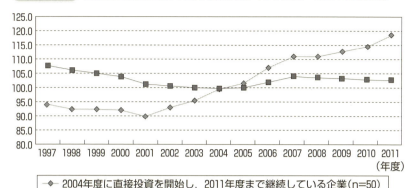

図表12-7　直接投資開始企業の国内従業員数（中小企業・2004年度開始）

注1：ここでいう直接投資とは，海外に子会社または関連会社を保有することをいう。
注2：1997～2011年度のパネルデータを使用している。
注3：国内従業者数＝従業者数合計－海外従業者数。
注4：指数の算式は加重平均値としている。
資料：経済産業省「企業活動基本調査」再編加工。
出所：『中小企業白書2014年度版』，333頁。

を増築したばかりの同社であったが，すでに構築していた海外進出に関するノウハウをもとに，主要取引先の海外進出にいち早く対応することが可能であった。このような環境変化への対応力は，日頃からグローバルな視点で物事を捉え，考える社長の能力である。

　なお，同社社長は，海外進出について「日本の雇用を守るため」という目的を持っている。国内での仕事が減少するなか，仕事量のある海外でいかに「国内に向ける」仕事を増やすか，を考えている。**図表12-7**は直接投資を開始した中小企業の国内従業員数の推移である。このデータを見ると，海外へ直接投資を開始した企業のほうが，その後の国内従業員数の伸びが見られる。海外進出目的と雇用の関係については，工場を移転するといったコスト削減目的の海外進出は国内雇用が減少する可能性があるが，市場開拓目的の海外進出であれば，現地生産に切り替える場合は対象外になるものの，海外への輸出が増加するため，国内生産の減少にはならないと考えられる。また，卸売，小売，サービスのための子会社を設立させる場合は国内雇用の減少にはつながりにくい

といえよう。この事例とデータから見ると，一概に海外進出が国内産業の空洞化となるとは言い切れない。

5. おわりに

　本章では，海外進出の目的の変化と海外展開時の資金調達について，長野県の中小企業の事例をもとに明らかにした。一般的な海外進出の目的は人件費等のコスト削減と考えられてきたが，近年，その傾向に変化が見られている。長野経済研究所の調査によると，これまでの海外生産拠点の設置目的は，「生産コストの削減」が69.9％で最多であったが，今後新設する拠点は，「市場の開拓」が48.6％で最多と変化している[13]。諏訪圏中小企業（自動車部品製造）もアジア（中国）をコストの低減を求めるところではなく，「市場」と捉えている。国内市場が減少していくことが見込まれるなか，海外展開は検討すべき重要課題であると言えるが，資金調達力の乏しい中小・零細企業にとって，そのような魅力のある海外（アジア）へ進出するためには，高い品質の製品を作る技術と海外展開についてのノウハウを持って，資金力のある企業と連携するという方法も検討されるべきであろう。

▶注

1　本論文は，鳥居（2014）をもとに加筆・修正したものである。
2　中小企業庁（2006）『中小企業白書 2006年版』。
3　帝国データバンク（2014）「後継者問題に関する長野県内企業の実態調査」，1頁。
4　帝国データバンク（2014）「後継者問題に関する企業の実態調査」，5頁。
5　同社の概要は，2014年4月28日における社長・小口氏へのインタビューによる。
6　同社の概要は，2014年4月15日における社長・髙木孝司氏へのインタビューによる。
7　「日本経済新聞」2010年12月15日付朝刊。
8　海上（2013），11頁。
9　「日本経済新聞」2015年11月25日付夕刊。
10　「日本経済新聞」2015年3月24日付朝刊。
11　海上（2013），22-23頁。
12　同社の概要は，2014年5月29日における社長・両角氏へのインタビューによる。
13　長野経済研究所（2010）「2010年代の長野県製造業の方向性について」。

▶参考文献

伊藤友見・篠宮正義(2013a)「マレーシア・タイにおける中小企業金融支援調査(前篇)」『日経研月報』。
伊藤友見・篠宮正義(2013b)「マレーシア・タイにおける中小企業金融支援調査(後篇)」『日経研月報』。
太田珠美(2011)「海外進出企業の現地における資金調達」『DIR Economic Report』,大和総研。
海上泰生(2013)「日系現地法人の資金調達環境と具体的資金調達スキームの分類—海外展開先における六つの調達タイプのメリット比較」『日本政策金融公庫論集』第18号。
経済産業省(2014)「第43回 海外事業活動基本調査」。
経済同友会(2013)「中小企業の成長力を高める地域金融機関へ」。
竹内英二(2013a)「中小企業による海外展開支援ビジネスの増加」『日本政策金融公庫論集』第19号。
竹内英二(2013b)「海外展開は中小企業にどのような影響を与えるか」『日本政策金融公庫調査月報』No.55。
中小企業庁(2014)『中小企業白書2014年版』。
鳥居陽介(2014)「日本の中小企業における海外進出目的の多様化—長野県の中小企業を事例として」『日本中小企業・ベンチャー ビジネスコンソーシアム年報』第13号。
長野県産業労働部産業政策課(2014)「平成25年長野県関係製造業企業の海外進出状況調査結果について」。
日本政策金融公庫(2012)「中小企業の海外現地法人における資金調達」『経営情報』No.383。
藤井辰紀(2013a)「中小企業の海外直接投資の現状」『日本政策金融公庫 調査月報』No.059。
藤井辰紀(2013b)「中小企業における海外直接投資の効果」『日本政策金融公庫論集』第21号。

第Ⅲ部

アジアの経営環境

第13章

新興国における欧米製薬会社の経営行動
低薬価を実現するために[1]

1. はじめに

　昨今，製薬会社を取り巻くビジネス環境は大きく変化している。とりわけ，後発医薬品[2]の促進政策，医療ニーズの変化，研究開発費の高騰に対して成果が低いこと，大型医薬品の特許切れによる売上高の低下等が挙げられる[3]。

　特に，製薬会社の大型医薬品[4]（ブロックバスターとも呼ばれる。以下ブロックバスターと称する）の特許が相次いで切れることが売上高に大きな影響を与える。図表13－1に示すように，大手製薬会社の主力製品の売上高は特許満了時期までの間において順調に増加していたが，特許切れ以降，大幅に減少している。主力製品のもたらす売上が全体の売上を支えているため，主力製品の売上高減少は連結全体の売上高に大きな影響を与えたのである。そして，特許切れの主力製品の代わりになりうる開発中の医薬品がほとんどないのが現状である。

　上記の要因によって製薬会社の先進国での売上高が低下していった。こうした先進国の市場での減益をカバーするために，製薬会社はさまざまな取り組みを行っている。その中の1つには，医薬品新興市場への参入および販売規模の拡大を図るものがある。医薬品新興市場は，Pharmerging[5] marketの和訳で，製薬会社がターゲットとするエマージングマーケット（emerging market）であり，主に経済分野で急成長を遂げた新興国での医薬品市場を指す[6]。しかしながら，拡大しつつある新興国の医薬品市場は製薬会社にとって魅力的なものである一方，多くの課題を課されている。特に製品の価格設定は極めて難しい問題である。先進国での価格設定基準は新興国に適用できない。そのため，製

図表13-1 世界の大手製薬会社の大型医薬品の特許切れと売上高の推移

会社	製品	特許満了時期(米国)	2001	2002	2003	2004	2005	2006	2007	2008	2009	2010	2011	2012	2013	2014
武田	タケプロン 消化性潰瘍治療剤	2009年11月	943	1,142	1,332	1,560	1,600	1,599	1,507	1,487	2,714	2,181	1,336	1,221	1,102	1,184
武田	アクトス 2型糖尿病治療剤	2011年11月	695	1,204	1,553	1,776	1,930	2,438	3,363	3,962	3,870	3,847	3,879	2,962	1,229	366
武田	ブロプレス 高血圧症治療剤	2012年6月	483	774	1,055	1,443	1,524	1,909	2,062	2,231	2,303	2,220	2,180	2,163	1,696	1,550
アステラス	プログラフ 免疫抑制剤	2008年4月	506	724	897	1,044	1,228	1,459	1,754	2,030	2,010	1,867	1,626	1,548	1,617	1,811
アステラス	ハルナール 排尿障害改善剤	2009年10月	738	969	1,104	1,223	1,359	1,378	1,270	1,224	1,166	1,139	665	608	540	588
第一三共	クラビット 合成抗菌剤	2010年12月	—	—	—	474	471	502	467	474	430	872	691	524	359	335
エーザイ	アリセプト アルツハイマー型認知症治療剤	2011年11月	711	958	1,153	1,416	1,629	1,965	2,529	2,910	3,038	3,228	2,903	1,471	943	827
エーザイ	パリエット プロトンポンプ阻害剤	2013年5月	547	988	1,174	1,290	1,323	1,545	1,743	1,759	1,599	1,480	1,369	1,264	1,084	914
ファイザー	ノルバスク(Norvasc) 高血圧症治療薬	2007年3月	—	3,846	4,336	4,463	4,706	4,866	3,001	2,244	1,973	1,506	1,445	1,349	1,229	1,112
ファイザー	リピトール(Lipitor) 高脂血症治療薬	2011年11月	—	7,972	9,231	10,862	12,187	12,886	12,675	12,401	11,434	10,733	9,577	3,948	2,315	2,061
ファイザー	キサラタン(Xlatan & Xalacom) 緑内障治療薬	2011年3月	—	—	668	1,227	1,372	1,453	1,604	1,745	1,737	1,749	1,250	806	589	498
ファイザー	デトロール(Detrol IR & Detrol LA) 尿失禁治療薬	2014年1月	—	—	544	904	988	1,100	1,190	1,214	1,154	1,013	883	761	562	201
ファイザー	セレブレックス(Celebrex) 関節リウマチ治療剤	2014年12月	—	100	1,883	3,302	1,730	2,039	2,290	2,489	2,383	2,374	2,523	2,719	2,918	2,699
ノバルティス	ディオバン(Diovan) 高血圧症治療薬	2012年	1,880	2,580	2,425	3,093	3,676	4,223	5,012	5,740	6,013	6,053	5,665	4,417	3,524	2,345
サノフィ	プラビックス(Plavix) 抗血栓剤	2011年11月	705	987	1,325	1,694	2,026	2,229	2,424	2,616	2,623	2,083	2,040	2,066	1,857	1,862
サノフィ	ロベノックス(lovenox) 抗血栓剤	2012年	1,453	1,563	1,659	1,904	2,143	2,436	2,612	2,731	3,043	2,806	2,111	1,893	1,703	1,699

注1：アステラスの2001-2005年のデータは，山之内製薬と藤沢工業薬品の数値を合算したものである。
　　　第一三共の2001-2005年のデータは，三共株式会社と第一製薬の数値を合算したものである。
注2：各社データの単位に違いがある。
　　・武田，アステラス，第一三共，エーザイ：億円
　　・ファイザー，ノバルティス：百万ドル
　　・サノフィ：百万ユーロ
出所：上記各社のアニュアルレポートをもとに筆者作成。

薬会社は，新興国消費者の支払い能力に応じた価格制定を行うことが求められている[7]。

　新興国での価格設定について，先行研究では，差別価格付け（differential

pricing）を中心に論じてきた。しかし，企業はどのような方法で差別価格付けを実現しているのか，そしてこうした価格付けを実現するためのコストと，それに伴う財務効果については，明確にされていない。徐（2015）の研究では日本製薬会社4社（武田薬品工業株式会社，アステラス製薬株式会社，エーザイ株式会社，第一三共株式会社）を対象とした事例研究をもとに，製薬会社の新興国におけるプライシングを分析・考察を行った。その結果，①日本の製薬会社は差別価格設定を実現するために新興国の後発医薬品メーカーを買収，新興国で工場を建設するなどの取り組みを行っている，②需要の価格弾力性効果が新興国での低価格設定のためのコストを埋め合わせできない，③差別価格設定を行っている商品の利益率が低いため，連結全体の利益率が低下している（徐，2015）。しかし，新興市場における日本の製薬会社（以下，日本企業）のプレゼンスが低いので，より定着した欧米製薬会社（以下，欧米企業）の取り組みを調査する必要がある。

本章ではまず，新興国への参入した欧米企業の取り組みを分析・考察する。そして，そのプロセスで得たものを，日本企業が新興市場でビジネスを定着させるための参考となり得ないかを分析する。

2. 医薬品新興市場の特徴と現状

近年，先進国市場（アメリカ，日本，カナダ，ヨーロッパ）の成長が停滞しているのに対して，新興国の医薬品市場は著しい発展が遂げている。世界の医薬品市場における新興市場の成長（売上高ベース）を見てみると，2008年では，245億ドル（3.2％）であったものが，2013年では，1,945億ドル（20％）となった（図表13－2参照）。そして2017年には世界市場全体の33％までに成長すると予測された[8]。経済分野で急成長を遂げた新興国は，医療保険制度が普及し，より高い医療ニーズが高まっており，こうしたニーズが外国企業をひきつけている。そして，新興医薬品市場で特に注目が集まっているのはBRICs（中国，インド，ブラジル，ロシア）である。

また，新興国の医薬品市場においては，先発医薬品よりも後発医薬品が使われており，後発医薬品が50％以上を占めている点にその特徴がある。例えば，

図表13-2 世界の医薬品市場の動向

地域別医薬品売上高 (単位：億ドル)

	2008	2009	2010	2011	2012	2013
北米	3,097	3,194	3,323	3,444	3,476	3,607
欧州	2,355	2,367	2,357	2,341	2,270	2,317
日本	770	899	964	1,112	1,149	939
中国	245	317	410	667	805	929
ブラジル	—	—	—	299	318	307
ラテン・アメリカ（ブラジルを除く）	—	—	—	394	416	452
ロシア/CIS	—	—	—	224	239	257
その他	1,263	1,289	1,556	984	1,015	1,039
合計	7,731	8,066	8,612	9,555	9,689	9,846

地域別シェア (%)

	2008	2009	2010	2011	2012	2013
北米	40	39.6	38.6	36	36	37
欧州	30.4	29.3	27.4	25	23	24
日本	10	11.1	11.2	12	12	10
中国	3.2	3.9	4.8	7	8	9
ブラジル	—	—	—	3	3	3
ラテン・アメリカ（ブラジルを除く）	—	—	—	4	4	5
ロシア/CIS	—	—	—	2	2	3
その他	16.4	15.9	18.1	10	10	11
合計	100	100	100	100	100	100

出所：IMS Market Prognosis Global各年をもとに筆者作成。

　新興市場の4割を占める中国の医薬品市場においても先発医薬品が25％，漢方が20％，後発医薬品が55％となっている。

　新興医薬品市場へ参入・販売をしようとする製薬会社は，新興国消費者の支払い能力に応じた価格設定にしなければならない。先進国で行ってきた価格設定は新興国に適用できない。実際，新興国において医薬品アクセス問題（access to medicine）が生じている。医薬品アクセス問題とは，医薬品の価格が消費者の消費水準を上回ってしまうことで，消費者が医薬品を入手できないことを指しており，主に新興国で起きている現象である。ではなぜ，同様の医薬

図表13－3　先進国と新興国の保険制度の比較

項目 国名	保険制度	薬剤費自己負担	1人当たりGDP (2014年) US$ IMF統計
アメリカ	民間の医療保険と公的医療保険によって成り立っているが，民間の医療保険は中心である。民間の保険は65歳未満の人を対象とする。公的な医療保険として，65歳以上を対象とする「メディケア」と，低所得者層を対象とする「メディケイド」がある	処方薬剤の費用に対する給付を行うメディケアパートDの場合（2011年） 　～　310ドル　自己負担率が100% 310～2,840ドル　自己負担率が25% 2,840～6,448ドル　自己負担率が100% 6,448～　自己負担率が5%	54,370
イギリス	国民皆保険 (National Health Service: NHS)。加入率は100%	1処方当たりの定額の自己負担額は7.85ポンド（2013年）　ただし，免除制度があり，60歳以上，16歳未満，16歳から18歳のフルタイムの学生，医療免除証所有者，低所得者等は自己負担額が免除される	45,729
ドイツ	国民皆保険[1]。公的医療保険に加入している人は全国民の約90.9%（2012年）	処方薬は原則として薬局販売価格の10%を患者が負担する。18才以下については，処方薬は無料である。低価格薬は自己負担なし	47,774
日本	国民皆保険[2]	年齢別の自己負担率が異なる[3]	36,222
ブラジル	国民皆保険（SUS）	指定薬剤は，15～100%公費負担。それ以外は自己負担	11,573
ロシア	国民皆保険（OMS）	一部の指定疾患（希少疾患など）では償還あり，それ以外は自己負担	12,718
中国	3つの医療保険制度によって構成されており，これらの保険が国民の95%をカバーする	国家基本薬物リストに収載されている薬剤のみ自己負担なし（実際自己負担率が34.9%）	7,572
インド	公的保険は国民の26%程度をカバーするが，ほとんど公務員向けのみ	外来処方のほとんどは償還対象外（実質100%自己負担）	1,608

注1：国民皆保険制度とは，すべての国民が何らかの公的な医療保険に加入しているということである。
　　　償還制度は医療保険の給付方法の一種で，受療にあたって医療機関に医療費を全額支払い，後から保険者から償還を受ける方式である。
注2：生活保護世帯は医療保険に加入せず，医療扶助（全額公費）を受ける。
注3：患者の年齢別の自己負担率が異なっている。詳細については，泉真樹子, 2010: 93を参照。
出所：各資料をもとに筆者作成[9]。

品の価格が先進国市場において医薬アクセス問題を生じさせないのか。それは，新興国の社会医療保険制度が不十分であることが背景として考えられる。先進国においては社会医療保険制度が完備されており，消費者の負担する費用が医療保険の適用により低減される。それに対して，新興国の医療保険制度は不十分であるため，医薬品の購入の際に自己負担の支払い額が増え，その額が所得の低い消費者の負担となるのである。**図表13－3**に示すように，BRICs（中国，

インド，ブラジル，ロシア）の保険制度は完備されているが，医療保険の適用対象となる医薬品が限定されているため，薬剤費の自己負担率は高い。このように，新興国には医療保険制度の不十分などの問題があるため，医薬品アクセス問題は一企業の力で解消できる問題ではない。これまで製薬会社は医薬品を原価で提供したり，無償提供するなどで医薬品アクセス問題に取り組んできた。しかしこれからは新興市場をビジネスとして開拓していかなければならないので，無償提供や原価提供などではビジネスとして成り立たない。したがって，医薬品アクセス問題をビジネス課題として取り組まなければならない。

3. 新興国における価格設定—差別価格設定 (differential pricing)

(1) 医薬品の価格設定

プライシングは企業の業績に大きな影響を与える。価格の変動によって，収益性は20％～50％増減する（Hinterhuber & Liozu, 2012）といわれている。医薬品の価格設定に関する先行研究は，バリューベイスド・プライシング（value-based pricing），パフォーマンスベイスド・プライシング（performance-based pricing），コストプラス・プライシング（cost-plus pricing）などのものがある。しかし，これらのプライシング理論は企業の収益に基づいたものであるが，消費者の支払い能力に配慮したものではない。

また，医薬品の価格設定は政府の価格規制，企業間競争にも大きく影響される。例えば，米国は政府による価格規制がないが市場競争が激しいため，製品のプライシングは同一製品を販売する競合他社に大きく影響される。日本は，医薬品の価格設定が政府の価格設定のもと行われる。

新興国においても，製薬会社が政府の厳しい価格規制のもと，価格設定を行わなければならない。例えば，インドの医薬品価格規制[10]は，製造コストに基づいて上限価格を設定するものである。中国は，2000年から上限価格を管理してきたが，2005年6月以降，医薬品の小売価格に上限を設ける政府指導価格制度を撤廃し，これにより医薬品の価格設定は市場の競争のもと，行えるように

なった。ブラジルはブラジル保健省管轄のもと上限価格を設定する。ロシアはロシア連邦保健省・社会開発省管轄のもと，先進国の価格設定を参照する。

(2) 先行研究レビュー

　新興国においてどのようなプライシングを行えばよいのかについて，先行研究では，主に差別価格設定（differential pricing）[11]を中心に論じている（例えば Danzon et al., 2003, Frank, 2011, Mazummdar & Banerjee, 2012, Moon et al., 2011）。本章では差別価格設定と財務業績の変化の関係は先行研究をレビューしながら述べていく。

　差別価格設定（differential pricing）とは，同一商品に対して，低収入の新興国では低い価格を設定し，高収入の先進国では高い価格を設定するというもので（Danzon. P. M. et al., 2003, Frank, 2011），需要の価格弾力性[12]に基づく説である。差別価格設定と利益の関係について，徐（2015）でレビューしたように，新興国の消費者が途上国の消費者よりも高い需要の価格弾力性（price of elasticity of demand）を有しており，差別価格設定下の低価格が消費者の需要を喚起し市場規模を拡大することができ（Danzon et al., 2003; Frank, 2011），結果，売上高の増加につながる。

　低価格設定下において，営業利益率（＝（売上高－コスト）/売上高）を確保するためには，売上を増加するかまたはコストを削減するといった方法がある。売上高は，価格×数量に分解できるので，低価格設定下売上高を拡大させる場合には，販売量を増やす方法がある。この場合は，上記の需要の価格弾力性理論を用いることができる。また，低価格設定下営業利益を確保するためには，コスト削減をする手法がある。ここでいうコストは原材料だけではなく，バリューチェーン全体（研究開発，製造，販売，流通）にかかるコストを削減しなければならない。しかし先行研究の中では，Moon et al.（2011）が低コスト生産能力の必要性，Frank（2011）が固定費の削減を論じたもの以外，バリューチェーン全体のコスト削減といった視点から論じたものはない。

　また，上記分析は理論ベースにとどまるものであり，実際に製薬会社は価格設定をどのように行うのか，低価格設定をどう実現するかについて事例をもとに明らかにしていく。

(3) 欧米ビッグファーマの行動
―ファイザー，バイエル，ノバルティス，ロシュ，グラクソスミスクライン（GSK）

ファイザー，バイエル，ノバルティス，ロシュとGSKは世界の医薬品売上高ランキングトップ10にランクインしており，世界の医薬品市場において高いプレゼンスを有している。そして，先進国のみならず，1990年から2000年初頭にかけて，新興国市場に参入し，現在定着が進んでいる。**図表13－4**に示すように，2009年および2014年，欧米企業各社の連結売上高に占める新興国売上高の割合は日本企業に比べて高い。近年，日本企業は新興国での売上高を高めてきたが，連結売上高に占める新興国の割合は依然として低い。しかし全体として，日欧米の企業は新興国における販売が展開していることがうかがえる。

新興市場で医薬品を販売するためには，現地のニーズに応じて欧米企業各社はさまざまな取り組みを行ってきた。上記の各社の行動に見える共通のものが，製品の低価格設定である。これまで製薬会社は，同一医薬品の国による価格の差を利用して差益を稼ぐ取引（並行輸入[13]）が行われることを懸念し，国や地域により異なる価格設定の採用に慎重であった（Danzon *et al.*, 2015, p.239; PWC, p.19）。しかし，拡大する新興市場でビジネスを展開するために新興市場の消費者の支払い能力に応じた価格設定をしなければならないことを，製薬

図表13－4 連結売上高に占める新興国売上高の割合およびCAGR（複合年間成長率）

（単位：％）

	2009年	2014年	CAGR (09-14)
武田薬品工業	1.7	16.9	98.3
アステラス	2.8	5.1	16.3
エーザイ	3.6	10.1	16.4
第一三共	5.2	24.2	43.7
ファイザー	14.6	23.5	9.9
バイエル	33.7	38.3	9.1
ノバルティス	18.3	19.4	6.9
ロシュ	15.4	21.4	6.1
GSK	12.5	26.9	15.8

出所：各社のアニュアルレポートをもとに筆者作成。

会社は認識した。こうしたなか，各社はさまざまな取り組みで新興国でのビジネスをスタートさせた。例えば，2008年3月，GSKは，中所得国を対象とした差別価格による医薬品の提供を開始した（PWC, p.19）。ノバルティスは2008年，インドの農村部でプログラムアロギャ・パリバール（Arogya Parivar）のプログラムを通じて，インドの農村部でのビジネス展開に成功した[14]。

欧米企業は製品の低価格付けを実現するために以下の行動を取っている。

① グローバルなサプライチェーンの構築

インドや中国といった新興国は原薬[15]生産の主要国である。これまで，製薬会社はインドや中国より原薬を調達し先進国の工場で医薬品を製造してきた。しかし近年，インドや中国に進出している欧米企業は，現地調達，現地生産に置き換えることによって，製造コストを抑えている。例えば，バイエル，ノバルティス，ロシュ，GSKは本社を本国に置きつつ[16]，その他のオペレーション機能（R&Dや製造拠点）を，ハイコストの日欧米地域からローコストのアジア地域へとシフトし，新興国への投資を拡大させている。

② OTC医薬品，ブランドジェネリック医薬品の低価格設定

新興国で低価格設定の対象製品の選定について，各社ともブランドジェネリック医薬品[17]およびOTC医薬品[18]に絞る傾向が見られる。なぜ，ブランドジェネリック医薬品とOTC医薬品か。それはブランドジェネリック医薬品やOTC医薬品のコスト利益が高いからである。ブランドジェネリック医薬品やOTC医薬品はすでに特許が切れた医薬品で，それらの医薬品は特許保護期間中において高い価格設定で研究開発投資を回収したものであり，かかるコストが製造原価のみである。そして，製薬会社はブランドジェネリック医薬品やOTC医薬品の品揃えのためのM&Aを行っている（**図表13－5参照**）。

また，欧米企業は新興国の地域ごとのニーズに応じた新薬の研究開発を行っているが[19]，その投資額はまだ少ない。さらに，製薬会社は低価格設定の製品以外，新興国のニーズに応じたワクチンや先発医薬品も導入しており，中長期的には新薬の売上高機会が拡大していくことを目指している。

図表13－5　新興国でのプレゼンスを高めるためのM&A

時期	買収者	被買収者	備考
2011年	ファイザー	Ferrosan Holding Inc.	ロシアにおける販売チャネルを入手
2011年	武田薬品工業	ナイコメッド	・新興国でのプレゼン力を強化 ・新興国の販売チャネルを入手
2012年	武田薬品工業	マルチラブ	・ブラジルでのプレゼン力を強化 ・ブラジルにおける販売チャネルを入手
2014年	バイエル	ディホン（中国）	・OTCと漢方薬を入手
2014年	バイエル	メルクのコンシューマーケア事業	・これにより，バイエルがOTCメーカー世界第2位になった。

出所：上記各社のアニュアルレポートおよびプレスリリースをもとに筆者作成。

③　ローカル企業の買収，現地の公共機関との連携

　欧米の製薬会社は新興国でのプレゼンスを高め，販売チャネルを確保するために，M&Aだけではなく，現地の政府やローカル企業との連携を進めている（図表13－5参照）。例えば，ロシュはインドのEmcureファーマと，ファイザーはPetrovaxと，GSKはBinnopharmと連携を組み製造を行っている。ノバルティスは，インドの公共機関との連携でインドの農村部でのビジネスを成功させた。

　上記のように，欧米製薬会社はグローバルなサプライチェーンを構築したり，OTC医薬品およびブランドジェネリック医薬品を低価格設定の対象製品としたり，現地政府やローカル企業と連携したりする取り組みによって，低コスト化を実現させている。なぜなら，OTC医薬品やブランドジェネリック医薬品にかかる研究開発費はすでに先進国で回収されてきたので，研究開発にかかるコストが少ない。そして現地調達，現地生産に置き換えることによって製造コストを抑えることができた。また，現地の政府とローカル企業と連携を組むことによって，販路の開拓および流通にかかるコストを削減することができた。このように，欧米の製薬会社はこういった取り組みによってバリューチェーン全体にかかるコストを削減してきた。

　各社とも新興市場で製品を低価格設定での販売を試みている。こうした行動に見えた共通のものがある。それは，製品を低価格で販売する企業の動機である。先進国市場に比べ，新興国市場が製薬会社にもたらす利益は低いにもかか

わらず，なぜ，製薬会社が新興国への参入を図っているのか。それは，新興国は経済成長に伴い，政府が医療保険制度をさらに充実させ，国民の医療費を増額させていく政策を進めているからである。これらの施策により，製薬会社は早期参入し，当該市場におけるプレゼンスを高めることにより，先発医薬品の販売につながり長期的な売上高の成長を達成しようとしている。

4. 日本の製薬会社へのインプリケーション

　新興国への参入が遅れた日本企業や日本製の医薬品の認知度は低い（足立・蝋山・塩入，2011）。日本企業は現地企業やすでに定着してきた欧米企業と競争するためにどうしたらよいか。

　上述したように，欧米企業が低価格設定を実現できるポイントはグローバルなバリューチェーンの構築にある。すなわち，開発，原料調達，製造，販売体制をグローバルなスケールで，かつ，ローコストで構築することである。さらに，これから成長していく新興市場の需要に備えるため，欧米企業は新興国の地域ごとのニーズに応じた研究開発を行っている。

　それに対して，日本企業は生産拠点を新興国にシフトしつつあるが，R&D拠点は日本国内が中心である。また日本企業もOTC医薬品やブラントジェネリック医薬品を低価格設定商品として選んでいる一方，新興国のニーズに応じた新薬研究開発が積極的に行われていない。そして，日本企業はクロスボーダーM&Aも行っているが，クロスボーダーのマネジメントに要するリソース，経験，人材が不足しており，期待の結果が出せないのが現状である[20]。こういったことを踏まえて，日本企業は今後，新興国で欧米企業と競うために，まず低価格設定を維持できる環境，すなわちグローバルなバリューチェーンを構築したうえ，一部限定した低価格設定の商品を提供するだけではなく，新興国の地域ごとのニーズに応じた研究開発も積極的に行われなければならない。

　一方，各社とも新興国での売上高が増加しているものの，その収益率は低い。しかし，新興国消費者は生活水準が向上するにつれて生活習慣も変化し，高血圧に起因する疾病や糖尿病など生活習慣病にかかるリスクが高まる。今後，生活習慣病の市場需要の拡大が期待できる。こういったことを鑑み，製薬会社は，

新興国消費者の所得水準の上昇により，利幅の大きい先発医薬品のビジネスに上乗せしていくことを図っている。したがって，短期的に見ると新興市場での収益性が低いが，長期的な視点から見ると新興国でのビジネスは今後，製薬会社の成長を大きく牽引していくので，長期的な利益が期待できる。

▶注

1　本稿は査読委員会による査読論文である（掲載承認2016年1月8日）。
2　後発医薬品とは先発医薬品の特許が切れた後に販売される，先発医薬品と同じ有効成分，同じ効能・効果を持つ医薬品のことである。後発医薬品は開発コストが低いので低価格で販売される。

　　例えば，アルツハイマー型認知症治療剤の価格について，エーザイ製造の先発医薬品であるアルセプト錠3mgは238.5円/錠であるのに対して，ニプロファーマ製造の後発医薬品であるドネベジル3mgは167円/錠である。

　　医薬品は医療用医薬品と一般用医薬品の大きく2種類に分けられる。医療用医薬品は医師の処方箋のもとに調剤・投薬を行う医薬品である。一般用医薬品は患者が自己責任で薬局等から購入が可能な医薬品である。本章における医薬品は医療用医薬品を指す。
3　詳細については，徐（2016）を参考されたい。
4　大型医薬品はブロックバスター（Blockbuster drug）とも呼ばれており，年間の世界市場での売上が10億ドル以上の医薬品を指している。
5　PharmergingはPharm（aceutical）＋（E）mergingの造語である。
6　IMSによれば，医薬品新興市場は，1人当たりGDPが＄25,000以下の国々である。
7　この背景には，新興国の「強制実施権」の発動がある。強制実施権（compulsory license）は，本来特許発明の使用には特許権者の許諾が必要であるが，一定の条件下において特許権者の許諾を得なくても特許発明（例えば医薬品）を使用する権利を第三者に認めることができる権利が強制実施権である。特許権利者が自ら製品を製造・販売で得られる利益が強制実施権の発動によって大幅に低減される。そして，強制実施権の発動はしばしば後述する医薬品アクセス問題に関連している。
8　IMS Health, "Pharmerging markets: Picking a pathway to success," *White Paper Pharmerging Market.*
　http://www.imsconsultinggroup.com/deployedfiles/consulting/Global/Content（2015/11/12最終アクセス）
9　各国の医療保険制度と薬剤費の参照元は以下のとおりである。
　　アメリカ：厚生労働省「平成25年度　後発医薬品の産業振興及び安定供給確保対策事業報告書」
　　イギリス，ドイツ，日本：泉真樹子（2010）
　　インド，中国：米山正敏（2010）
　　ブラジル，ロシア：足立・蝋山・塩入（2011）：56
　　また，各国のGDPはIMF - World Economic Outlook Databases（2015年10月版）を参照

した。
10　インドにおける規制価格の算定式については，久保（2011）を参考されたい。
11　Tiered pricing, Price discriminationという表現もあるが，同じの意味合いで使われている。
12　需要の価格弾力性は，ある商品の価格の変動によって，その商品の需要量が変化する度合を示すものである。
13　並行輸入とは，正規代理店ルートとは別のルートで真正品を輸入することである。本章の場合では，低価格設定の国から製品を調達し，高価格設定の国々で販売し，差益を稼ぐ取引を指す。
14　ノバルティスはインド農村部販売促進プログラムアロギャ・パリバール（Arogya Parivar）のプログラムを通じて成功を収めてきた。アロギャ・パリバールはインドの農村部を対象にしたビジネスモデルで，2008年に商業スタートした。同社は医薬品（後発医薬品）を少量パッケージにして消費者にあまり負担がかからず購入しやすい形で提供している。2010年初めの営業地域はインド国内の20％をカバーし，顧客層は4,000万人に拡大している。
15　原薬は医薬品を製造するための原料であり，それに結合剤などを加え，錠剤や粉薬に加工する。
16　2015年，ファイザーはアイルランドの製薬会社アラガンとの合併により，本社を米国からアイルランドに移した。
17　ブランドジェネリック医薬品とは特許が切れた先発医薬品のことである。
18　OTC医薬品は「Over The Counter：オーバー・ザ・カウンター」の略で，薬局・ドラッグストアなどで販売されている一般用医薬品で，「大衆薬」あるいは「市販薬」と呼ばれてきた。
19　みずほ銀行調査部（2015）「欧州グローバルトップ企業の競争戦略」
http://www.mizuhobank.co.jp/corporate/bizinfo/industry/sangyou/pdf/1050_02_04.pdf
（2016/01/２最終アクセス）
20　例えば，第一三共とランバクシーの事例が挙げられる。ランバクシーは，2008年，第一三共による買収交渉中に，パオンタ・サヒブとデワス両工場で発生した虚偽データと品質管理の問題で米FDA（Food and Drug Administration：米国食品医薬品局）から米国への禁輸措置が取られた。２工場への措置については，2013年５月に米政府と約５億ドル（約500億円）の和解金の支払いで合意した。同社は，ランバクシーと米FDAとの案件の解決に向けて引当金繰入額500百万米ドルを計上などにより，2012年３月期の純利益は104億（82.5％減）となった。さらに，約５年を費やして和解にこぎ着けたにもかかわらず，2013年９月再び新設のモハリ工場の品質問題で警告を受けた。「第一三共は米FDAの措置を受けてランバクシーの米国の唯一の製造拠点でインドからの輸出分を代替生産する検討に入った。米国の製造拠点で特許の切れた米ファイザーの脂質異常症治療薬やエーザイのアルツハイマー治療薬の後発薬を生産することとなった」（日本経済新聞2013年10月28日付）。しかし，米国での代替生産のコストが低コストのインド拠点より高いことで2014年３期の業績は大幅な減収減益となった。2014年４月，第一三共はランバクシーを同じインド後発医薬品大手，サン・ファーマシューティカル・インダストリーズと合併されることを発表

した。これにより，第一三共がランバクシーを実質売却することになった。

▶参考文献

アステラス製薬株式会社，アニュアルレポート，2006-2014年。
足立興治・蝋山敬之・塩入あずさ（2011）「新興国の医薬品市場への日本企業の参入シナリオ」『知的資産創造』6月号，52-65頁。
泉真樹子（2010）「医療費における自己負担と医療アクセス—保険給付と高額療養費，難病対策その他の公費医療」レファレンス。
エーザイ株式会社，アニュアルレポート，2001-2014年。
久保研介（2011）「医薬品価格規制をめぐる政策議論」ジェトロレポート。
徐玉琴（2015）「製薬会社の新興国にけるプライシング戦略とその財務効果」『年報　日本中小企業・ベンチャービジネスコンソーシアム』第13号，46-62頁。
三共株式会社，アニュアルレポート，2001-2005年。
武田薬品工業株式会社，アニュアルレポート，2001-2014年。
第一三共株式会社，アニュアルレポート，2006-2014年。
第一製薬株式会社，アニュアルレポート，2001-2005年。
藤沢薬品工業株式会社，アニュアルレポート，2001-2005年。
山之内製薬株式会社，アニュアルレポート，2001-2005年。
米山正敏（2010）「書評　井伊雅子編『アジアの医療保険制度』東京大学出版会，2009」『海外社会保険研究』Autumn, No. 172。
PricewaterhouseCoopers（PWC）「ファーマ2020：マーケティングの未来　岐路に立つ医薬品業界」。
Bayer AG, Annual Reports, 2008-2014.
Danzon, P. M., and Towse, A.,（2003）"Differential pricing for pharmaceuticals: Reconciling Access, R&D and Patent," *JOINT CENTER*, Working paper.
Danzon, P. M., Mulcahy, A.W. and Towse, A. K.（2015），"Pharmacetical pricing in emerging markets: effects of income, competition, and procurement," *HEALTH ECONOMICS24*, pp.238-252.
Dranitsaris, D., Dorward, K., Owens, R. C. and Schipper, H.（2015）"What is a new drug worth? An innovative model for performance-based pricing," *European Journal of Cancer Care24*, pp.313-320.
Frank, R. L.（2011）"Pharmaceutical Companies' Variation of Drug Prices Within and Among Countries Can Improve Long-Term Social Well-Being," *HEALTH AFFAIRS* 30, no.8, pp.1539-1544.
GlaxoSmithKline PLC, Annual Reports, 2008-2014.
Hinterhuber, A. and Liozu, S.（2012）"Is it time to rethink your pricing strategy?," *MIT Sloan Management Review*, 53(4), pp.69-77.
INSTEAD（2014）"Arogya Parivar: Novartis' BOP Strategy for Healthcare in Rural India".

Mazumdar, M., and Banerjee, D. S. (2012) "On price discrimination, parallel trade and the availability of patented drugs in developing countries," *International Review of Law and Economics* 32, pp. 188-195.

Moon, S., Jambert, E., Childs, M., and Schoen-Angerer, T. (2011) "A win-win solution?: A critical analysis of tiered pricing to improve access to medicines in developing countries," *Globalization and Health* 7, p.39, 2011.

Novartis International AG, Annual Reports, 2001-2014.

Pfizer Inc., Annual Reports, 2001-2014.

Roche Holding AG, Annual Reports, 2008-2014.

Sanofi K.K., Annual Reports, 2001-2014.

▶第14章

TPPと日本の農業問題

1. TPPの現状と日本の農業問題

　日本では現在，TPPについての議論がなされ，日本政府によって「攻めの農林水産業」を掲げる政策や，農商工連携[1]，6次産業化[2]を推進する政策が打ち出されている。これらを背景に，農業に新たなビジネスチャンスを見出し，同業種のみならず異業種からも，農業分野へ参入する民間企業が増加してきている。農業は，われわれの食料を生産する重要な1次産業であり，防災などの国土保全という役割を担っているにもかかわらず，日本においては他の産業と比較して，その経済的位置づけが曖昧である。農業は本来，自然を相手に行うものであるため，天候などの要因によって，生産物の市場価格が乱高下し，不安定なものとなる。また，日本の農業は，耕作放棄地の拡大や，就農人口の高齢化などから，その存続性が危惧されており，後継者をどのように確保していくのかという課題も存在する。これらのような農業を取り巻く状況を踏まえ，本章では，そのような状況下で，日本における農業はどのようにあるべきなのか，今後の日本における農業の展望を述べる。

　まず，TPPの概要（2016年1月時点）から，日本の農業にどのような影響を与えるのかを見ていくこととする。TPPとは，環太平洋パートナーシップの略であり，オーストラリア，カナダ，シンガポール，チリ，日本，ニュージーランド，ブルネイ，米国，ベトナム，ペルー，マレーシア，メキシコの12カ国が交渉に参加している。これらの経済規模は約3,100兆円で，世界全体の約4割を占める。また，TPP経済圏の市場規模（人口の合計）は約8億人で，世界全体の約1割を占めるようになる。

TPPは，モノの関税だけではなく，サービス，投資の自由化を進め，知的財産，電子商取引，国有企業の規律，環境などの分野におけるこれからの時代のルールを新たに構築しようとするものである。また，大企業だけでなく中小企業などをアジア太平洋地域の市場につなげることで，活躍の場を広げることが可能になり，わが国の経済成長が促進される。さらに，アジア太平洋地域において，普遍的価値を共有する国々との間で経済的な相互依存関係を深めていくことで，地域の成長，繁栄，安定にも資する[3]とされている。TPPに参加する場合の経済の試算が行われており，日本経済にとってプラスの影響が予想されているが，農業への影響としては，安価な海外生産物の輸入によって，国内生産物の立場が揺らぐということが挙げられるだろう。そのため，実際には，参加後の経過を注視する必要がある。

次に，TPP交渉以前から議論されている日本の農業を取り巻く諸問題に関して，代表的な現状を述べる。

図表14－1の日本の農業所得の推移を見ると，製造業と比較して低く，あ

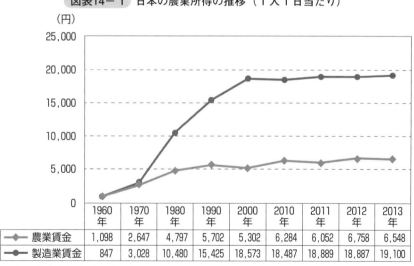

図表14－1　日本の農業所得の推移（1人1日当たり）

（円）	1960年	1970年	1980年	1990年	2000年	2010年	2011年	2012年	2013年
農業賃金	1,098	2,647	4,797	5,702	5,302	6,284	6,052	6,758	6,548
製造業賃金	847	3,028	10,480	15,425	18,573	18,487	18,889	18,887	19,100

出所：農林水産省「平成26年度食料・農業・農村の動向　参考統計表」
http://www.maff.go.jp/j/wpaper/w_maff/h26/index.html（2015年12月25日アクセス）をもとに筆者作成。

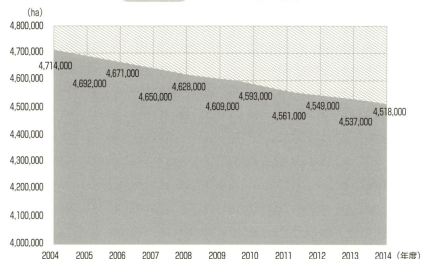

図表14-2 日本の耕地面積の推移

出所：農林水産省「平成26年耕地面積」http://www.maff.go.jp>menseki_kouti_14_1
（2015年12月25日アクセス）をもとに筆者作成。

まり上昇していないということがいえる。デフレ期には価格支持等の農業保護も縮小され、他方で食品産業のバイイングパワーの増大が需要減少とともに発生し、さらに輸入農産物の増大、投入資材価格の上昇等の要因が複合的に影響し、農業所得が急速に低下した。この時期に日本の農業は総体として衰退が進行したのである[4]。農業の所得を製造業のものと同水準まで引き上げることが課題の1つであり、そのためにも農業の収益化が必要になってくると考えられる。そして、**図表14-2**は日本の耕地面積の推移を示したものである。耕地面積が減少しているということは、農業を行う土地の活用が不十分であるということを意味するため、効率的に利用することが必要になってくる。これらの他にも、就農人口の高齢化という課題が存在する。これらの課題は、長期的に日本全体の課題として取り組むべきものであるが、どのような解決策が考えられるのか。そのことに関しては、後述する。

2. 日本政府の取り組みと農協の役割

　以上のような農業における諸問題を踏まえ，ここでは日本政府と農業協同組合（以下，農協）の取り組みと役割について見ていくこととする。

　まず，日本政府による取り組みと役割である。現在の日本においては，農業に関するさまざまな政策がとられ，農業の大規模化が促進されている。しかし，現況の政策と大規模化に関しては，必ずしも日本の農業に見合ったものとは限らないと考える。その理由は次のようなことである。まず，農地に関する法律が障壁になっている可能性があると考えられる。図表14－3は主に農地に関する法律を整理したものであるが，現在の改正農地法では，農地転用の際の利用目的が，農林水産省の定める範囲内に限定されているのである。例えば，このような制限を取り去り，農地を有効活用することができれば，遊休土地や耕作放棄地の数も減少するのではないかと考える。また大規模化についても，日本の国土面積や農地面積などを考慮すると，すべての農家が大規模化できるとは言い難い。そこで一概に大規模化するのではなく，大規模化できる場合と，中小零細規模の場合に区別し，まずはそれぞれの長所を活用した農業に特化していくという方法も考えられる。さらに，現在の農業政策は，個別の地域が抱える課題をそれぞれに考慮したものではなく，一概に取りまとめたものとなっている可能性があるため，地域ごとの特徴を考慮した，緻密なものにしていく必要があると考える。例えば，先に述べた農商工連携というものは，経済産業省と農林水産省の協働施策という形態をとっているが，その中身は従来ある中小企業向けの連携施策に農業者を加えた構造になっており，実態は，中小企業政策の舞台に農業者を乗せる，中小企業政策を農業者に利用してもらうというものになっている[5]。

　さらに現在，政府は，オランダの施設園芸の手法を参考に日本型にアレンジした，農業の成長産業化推進のための「次世代施設園芸導入加速化支援事業」を全国9カ所[6]で実施している。野菜や果樹，花きといった園芸作物は，日本の農業産出額の約40％を占めており，施設園芸は労働集約型農業として，雇用確保の面でも大きな期待が寄せられている。また世界では，日本の半分以下の

図表14-3 日本の農業関連政策

制定年	政策・法律（ポイント）
1999年	食料・農業・農村基本法（旧農業基本法を改正し，農家の保護から，食料の安定供給の確保や農業の多面的機能を重視し，農業の持続的な発展，農村の振興を目的とするものである。）
2005年	改正農業経営基盤強化促進法（株式会社やNPO法人に対してリース方式で営農を認める農地リース制度が規定されている。）
2008年	農商工等連携促進法（農商工等連携事業と農商工等連携支援事業を基盤とし，中小企業者や農林漁業者の活性化を図るものである。）
2009年	改正農地法（農地の所有権と耕作権を分離し，農地の貸借権を原則自由化するものである。）
2011年	六次産業化・地産地消法（六次産業化と地産池消を総合的に推進することにより，農林漁業の振興を図るものである。）
2012年	人・農地問題解決加速化支援事業（地域との継続的な話し合いにより，担い手の農地集積・集約化を円滑に推進し，青年新規就農者を毎年2万人ずつ定着させることを目標とするものである。）

出所：農林水産省「食料・農業・農村基本法のあらまし」，「改正農地法について」，「地域資源を活用した農林漁業者等による新事業の創出等及び地域の農林水産物の利用促進に関する法律（六次産業化・地産地消法）について」，「人・農地問題解決加速化支援事業」，経済産業省関東経済産業局「農商工等連携とは」をもとに筆者作成。

農地面積しか持たないオランダが，約1万ヘクタールの施設面積で輸出額世界第2位の輸出大国になっている。日本は高い技術力を投入するとともに，早急に施設を集積することで，世界を相手にした農業を構築することが求められている[7]。

以上のような政策の共通項として，企業と農業者が連携して取り組むということが挙げられる。そしてこのことは，今後の日本の農業を考えていく際に重要なキーワードになり得ると考える。今後政府は，減反を廃止したり，段階的に補助金を減少させるなど，活力のある農家や後継者が中心となるような方針をとる予定であるが，いずれにせよ，長期的な視点で農家の自立化を促すことで，効率的な農業を行うことができるような基盤をつくり，農業全体の競争力強化を支援していく必要があると考える。

次に，現在の日本における農協に関して述べていく。

農協の前身は，明治期に産業組合法に基づき設立された産業組合である。そ

の後，第2次世界大戦後に，産業組合は，新たに制定された農業協同組合法により，現在の農協に再編・整備された。その後の戦後復興期以降，いわゆる農工間所得格差といわれる問題が発生し，農協は戦前期に引き続き「農家の貧困問題」に対処することになったのである。農協はこの間，農業所得の維持・向上を目的に，産業組合から引き継いだ組織・事業体制の枠組みで，経済，信用，営農指導など，広範囲にわたる事業・活動を展開した。他方，政府には問題解決のために必要な対策を要求し，農業基本法などの法制度の確立に導いた。農協は，農政のもとで農家＝組合員の減少につながる農業構造改革では政府に対抗したが，価格政策では米価の引き上げなどを獲得したのである。そのような状況を経た，農協の新たな課題の1つは，地域農業の維持・存続への貢献であるといえる。地域における兼業農家は農業所得で生活しているわけではないが，地域農業の存続は，彼らが地域社会に居住し続けるための条件になる。一方，専業農家にとっては，農業所得の確保・増大が必要であり，その意味では地域農業の維持・発展は不可欠である。このため，地域の農家の取り組みを助長し，集落営農やその他のシステムを構築するなどして組織的に地域農業を維持・存続させる対策を講じることが求められる。しかし，農協はこれまで，農家の維持・存続を考えるあまり，専業農家などが兼業農家の農地を集約・集中することを必ずしも歓迎してきたわけではない。農協が農地利用調整に携わることは，まだ容易ではないと考えられる。まずは，地域における他の森林，漁業組合や，関係企業などの連携をコーディネートしたり，資金供給を担うなど，果たすべき役割は多い。また，近年の農協の決議などにおいて問題とされることは，依然として地域農業の振興の中心に農業所得の増大を置いていることである。もとより，農家にとって農業所得の確保は重要である。しかし今日の農業問題のもとで，兼業農家がより強く要求していることは，非農業所得あるいは雇用の確保であり，専業農家がより強く要求していることは，自分たちの経営努力を助長する支援の仕組みであろう。そのような点で，最も優先すべき農協の役割は，地域農業の維持・存続に必要な社会システムの構築や，農家の経営支援の拡大などである。さらに，農協は農業問題の発生に伴って設立された歴史的な存在であることが明確にされていない。高度成長期以降，農協は，農村の都市化や混住化の進展とともに准組合員が増加し，実質的に地域協同組合化したと

いえるが，農協の本質は農家の組織である。農協は，農業問題に対処する組織であるという歴史的な役割が終了すれば，もはや存続の必要はない。その意味では，農協が地域協同組合として継続するものではないのである。農協の歴史的な役割をどのように捉えるかは大きな問題であるが，農家は，昨今の農業問題の局面のもとでますます維持・存続が困難となる事態を迎えている。このような事態に対処して，農家の組織として可能な範囲で問題の解決にあたるのが農協の基本的な使命であり，今後もそのような役割を果たし続ける間は存続が必要であると考えられる[8]。農協は，組織された当初の，農家の貧困問題への対処という目的も有するが，TPP等による国際競争力の低下への懸念がある現代においては，貧困問題の解決だけに集中するのではなく，農産物の販売や流通面にも注力する必要があると考えられる。実際に，現在の農協の事業内訳を見ると，販売，購買，共済事業の取扱高が減少しているのに対し，信用事業の取扱高は増加している。また現在は，農家は自身の県の農協しか利用することができないが，例えば利用する農協を自由に選択できるようにする仕組みをつくれば，農業が活発化していくと考えられる[9]。農協では現在，営農指導者が不足し，金融事業の割合が増加しているという状況が見られるが，本来の役割を見直す必要があるのではないかと考える。

3. TPPの時代における農業のあり方

　以上のような日本における農業を取り巻く現状を把握したうえで，これからの時代における農業のあり方を考察する。TPPの時代においては，日本の農業は次のようなキーワードが必要になると考えられる。

　1つ目は，これまで以上の効率化を進め，コストを削減することである。なぜならば，生産量や価格面では，日本の生産物は海外の生産物に対抗することは不可能であるからである。これらの側面をカバーするためには，効率化によってコストを削減することが必要になる。

　2つ目は，高付加価値商品を生み出すことである。具体的には，ITを駆使したシステムの構築による生産管理や流通を実現させることによって，人件費や在庫の削減を可能にしたり，栄養価の高い生産物などを生み出すということ

である。付加価値という言葉は，さまざまな領域で頻繁に使用されており，結局は顧客満足という言葉と類似していると考えられるが，農業にとっての付加価値は，生産者にとっての付加価値（例えば労働条件の改善によって作業の負担が減少するなど）も考えられるが，最終的には食料としての価値であると考える。なぜならば，農業の最も重要な役割は，われわれの食料を生産し，供給するということであると考えるからである。食料としての価値は，例えば，安全でおいしく，健康を維持・向上させる機能を持つものであると定義する。このような食料としての価値を継続させるものを，農業における高付加価値商品として捉えることとする。

　以上の高付加価値の定義を踏まえ，農業における高付加価値商品を理解するために，ベトナムの事例を見ていくこととする。

　ベトナムは，野菜生産に有利な自然環境を持ち，高地においては，温帯野菜類も栽培可能である。ハノイなどの人口の多い都市の周辺地域では，近年，キャベツ，キュウリ，トマト，唐辛子などの野菜の集中生産エリアが形成される傾向がある。また，Viet GAPというASEAN GAPを参考にしたベトナム農業農村開発省が定める農業生産管理基準も設けられている。これは農産物の安全性を保証するために，栽培，収穫，保存などの諸作業工程を規定するものであり，農産物の品質向上，生産者や消費者の健康の保証および環境保護もその目的に含まれる。Viet GAPを取得するためには，まず，貯蔵施設（肥料や農機具の倉庫，施錠可能な化学薬品の倉庫，廃棄物収集場所，労働者用トイレを含む）と収穫物の一次処理・加工および一時保管施設といった，必要な施設を整備する必要がある。その後，土壌や水を分析し，内部監査などを経て，Viet GAPを認定するのである。タインホア省におけるヘチマ生産30世帯を調査した結果，Viet GAPを導入している農家は，導入していない農家と比較して，売上高，利益率が高いことがわかった（**図表14－4**）。このViet GAPの目的や認定手順，経済効果を踏まえると，これを取得した生産者や企業は，高付加価値商品を生産している可能性が高いということができると考えられる。しかし，ベトナムの野菜総栽培面積830,000haに対して，Viet GAP基準を満たす面積は2,000ha程度である。この理由として，Viet GAPの内容が複雑でベトナムの現状に適していないこと，認定のための資金を要すること，Viet GAPに対する

図表14－4 タインホア省における個人農家によるヘチマ生産の経済性

指標	単位	農業農村開発省の支援を受けた農家（Basic Viet GAP）	支援を受けなかった農家
1 平均生産量	ton/ha	11.3	10.7
2 平均販売単価	VND/kg	8,000	8,000
3 総生産高	1,000VND	90,400	85,600
4 材料費	1,000VND	13,046	16,709
5 労務費	1,000VND	51,740	56,878
6 固定資産減価償却費	1,000VND	2,598	1,961
7 原価（4＋5＋6）	1,000VND	67,384	75,548
8 利益（3－7）	1,000VND	23,016	10,052
9 1kgに対する利益	VND	2,036.8	939.4
10 原価に対する利益比率	％	34	13

出所：日本貿易振興機構調査レポート「ベトナムにおける高付加価値野菜の栽培・流通関連制度調査」
https://www.jetro.go.jp/world/reports/2015/02/f02aa2a7f34d0b98.html
（2015年12月25日アクセス）

消費者の認識や評価が低いこと，生産者のViet GAPに対応する能力や知識が不足しており，教育の機会も少ないこと，Viet GAPの普及啓発活動が不十分であることなどが挙げられている[10]。以上のような理由から，情報発信も，農業における高付加価値商品を生産する際には重要となると考えられる。

3つ目は，企業との連携である。**図表14－5**の日本の営農数の推移によると，現時点では非法人の割合が高いが，法人の割合が増加の傾向にあるということがわかる。営農体の法人化は，政府によって推進されてきており，対外信用力の向上によって税制特例や融資を受けることが可能になり，経営管理能力の向上や福利厚生の充実，安定雇用につながるという利点がある[11]。また，このような法人化は，農業所得の増加も目標の1つとされているのである。農業の効率化を図るためには，生産者の努力のみでは達成することができない部分を，民間企業が補完し，協力していくことが重要になってくると考えられる。例えば，設備投資や資金調達の面で，支援していく姿勢が，日本の農業問題を社会全体で解決していくために求められていると考える。しかし，この際，農業へ参入する企業の目的が何かという点を考えなければならない。近年，民間

図表14-5　日本の農業法人数の推移

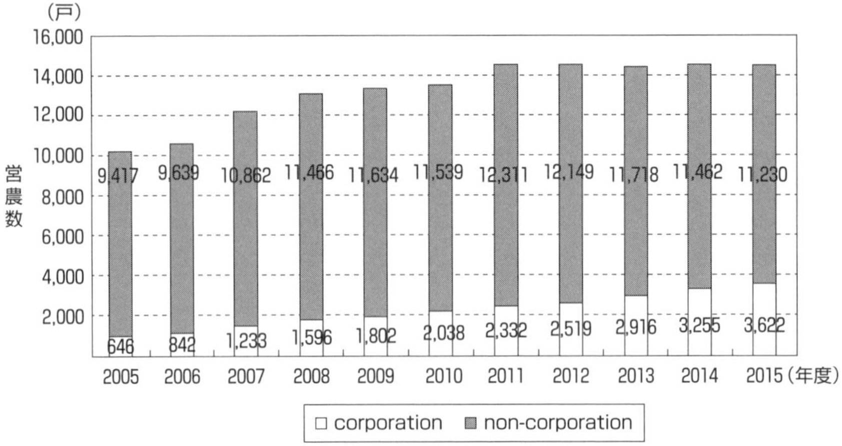

(戸)

年度	corporation	non-corporation
2005	646	9,417
2006	842	9,639
2007	1,233	10,862
2008	1,596	11,466
2009	1,802	11,634
2010	2,038	11,539
2011	2,332	12,311
2012	2,519	12,149
2013	2,916	11,718
2014	3,255	11,462
2015	3,622	11,230

出所：農林水産省「集落営農実態調査（平成27年2月1日現在）」をもとに筆者作成。

　企業が農業にビジネスチャンスを見出し，新たな市場を開拓するために新規参入しているが，企業は，農業に関連するビジネスを行うことで，自社の利益追求を行っている。これは，参入先の農業や地域の利益を必ずしも考慮したものではないため，企業，農家，地域の連携がなされない可能性があり，長期的な共栄が見込めないと考える。企業は，農業に関連するビジネスを行う際，付随的に農業の活性化につなげるのではなく，最初から農家や地域の利益も考慮したビジネスを行うことが重要であると考える。企業には，自己の利益追求のみを行うのではなく，全体の利益を増加させるように生産者や地域と連携し，6次産業化を進め，地域における農業を支援する姿勢が求められると考える。地域との連携に関して岸川（2010）は，アグリビジネスと地域社会は，共存することが重要であると述べている。

4. 課題と今後の日本の農業

　最後に，本章の内容から，日本の農業のさらなる課題と今後の展望を述べ，結論とする。まず，今日ではTPPが，日本のみならず，アジア全体で取り組むべき課題となったことは，参加国を見ても明らかである。そして日本政府は，

TPPの議論に関連して，農業には改善すべき点があり，成長の余地があるという考えから，成長戦略の一環として掲げている。しかし現状では，日本の農業問題には，未だに著しい改善は見られない。なぜ，日本における農業には改善の兆しが見られないのか。その理由の1つとして，日本の農業が，他の産業と比較して効率化していないということが挙げられる。これまでの農業は，生業的な性格が主であり，営農所得も低く，生産物の流通や販売まで重点を置くものではなかったと考えられる。仮に販売まで手がけたとしても，結果的に出来上がった生産物だけを販売するというプロダクトアウトの流れが一般的であったため，今後は，あらかじめ需要の見込める生産物を計画して生産するなど，最終目的地の消費者のニーズまで視野に入れたカスタマーインの流れにし，マーケティングの面でも効率化を図る必要があると考える。農業に企業経営のような視点を取り入れ，ビジネス化を行うことで，利益を確保するための効率化を図るようになると考えられ，農業を経営活動として捉えると，自ずと利益を上げるために，例えばコスト管理などのリスクマネジメントが重要であると認識されるようになる。そのようになれば，これまでの生業的な性格の農業や，結果的に出来上がった生産物だけを販売するという傾向から，効率的で一層の利益や所得を見込める可能性を有する農業に変化し，日本農業全体の成長にもつながると考えられる。日本の農業問題は，農業分野における対応だけではなく，少子高齢化社会への対応という視点からも解決させていかなければならない。日本の農業の効率化への取り組みは，次稿以降の課題とし，事例などを用いて検証する。

　また，近年においては，東日本大震災の際に起きた福島第一原子力発電所の事故によって，企業のあり方が再び問われるようになり，持続的な発展を視野に入れた社会との共存も求められる時代になってきている。そのため，今後は，気候変動や原子力発電所の事故などに対応しながら，生産者，政府，企業，地域が連携していかなければならない。日本の農業の持続的な発展を視野に入れるのならば，農業の所得や収益性の向上，効率化が必要である。さらに，日本がTPPに本格的に参加するならば，日本農業は，他国の生産物が流入してきても揺るがないような安定した基盤をつくり，国際競争力を強化していくことも要求されるようになる。それらに対応していくためには，今後も長期的な視

点を用いてビジネス化を進め，自立した産業へ発展させていくことが必要になると考える。

▶注

1　平成20年に施行された「農商工等連携促進法」をその根拠法とする。その内容は，一次産業と二次産業と三次産業が連携して地域資源を活用し，互いの強みを生かし，新たな事業を創造し雇用を創出することによって，地域を活性化することを目的とするものである。（後久（2013），2頁。）
2　平成23年に施行された「六次産業化法」をその根拠法とする。その内容は，地域資源を活用した農林漁業者等による新事業の創出等に関する施策及び，地域の農林水産物の利用の促進に関する施策を総合的に推進することにより，農林漁業者等の振興を図るとともに，食料自給率の向上等に寄与することを目的とするものである（後久（2013），2頁）。
3　内閣官房TPP対策本部「環太平洋パートナーシップ協定（TPP協定）の概要」
http://www.cas.go.jp/jp/tpp/naiyou/index.html（2015年12月25日アクセス）
4　室屋（2014），28頁。
5　室屋（2014），50頁。
6　北海道，宮城県，埼玉県，静岡県，富山県，兵庫県，高知県，大分県，宮崎県（2014年時点）。
7　農林水産省（2014）『次世代施設園芸の全国展開―攻めの農業の旗艦』
8　両角（2013），211-221頁。
9　WISDOM「本間正義―日本農業の再生」
https://www.blwisdom.com/linkbusiness/linktime/future/item/2291-11.html
（2015年4月20日アクセス）
10　日本貿易振興機構調査レポート「ベトナムにおける高付加価値野菜の栽培・流通関連制度調査」
https://www.jetro.go.jp/world/reports/2015/02/f02aa2a7f34d0b98.html
（2015年12月25日アクセス）
11　農林水産省「法人経営のメリット」
http://www.maff.go.jp/j/kobetu_ninaite/n_seido/houjin_merit.html
（2015年4月20日アクセス）

▶参考文献

稲本志良・桂瑛一・河合明宜（2006）『アグリビジネスと農業・農村―多様な生活への貢献』放送大学教育振興会。
河合明宜・稲本志良（2010）『アグリビジネスの新たな展開―豊かな食生活への貢献』放送大学教育振興会。
岸川善光・朴慶心（2010）『アグリビジネス特論』学文社。
後久博（2013）『6次産業化実践ハンドブック―成功の秘訣はプロデュース力』ぎょうせい。

清水徹郎（2007）「協同組合理論の展開と今後の課題」農林中金総合研究所『農林金融』12月号。
髙橋正郎（2014）『日本農業における企業者活動』農林統計出版。
農林水産省（2013）『平成25年版食料・農業・農村白書』農林水産省。
農林水産省（2014）『平成26年版食料・農業・農村白書』農林水産省。
農林水産省（2014）『次世代施設園芸の全国展開—攻めの農業の旗艦』農林資産省。
室屋有宏（2014）『地域からの六次産業化—つながりが創る食と農の地域保障』創森社。
両角和夫（2013）「我が国農業問題の変化と農協の新たな課題—地域社会の維持，存続に貢献する体制のあり方」日本農業研究所『農業研究』第26号。
WISDOM「本間正義—日本農業の再生」（2015年4月20日アクセス）
　https://www.blwisdom.com/linkbusiness/linktime/future/item/2291-11.html
経済産業省 関東経済産業局「農商工等連携とは」（2015年4月20日アクセス）
　http://www.kanto.meti.go.jp/seisaku/chikishigen/nousyoukou/nousyoukoutoha.thml
内閣官房TPP対策本部「環太平洋パートナーシップ協定（TPP協定）の概要」（2015年12月25日アクセス）
　http://www.cas.go.jp/jp/tpp/naiyou/index.html
日本貿易振興機構調査レポート「ベトナムにおける高付加価値野菜の栽培・流通関連制度調査」（2015年12月25日アクセス）
　https://www.jetro.go.jp/world/reports/2015/02/f02aa2a7f34d0b98.html
農林水産省「食料・農業・農村基本法のあらまし」（2015年4月20日アクセス）
　http://www.maff.go.jp/j/kanbo/kihyo02/newblaw/panf.html
農林水産省「地域資源を活用した農林漁業者等による新事業の創出等及び地域の農林水産物の利用促進に関する法律（六次産業化・地産池消法）について」（2015年4月20日アクセス）
　http://www.maff.go.jp/j/shokusan/sanki/6jika/houritu/
農林水産省「集落営農実態調査（平成27年2月1日現在）」（2015年4月20日アクセス）
　http://www.maff.go.jp/j/tokei/sokuhou/syuraku2015/index.html
農林水産省「平成25年度食料・農業・農村の動向 参考統計表」（2015年4月20日アクセス）
　http://www.maff.go.jp/j/wpaper/w_maff/h25/index.html
農林水産省「平成26年度食料・農業・農村の動向 参考統計表」（2015年12月25日アクセス）
　http://www.maff.go.jp/j/wpaper/w_maff/h26/index.html
農林水産省「平成26年耕地面積」（2015年12月25日アクセス）
　http://www.maff.go.jp>menseki_kouti_14_1
農林水産省「法人経営のメリット」（2015年4月20日アクセス）
　http://www.maff.go.jp/j/kobetu_ninaite/n_seido/houjin_merit.html
農林水産省「人・農地問題解決加速化支援事業」（2015年4月20日アクセス）
　http://www.maff.go.jp/pdf/03_26_kettei
農林水産省「改正農地法について」（2015年4月20日アクセス）
　http://www.maff.go.jp/pdf/kaisei_gaiyou

▶第15章
ハイアールのモジュール化戦略

1. モジュール化とは

　本来，モジュールはシステムの設計上の概念であり，システムを構成する要素であると位置づけられる。米ハーバード大学のボールドウィン教授（Carliss Y. Baldwin）とクラーク教授（Kim B. Clark）は，2000年に出版した"*Design rules : the power of modularity*"の中でIBMのシステム/360の事例研究に基づいて，モジュールの概念について論じた。このシステム/360は，異なるプロダクト・ラインの製品や他社製のコンピューターの併用を可能にした世界初の汎用コンピューターである[1]。従来のコンピューター間の互換性は低く，企業は新製品を設計する際に，オペレーティングシステム，プロセッサーと周辺機器を開発するため，膨大な費用が必要となる。IBMのシステム/360は，コンピューター設計のような複雑なシステムを，情報の処理，入力，記録などの機能別でいくつかのサブシステムに分解した。さらに，IBMはパソコンと周辺機器の機能を正しく機能させるために，設計情報の一部を公開した。したがって，異なるモデルのシステムに互換性を持たせて，周辺機器を共用できるようにした。

　図表15－1のように，モジュール化することで，部品を集約することができる。そのため，各モジュール部品に完結する機能を持つことで，モジュールの設計者にとって部品間のルールであるインターフェースに従えば，独自で設計できるようになるのである。したがって，最終製品の設計者は，インターフェースどおりに設計された部品を寄せ集めることで，製品の全体機能を達成することができる。インテグラル型とは，部品間に機能を交錯して，機能ごとに部品を分類することができないような構造である。1つの機能の設計または部

第15章　ハイアールのモジュール化戦略　211

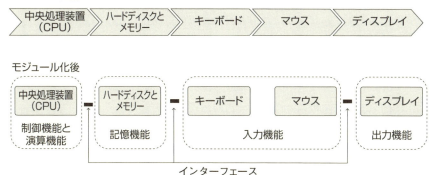

図表15-1　モジュール化

出所：筆者作成。

品を調整するために，新たにより多くのモジュール（部品）の調整が必要となる。

このように，モジュールは「システムの分解，製造部品の汎用化，企業間の専門化と分業化」として幅広く応用されて，常に進化している。しかし，モジュールは多様な分野に即して，定義が異なるのである（青木，2002）。そのため，本文で扱うモジュールとは，複雑なシステムを構成するような，独立性が高く，かつ一定のルールに基づいて連結されたサブシステムであるとする。また，ルールに従って，半自律的なサブシステムに分解することはモジュール化である。各サブシステムを結合するルールはインターフェースであり，そのインターフェースとサブシステムをどのようにデザインするかという設計構想はアーキテクチャである。

現在では，モジュール化は開発と製造コストを削減するために，自動車，家電などの製品の製造まで広がっている。製造において，モジュール化は，設計の段階から部品の汎用化を図ることから，部品点数の削減によるコストの低減効果がある。フォルクスワーゲン（Volkswagen AG）はMQB[2]というモジュール設計概念を開発して，セグメントを超えて，共通の部品を増やすことによって，生産コストの削減と製品価格の低減を実現し，競争力を高めた（Buiga, 2012）。また部品に関して，モジュール化ごとに生産することと，共通ルール

(インターフェース)を改善することによって、生産性の向上を実現した。さらに、外部から調達できるモジュールのボリュームが拡大したため、サプライヤーと製造、開発、調達などの側面で強い提携関係で結ばれている(Csizmazia, 2014)。

また、組み立てメーカーが、集成度が高いモジュールを外部に委託する場合は、モジュール的調達システムが成り立つ。サプライヤーからより細かく分解した部品を納入するのは、モジュール的調達システムである。そして、モジュールを委託された部品メーカーは独自の組立ラインを持ち、複数の企業から部品製造を受注する。

こうした部品製造や組み立てなどの一部工程を企業外部に委託することを、アウトソーシングという。さらに、今日において、労働集約的な部分だけではなく、企業はグローバルに展開しているなかで、現地の消費者のニーズに合わせて商品を開発するために、**図表15－2**のB社のように、新製品の研究開発も外部の企業にアウトソーシングすることがある。

モジュール化は、1つの設計手法から組織の関係まで拡張してきた。その代表的なものには、アウトソーシングという、生産、設計などを外部企業に委託する戦略がある。企業にとって、アウトソーシングは、これを通じて小規模の資本で市場参入できることとキャッシュフローが節約できるというメリットも

図表15－2 アウトソーシングの種類(形態別):OEMとODM

- OEM:A社は部品の製造と組み立てを外部にアウトソーシングする。

- OEM:B社は部品の製造と組み立てを含めて、新製品の研究機関まで外部にアウトソーシングする。

出所:筆者作成。

大きいのである。

　では，なぜ，米国ではEMSのような，生産活動を外部にアウトソーシングする傾向になるのか。その理由を伊藤（2004）は，当時，米国的な企業経営の第1の目標は株主価値経営であった。株主価値の向上とは，将来においてより多くのキャッシュフローを獲得することである。そのため，企業は固定資産や流動資産の低減を図ろうとした。また，市場占有変動が利益やキャッシュフローに与える影響を低減させるために，固定資産の低減や部品，仕掛品の棚卸の低減を行ったからであると述べている。

　このように，総資産の低減とキャッシュフローの安定化による株主価値経営を目的として，欧米ではアウトソーシングの傾向が高まったのである。それに対して多くの日本企業は，アウトソーシングを行う目的を，部品の調達を通したコストの削減であるとしている（冨浦，2010）。

　また，アウトソーシングは，企業にとって，内部で製造するよりも外部から部品とサービスを調達するほうが優位性があるため，経営効率を高めるための手段の1つとなる。戦略的なアウトソーシングは，外部からの調達による費用の削減効果を測定することが困難であるが，資本の効率を高めるということは確実である。例えば，企業は部品の組み立てなどの工程を外部にアウトソーシングすることで，利益が同じでも，資本の削減によってROEを高めることができる。OEMメーカーは，資本規模を拡大した一方，規模の経済によってコスト削減と資本回転率を高めることで，ROEを高めることができる。

　これまでの先行研究の中では，モジュール化とアウトソーシングの関係はまだ統一されていない（Campagnolo & Camuffo, 2010）。それは，各企業の優位性が，製品のアーキテクチャや市場への参入のタイミングによって異なるためである。すなわち，製品のモジュール化とアウトソーシングに関する選択は，企業にとって優位性を獲得するための手段の1つといえる。

2. ハイアールの特徴（なぜモジュール化が必要なのか）

　ハイアールは独自のモジュール化戦略で成長して，2014年度のROEは37％

となり，総合家電メーカーの中で高いほうである。ハイアールもオープンなアーキテクチャに基づいて，部品を調達していた。しかし，ハイアールは単なる部品の組み合わせではなく，モジュール化の部品の設計と製造に重点を置き，製品の多様化とコストを両立した。特に，2001年以降，中国はWTO（World Trade Organization：世界貿易機関）に加盟することで，国内の経済発展に伴って成長しているが，家電製品の関税が大幅に下がり，国内メーカー製品が駆逐されるといわれる（鮫島，2001）。中国家電メーカーは技術提携と中間財の調達を通して完成品の製造を行っている。その状況で，ハイアールも，外国企業との提携を通して，製品の差別化を図った。米国のエマソン社（Emerson Electric Co.）と洗濯機のモーターを共同開発し，三洋電機からもコンプレッサーなどの基幹部品を調達していた。エマソン社はドラム式のユニバーサルモーターとうずまき式用のスピードモーターを供給しているが，ハイアールはこれらの技術を用いた洗濯機を中国国内で最初に開発した（天野，2005）。タイの家電市場においても，ハイアールは現地で他社の部品を採用する割合が大きかった（川井，2010）。ハイアールのモジュール化も製品の多角化とグローバル展開に適応するために行われたものである。そして，製品をより大きなモジュールに分解することで製造コストと多様性の両立が実現した。

　ハイアールは1984年12月，青島冷蔵庫総廠として創業した。1987年，ドイツメーカーLiebherr社との技術提携を経てハイアールに改称した。1999年，アメリカに中国白物家電メーカーとして初の生産センターを設立した。現在，ハイアールは，製造・販売・研究開発を「三位一体」の戦略として堅持して，青島ハイアールとハイアール・エレクトロニクス・グループの2つのグループで，6つのブランドを，世界100カ国の地域で展開している。グループとして家庭用電化製品，通信，ITデジタル製品，家庭用家具，物流，金融，不動産，バイオ医薬品まで事業を拡大してきた。

　現在，ハイアールグループの中核企業である青島ハイアールは上海証券取引所に上場されている。2014年度年次報告によれば，総資産は750億元，連結売上高は887億元，連結税引き前利益は80億元，従業員数は54,286人である。2010年の白物家電のブランド別世界販売台数シェアが6.1％であり，2年連続で世界1位となった。2014年においても，冷蔵庫と洗濯機のトップシェアを維

持した。

　2002年から2004年まで，ハイアールはモジュール化の製品と設計のプロセスに関する取り組みを始めて，洗濯機のモジュール化部品を製品全体の90％に実現した（Huang, Ouyang & Feng, 2008）。そして，2006年から2010年まで，ハイアールは国際ブランド戦略を掲げた。インターネットの時代に，消費者はメーカーに対して製品ではなく，サービスの向上を求めるようになった。それに向けて，メーカーはサービスの提供へ改革しなければならなかった。そのために，2つの目標が必要となった（ハイアールのプレスリリース，2010a）。1つ目は，在庫ゼロのもとに，需要に対して即座に製品を提供できることである。2つ目は，販売網，物流網とサービス網のインターネットとの統合である（ハイアールのプレスリリース，2010b）。

　1つ目の目標を実現するために，モジュール化生産を導入した。また，統合される消費者のニーズに対して，モジュール部品を調達した。その結果，生産性が向上して，生産ラインが短縮されることによって効率が高まった。

　中国には多くのメーカーが存在している。中国の家電メーカーは，高度な技術が要求される基幹部品を，日本や韓国企業などから調達している（新宅・加藤・善本，2005）。このことにより，中国企業と外国企業との間で，部品の調達と技術の提携による垂直分業の構造が形成される。さらに，中国の家電市場における供給過剰と価格競争が長期化するなかで，メーカーは短期的な利益を追求する傾向が強いのである。そのため，メーカーにとって，基幹部品をモジュールとして外部から購入し組み合わせる生産方式は，短期の収益を確保することを可能にするのである。そして，中間財としてのモジュール部品の購入は，多額な設備投資と開発費を節約することができ，キャッシュフローの負担を低減する。しかし，ハイアールはこのような財務費用を節約だけではなく，市場の需要の観点からモジュール化を行っている。

　最初に，ハイアールは二層式洗濯機のモジュール化から始めた。例えば，世界各地で洗濯機を販売する場合は，電圧が異なるため，改めて設計する場合には，約200以上の電気モーターが必要となる。ハイアールはモジュール化の設計に基づいて，部品の汎用性と互換性を高めることによって，20個のモジュールで各地域の顧客のニーズに合わせることを実現した。モジュール化は単なる

コスト削減だけではなく，市場と顧客のニーズにも応えることができた。また，製品のモジュール化以前には，洗濯機だけで二百のモデルがあり，約三千の部品を調達しなければならなかった。したがって，その三千の部品の調達プロジェクトが必要となり，新規モデルの増加によって，各部門の負担が多くなっていったわけである。しかし，洗濯機の動力や，コントロールと攪拌などの機能を二十のモジュール部品で構成し，標準化した部品を導入することによって，486モデルまで生産することを実現した。その後，他の製品にもモジュール化を浸透させた。

2007年，中国政府は農村における生活水準の向上に向けて，農民に対して家電購入補助制度を行った。ハイアールは1990年代から農村市場における販売拠点を構築した。当時，農村の住宅には温度差が大きく，接地工事が行われなかったことで冷蔵庫の性能を落とすことにつながった。そのため，低気温でも起動できる技術を開発し，給湯器に使われる漏電遮断技術を取り入れた。そして，このような技術の導入で生じた価格の上昇を抑えるために，製品のモジュール

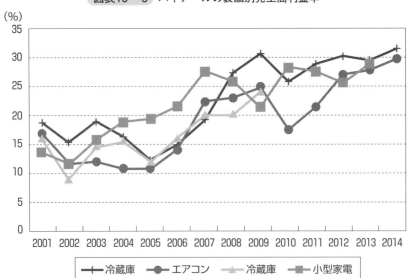

図表15-3 ハイアールの製品別売上高利益率

注：売上高利益率は製品別の売上高に対する製品別の売上総利益の割合である。
出所：ハイアールの各年度財務報告書をもとに筆者作成。

化設計によって，部品の標準化を高めることでコストの削減ができたのである。

図表15－3で示したように製品別の売上高利益率を見ると，ハイアールは異なる顧客のニーズをモジュール部品に合わせることで，製造から販売に至る期間を短縮し，製造コストの削減を可能にした。また，製品の機能ごとのモジュール化は，特定の製品に関する技術の開発費用の増大を防ぎ，デザインとモジュールの開発に重点を置くようになった。

3. 水平と垂直の構造

こうした製品のモジュール化の進化は，ハイアールの市場志向に基づくビジネスプロセスに支えられた（Dai & Zhao, 2004；Wang, Chen & Li, 2008）。図表15－4のように1998年，ハイアールは，ビジネス・プロセス・リエンジニアリング（Business Process Re-engineering：BPR）によって，根本的に企業行動を見直した。

営業部門と製造部門などの部門間に市場の競争メカニズム（ハイアールでは市場チェーンと呼ぶ）を導入して，企業内部に市場取引の関係を構築した。その各部門間の契約による連結された関係は，市場連鎖と呼ばれる。ハイアールにおける市場連鎖とは，企業グループ全体の目標を実現するために，階層組織内部での個々の業務プロセスやポストの間にある関係を，従来の単純な行政メカニズムに基づいた上下関係から，水平的な取引関係とサービス関係へ変えることである（蘇・吉原，2003）。

また，こうしたビジネス・プロセス・リエンジニアリングにより，各部署の専門性が高まった。独立採算のSBU（strategic business unit）は独立性が高い事業単位として，ハイアールグループと市場の距離を短縮するパイプとなった。

ハイアールには，他の中国メーカーとは異なって，独自の販売網，物流網とサービス網がある。そのため，モジュール化は生産と開発の効率性を高めることだけではなく，サプライヤーと消費者をサプライチェーンに巻き込んで部品の調達と販売の統合を目指した。2002年，ハイアールは製造と工場のコストを削減し，オーダーメイドによる利益を向上するために，三洋，声宝（Sampo）

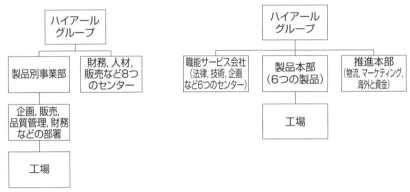

図表15-4 ハイアールの組織形態の変化

出所：王（2002），蘇・吉原（2003）をもとに筆者作成。

などのOEMメーカーとの連携を強化した。サプライヤーは消費者から注文を受けて，モジュール部品を生産する。

さらに，単なるアウトソーシングではなく，新製品の開発段階からサプライヤーとともにモジュールを開発する場合がある。2009年まで，製品設計においては，徹底的にモジュール化と標準化を実施して，サプライヤーからも協力を得た。例えば，100個の部品で構成される冷蔵庫は，モジュール化することによって，6個のモジュールで構成することができた。また，ハイアールは，消費者に対して商品を提供するだけではなく，市場ニーズに関する情報の収集と独自の物流サービスを提供した。

2013年，ハイアールはネットワーキング戦略（Networking Strategy）を掲げて，これまでのブランド型企業から，資源，組織とユーザーのネットワークの構築を通してプラットフォーム型企業への転換を図った。

具体的には，ハイアールのホームページなどのウェブサイト[3]を通じて，ユーザーから注文を受ける。また，研究開発のプラットフォーム[4]を通じて，世界中からデザイン，サプライヤーの情報を交換する。その他に，ビッグデータの分析でより正確に市場動向を把握し，モチベーションを向上させるために，企業内起業を担う人材を支援する。そして，個性があるオーダーメイドに向けて，サプライヤチェーンのモジュール化とスマート製造を促進するというもの

図表15−5　ハイアールによるサプライチェーンの統合

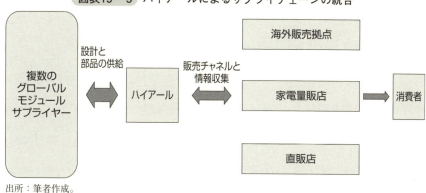

出所：筆者作成。

である。

　これらから，ハイアールは複数のプラットフォームを通して，より幅広い製品の設計情報と技術，サプライヤー，消費者を呼び込む。そして，それらの情報をモジュール化部品に転写し，サプライヤーから調達する。

　立本（2012）によれば，プラットフォーム企業は，通常，複数の市場と取引をしているという。そして，プラットフォーム企業は提供する「製品」が重要なのではなく，「製品」を基盤として異なるグループ間でのやりとりを促し，「仲介」から利益を得ることが重要なのである。例えば，アップル社は携帯電話の端末としてiPhoneを提供しながらアプリケーションストアのiTunes storeを運営することを通して，コンテンツ企業とユーザーを結びつけるインフラとルールを提供しているプラットフォーム企業である。iPhoneのユーザーが増えればコンテンツを提供する企業も増えるし，コンテンツ提供数が増えればiPhoneのユーザー数も増える。したがって，アップル社にとって重要なのは，iPhone販売から得られる製品由来の利益ではなく，アプリケーション企業とユーザーを仲介することに由来する利益である。

　これまでのモジュール化の戦略を見ると，ハイアールはプラットフォーム企業に近い役割を果たしていると考えられる。従来，サプライヤーと工場は，企業の調査のもとに部品を調達し，生産している。その後，消費者は販売店から製品を購入する。しかし，グローバルな市場において，企業の調査は必ずしも

消費者のニーズに応えることができるというわけではない。

　図表15－5のようにハイアールは，モジュール部品の開発と調達をすることで，市場の変化に関する情報をサプライヤーと生産現場に届けるようになった。そして，SBUと販売網を通じて消費者のニーズを細分化し，迅速に市場情報を収集することを可能にした。つまり，ハイアールは仲介役としてサプライヤーと消費者を結びつけているのである。

　しかし，2014年，中国国内経済の成長減速により，冷蔵庫，洗濯機，エアコンの売上高は昨年度よりそれぞれ3.83％，1.11％，1.95％低下した。また，2008年度の，海外での売上高は全体の約17％を占めるが，2014年度では12％になった。ハイアールは1999年に米国に進出し，生産と消費の現地化を実現した。しかし，米国におけるハイアールの小型冷蔵庫のシェアは高いが，製品単価が高い市場においては未だ低いのである。

　ハイアールは早い段階でグローバルに進出したが，収入源は現在も国内市場に頼っている。しかし，国内市場の縮小により，収益力は低下するはずである。その理由としては，基幹部品が少ないことで，先進国の消費者が求めるような付加価値が高い製品に関する競争力が低いということが挙げられる。

4. 持続的に成長するためのモジュール化

(1) 市場のニーズに従うモジュール部品を調達する

　ハイアールは製品のモジュール化を通して，製品の差別化を実現した。それ以外の中国メーカーも基幹部品を外部から調達し，完成品を生産している。なぜ，ハイアールの利益率が高いのか。その違いは，目的と手法である。ハイアールはコストと品質を両立させるために，モジュール化を行ったのである。モジュール化の手法としては，コストが高い基幹部品と，社内で共用化されたモジュール部品を組み合わせることで，高品質なおかつ適正な価格で製品を販売する。加えて，オーダーメイドを目指して，消費者ニーズの多様化に合わせて，製品を商品化する。他のメーカーは，よりコスト優先のため，汎用化部品を集め寄せる。

つまり，モジュール化は，製造コストを削減することよりも，製品の柔軟性という価値を創造すべきである。このように，売上高が純利益に貢献することができるため，持続的に成長できる。

(2) 製品のアーキテクチャは変動するため，企業はすべてのステークホルダー（Stakeholder：利害関係者）と連動する組織形態を構築すべきである

ものづくりの現場である工場だけではなく，販売の最前線の営業やマーケティング部門，そして事業戦略を考える本社部門が一体になってビジネスの仕組みを連動させていかなければならない（新宅，2005）。ハイアールでは，モジュール部品を設計する際に，各部門を連動させて迅速に情報を共有する。例えば，2007年ハイアールは三洋電機を買収して，赤字であったタイにある工場で改革を行っていた。従来の工場とは，設計性能どおりに品質の高い製品を製造する役割を果たすものである。買収後，工場では新製品の販売目標を達成するために，責任者は市場調査を行い，財務や販売の部門と提携して，多くの情報を収集していた（NHK取材班，2013）。こうして，市場からの情報は工場の生産現場に反映され，生産の効率が高まった。このように，ハイアールは企業の隅々まで情報を共有し，製品のインテグラルによるサプライヤーとの情報非対称を解消した。ハイアールは明確なルールに基づいて，バリューチェーンにおけるすべての参入者であるサプライヤー，消費者と従業員の機能を発揮している。

また，日本メーカーが海外へ生産移転するとともに国内生産は縮小する。従来の分業における「擦り合わせ」は困難となり，日本メーカーの強みが弱体化する（榎本，2014）。それを解決するために，全社は水平的な構造でありながら，事業部門は垂直統合型の構造を構築すべきである。

このように，製品のアーキテクチャが変動的なものであるため，企業は垂直統合と水平の組織構造をミックスすることで，すべてのステークホルダーと連動すべきである。

▶注

1 IBM「歩み続けるIBMの100年の軌跡」。
2 MQBはドイツ語でModulare Quer Baukastenの頭文字である。
3 例えば，www.haier.com；www.ehaier.com；bbs.haier.com；www.casarte.cn；www.hijike.comというサイトがある。
4 例えば，hope.haier.com；v.ihaier.com；www.ihaier.comというサイトがある。

▶参考文献

青木昌彦（2002）「産業アーキテクチャのモジュール化―理論的イントロダクション」青木昌彦・安藤晴彦編『モジュール化―新しい産業アーキテクチャの本質』東洋経済新報社。
天野倫文（2005）「中国家電産業の発展と日本企業―日中家電企業の国際分業の展開」『開発金融研究所報』第22号。
伊藤宗彦（2004）「水平分業構造が変える製造価値」『流通研究』第7巻2号。
榎本俊一（2014）『総合電機産業と持続的円高―長期為替策不在による経営と産業の毀損』中央経済社。
王曙光（2002）『海爾集団（ハイアール）世界に挑戦する中国家電王者』東洋経済新報社。
カーリス・Y・ボールドウィン，キム・B・クラーク著，安藤晴彦訳（2004）『デザイン・ルール―モジュール化パワー』東洋経済新報社。
新宅純二郎（2005）「アーキテクチャ分析に基づく日本企業の競争戦略」『MMRCディスカッションペーパー』。
新宅純二郎・加藤寛之・善本哲夫（2005）「中国モジュラー型産業における日本企業の戦略―カラーテレビとエアコンにおける日中分業のケース」藤本隆宏・新宅純二郎編『中国製造業のアーキテクチャ分析』東洋経済新報社。
鮫島敬治編（2001）『中国WTO加盟の衝撃―対中ビジネスはこう変わる』日本経済新聞社。
蘇慧文・吉原英樹（2003）「中国企業の市場主義管理―ハイアールの人事部」『経済経営研究』53号。
立本博文（2012）「プラットフォーム企業の競争戦略―半導体製造装置産業の取引ネットワークの実証研究」『組織学会大会論文集』第1巻1号。
冨浦英一（2010）「日本企業の海外アウトソーシング―ミクロ・データによる分析」『独立行政法人経済産業研究所ポリシー・ディスカッション・ペーパー』10-P-020。
NHK取材班（2013）『NHKスペシャル　メイド・イン・ジャパン逆襲のシナリオ』宝島社。
IBM「歩み続けるIBMの100年の軌跡」（2015年12月2日アクセス）
　http://www-03.ibm.com/ibm/history/ibm100/jp/ja/stories/
Buiga, A. (2012) Investigating the role of MQB platform in Volkswagen Group's strategy and automobile industry, *International Journal of Academic Research in Business and Social Sciences*, 9(2), pp.391-399.
Campagnolo, D., & Camuffo, A. (2010) The concept of modularity in management studies: a literature review, *International Journal of Management Reviews*, 12(3), pp.259-283.

Csizmazia, R. A. (2014) Reconfiguration of Supply Chain at Volkswagen Group to Develop Global, *International Journal of Academic Research in Business and Social Sciences*, 4 (12), pp.294-305.

Dai, W., & Zhao, W. (2004) Research on Modular Business Processes, In ICEB, pp.665-668.

Huang, J., Ouyang, T., & Feng, Y. (2008) Study on modular product development and market oriented management-A case study of Haier Group, In Management of Innovation and Technology, ICMIT 2008. 4 th IEEE International Conference on, 600-605.

Wang, F., Chen, G., & Li, D. (2008) The formation and operation of modular organization: A case study on Haier's "market-chain" reform, *Frontiers of Business Research in China*, 2(4), pp.621-654.

青島ハイアール（青岛海尔股有限公司）各年度の各年度財務報告書（中国語）

ハイアールのプレスリリース（2010a）「海尔，模式制胜—人单和一双赢商业模式观察」（中国語）

http://www.haier.net/cn/about_haier/news/mtzjgz/201106/t20110601_51468.shtml

2015年10月15日アクセス

ハイアールのプレスリリース（2010b）「加快经济发展方式转变 转型升级看海尔系列报道之二 —— 从卖产品到买服务」（中国語；2015年10月15日アクセス）

http://www.haier.net/cn/about_haier/news/mtzjgz/201106/t20110601_51540.shtml

第16章
マレーシアにおける新規株式公開

1. はじめに

　ASEAN（Association of South‐East Asian Nations：東南アジア諸国連合）は，過去10年間に高い経済成長を見せており，今後，世界の「開かれた成長センター」となる潜在力が，世界各国から注目されている[1]。

　本章では，その中で多くのイスラム教の人が住み，名目GDPでシンガポールの次に成長しているマレーシアを取り上げ，新規株式公開（Initial Public Offerings：IPOs）の際に生じるアンダープライシング[2]について分析を行う。

　マレーシア証券取引所（Malaysian Stock Exchange：MSE）における新規株式公開に関するさまざまな研究がなされている[3]。しかしながら，それらの多くは，法律の異なるイスラム法準拠企業（*Shariah* Compliant Companies）とイスラム法非準拠企業（Non *Shariah* Compliant Companies）を区別せず分析を行っている。そのため，本章ではこれらを区別し比較することにより，より明確な分析を行う。近年イスラム法準拠企業は，イスラムの人々が国際資本市場に参加するようになったため，これらの市場においてより重要になってきた。また2011年末において，MSEに上場した企業の89％は，イスラム法準拠企業であり，イスラム教の投資家であるか否かにかかわらず，これらの企業はマレーシアの市場に大きな影響を及ぼしている[4]。

　本章では，MSEにおいて新規株式公開する企業のアンダープライシングの存在を明らかに，その原因を分析する。

2. マレーシア証券取引所における新規株式公開の現状

(1) イスラム金融

　マレーシアの新規株式公開におけるイスラム法準拠企業とイスラム法非準拠企業とを比較する前に，イスラム金融について概略する。

　イスラム金融とは，イスラム法に従う形式での金融取引を指す。イスラム法（Shariah：シャリア）を遵守しながら，近代的金融システムのメリットを享受するシステムである[5]。世界初の近代イスラム金融機関は1963年にエジプトで設立された。

　マレーシアにおいても，政府巡礼基金（Lumbaga Tabung Haji）が，ムスリムのメッカ巡礼の資金を貯蓄する機関として1969年に設立され，これがイスラム金融発展の端緒となった。それ以降オイルマネーが蓄積した中東イスラム諸国を中心に発展したが，今では，マレーシアもイスラム金融主要国の1つとなっている。

　イスラム金融の最大の特徴はイスラム法で定められる4つの戒律に抵触しないことであり，①金利（Riba：リーバ）の禁止，②豚肉，アルコール，ポルノなど，コーランで禁じられたもの（Haram：ハラーム）に関わる取引の禁止，③取引における不確定性（Gharar：ガラール）の禁止，④投機行為（Maisir：マイシール）の禁止，が厳しく遵守される。さらに，関係者が利益や損失を共にするようなリスクの共有が推奨されており，極端なリスク分配は教義上望まれない。このようなイスラム法の適格性を国際的に認定する代表的組織としては，イスラム金融機関会計監査機構（The Accounting and Auditing Organization for Islamic Financial Institutions：AAOIFI），イスラム金融サービス理事会（The Islamic Financial Services Board：IFSB）が挙げられる[6]。

　当然のこととして，マレーシアにおける新規株式公開を行うイスラム法準拠企業は，これら4つの戒律を遵守しなければならない。

(2) マレーシアにおける新規株式公開の概要

マレーシアには，主要市場（Main Market）と新興市場（ACE Market）の2種類の株式市場がある。1973年にシンガポール取引所と分離して以降，当初262社の上場企業は，2006年にはMain BoardとSecond BoardそしてMESDAQ Marketの合計で1,027社まで増加した。しかし，2009年の市場の改革後，2015年12月3日現在で，Main Marketに793社，ACE Marketに109社の合計902社が上場している[7]。

また，MSEにおける新規株式公開企業数は，当初1974年に8社だったものが，1996年には92社となった。その後減少したものの，2005年には年間79社となり，その後再び減少して2015年12月3日現在，Main Market 8社，ACE Market 4社の合計12社となっている（**図表16－1**）。

Main MarketとACE Marketとの上場基準の大きな違いは，①利益基準，②時価総額基準，③株主分布基準の有無である。Main Marketでは，①税引後利益が3～5期連続の黒字で，累計で2,000万リンギ（約6億円）以上であ

図表16－1 MSEにおける新規株式公開企業数の推移

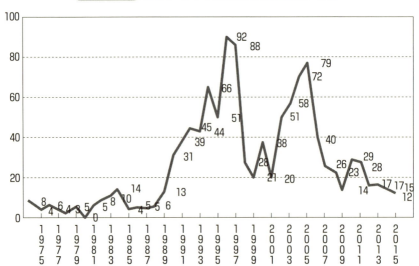

出所：マレーシア証券取引所ホームページ。

ること，②上場時の時価総額が5億リンギ（約150億円）以上であること，③100株以上の株主数が1,000人以上となることが規定されている。ACE Marketでは，①利益基準と②時価総額基準の条件がなく，③の株主数については，100株以上の株主数が200人以上であることとなっており，Main Market に比べて緩和されている[8]。

マレーシアでのIPOsの手続きは，**図表16-2**のとおりである。

図表16-2 マレーシア証券取引所でのIPOsのプロセス

Step 1：専門家（弁護士・公認会計士など）の選任

Step 2：社内体制の整備・運用

Step 3：独立取締役の選任

Step 4：上場と評価方法

Step 5：書類の作成と提出

Step 6：提出と検討

Step 7：認可

Step 8：目論見書の登録

Step 9：投資家への説明会

Step 10：議決権行使のプロセス

Step 11：上場

出所：マレーシア証券取引所ホームページ。

Step 1：専門家（弁護士・公認会計士など）の選任
　マレーシアにおけるIPOsの主要アドバイザーは，投資銀行である。
Step 2：社内体制の整備・運用
　主要アドバイザーは，IPOsを行う企業の企業組織，取締役の構成，コーポレートガバナンスそして内部統制のような上場に必要な社内体制についてアドバイスを行う。
Step 3：独立取締役の選任
　すべてのIPOs企業は，少なくとも2名または取締役会の3分の2の取締役を独立取締役に任命する。
Step 4：上場と評価方法
　IPOs企業と主要アドバイザーは，最適な株主構成，IPOs株式の公開方法を決定しなければならない。また将来の収益を予測するために過去の収益に基づいた企業評価を行わなければならない。
Step 5：書類の作成と提出
　マレーシア証券取引所への上場申請書類には，IPOs企業の上場と評価方法が含まれる。取締役，役員そして関連団体を記載する必要がある。主要アドバイザーもまた，すべての情報が真実で，正確でそして虚偽がないことを署名しなければならない。
Step 6：提出と検討
　上場の申請書の再審理が，正式な申請の前に行われる。目論見書は，証券取引委員会のウェブ上で15マーケットデーの間観覧される。
Step 7：認可
　マレーシア証券取引所が，上場承認の書類を発行するが，証券取引委員会は見積書の登録に対する原則認可の書類を発行する。
Step 8：目論見書の登録
　マレーシア証券取引所と証券取引委員会からの認可を受けた後，IPOs企業はそのIPOs目論見書を作成しなければならない。
Step 9：投資家への説明会
　目論見書が公開されると企業は，投資家への説明会を開催しなければならない。その説明会は，企業の役員による投資家へのロードショウ，説明そしてプ

レゼンテーションである。
Step10：決議権行使のプロセス
　主要アドバイザーと相談しながら，IPOsの公開価格と発行数を決定する。
Step11：上場
　IPOs企業は，マレーシア証券取引所で上場のセレモニーが行われ，当日取引が行われる。

3. 先行研究

　これまで，マレーシア資本市場における新規株式公開の際のアンダープライシングに関する実証研究が行われてきた。その中で，初期収益率に関するマレーシアのアンダープライシングについての初期の研究は，Dowson（1987）である。彼は，1978～1984年におけるマレーシアにおけるIPOsの初期収益率が166.7％であることを示した。これは，同時期に行われた香港の13.8％やシンガポールの39.4％と比べ非常に高いものであった。また，Jelic et al.（2001）は，1980～1995年において99％であると述べた。Yong and Isa（2003）は，1990年1月～1998年12月でのマレーシアにおけるIPOsの初期収益率が，94.91％であることを示した。またMurugesu and Santhapparaj（2009）は，1999～2004年では，81％であったと述べた。

　Prasad et al.（2006）は，1968～1992年におけるマレーシアのIPOsに関する短期と長期の現象[9]を分析し，他の発展途上国と比べても，マレーシアのそれは61％と高いことを示した。

　Abu Bakar and Uzaki（2012）は，マレーシアの2000～2011年における476社のIPOs企業の初期収益率を分析し，35.87％であることを示した。

　Ibbostson, Sindelar and Ritter（1988）は，1960～1984年の間に新規株式公開を行ったアメリカの企業8,688社の平均初期収益率が16.3％と述べている。また，Loughran, Ritter and Rydqvist（2007）が述べているように，アメリカだけではなく他の国においても，新規株式公開の高い収益率が見られる。

　図表16－3は，アジアにおけるIPOsの初期収益率の概要である。

図表16-3 世界におけるIPOsの初期収益率

国／地域	期間	IPO アンダープライシング	研究
バングラデシュ	1995-2005	480.72%	Islam, Ali and Ahmad (2010)
中国	1996-2000	129.16%	Chi and Padgett (2005)
日本	2001-2006	60.21%	Uzaki (2009)
スリランカ	1987-2008	34%	Samarakoon (2010)
タイ	1990-2007	22.99%	Ekkayokkaya and Pengniti (2012)
インド	2004-2006	22.62%	Pande and Vaidyanathan (2007)
インドネシア	2003-2011	22.20%	Darmadi and Gunawan (2012)
シンガポール	1993-2005	16.50%	Zhang, C. and King, T.H.D. (2010)

出所：各著者を参考に作成。

4. 実証分析

　マレーシアにおける2000～2011年の新規株式公開した企業は476社である。それを産業別に分けると**図表16-4**に示される。工業製品のIPOs企業数が一番多く134社であり，全体の28.15％であり，貿易・サービス業が22.05％で，テクノロジーが20.80％であり，この3業種で全体の70％を占めている。

　また，この476社をイスラム法準拠企業とイスラム法非準拠企業とに分け年次別の推移を示したものが**図表16-5**である。マレーシアにおいては，イスラム法準拠企業が圧倒的に多くIPOsを行っており，全体の88％を占めている。

(1) 被説明変数：アンダープライシング

　企業のIPOsにおける初期収益率は，以下のように定義される。

$$UPi = \frac{CPi - OPi}{OPi}$$

　　　ただし，UPi：i企業のアンダープライシング
　　　　　　CPi：i企業の取引初日の終値
　　　　　　OPi：i企業の公開価額

図表16-4 2000～2011年産業別企業数

産業	企業数	パーセンテージ(%)
製造業	134	28.15
貿易／サービス	105	22.06
テクノロジー	99	20.80
一般消費財	73	15.34
不動産業	19	3.99
不動産投資信託	13	2.73
建設業	11	2.31
農業	9	1.89
金融	7	1.47
公益事業	4	0.84
投資信託	1	0.21
特別目的会社	1	0.21
合計	476	100.00

出所：マレーシア証券取引所ホームページ。

図表16-5 マレーシアにおける2000～2011年IPOs企業数の推移

年	イスラム法準拠企業	イスラム法非準拠企業
2000	36	2
2001	20	0
2002	48	3
2003	48	10
2004	60	12
2005	70	9
2006	35	3
2007	22	4
2008	22	1
2009	13	1
2010	23	6
2011	23	5
合計	420	56

出所：マレーシア証券取引所ホームページ。

図表16−6　イスラム法準拠企業とイスラム法非準拠企業の初期収益率

企業の種類	会社数	初期収益率平均	最小	最大	標準偏差
イスラム法準拠企業	420	38.16%	-0.79	6.55	1.12436
イスラム法非準拠企業	56	18.71%	-0.88	3.76	0.92017

図表16−7　イスラム法準拠企業のアンダープライシングの推移（2000〜2011年）

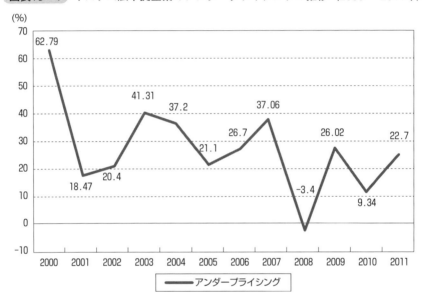

2000年〜2011年の初期収益率は**図表16−6**に表される。

IPOs市場の88％を占めるイスラム法準拠企業の2000年-2011年の初期収益率の平均は，38.16％であり，イスラム法非準拠企業のそれは，18.71％であった。

イスラム法準拠企業のアンダープライシング（初期収益率）の推移は，**図表16−7**である。2000年の62.79％の後，アンダープライシングは減少し続け，2008年には，−3.4％でとなった。その後，2009年には26.02％に上昇したものの，2010年には9.34％となり，2011年には再び上昇し22.7％となった。

(2) **説明変数**

先行研究によると，IPOsのアンダープライシングに対し影響を及ぼすさま

図表16-8 説明変数の概要

法定係数	企業数	中央値	最小値	最大値	標準偏差
アンダーライターの名声：					
1．高いアンダーライターの名声	221	37.31%	-0.79	6.5	1.01975
2．低いアンダーライターの名声	195	35.17%	-0.79	6.55	1.1964
3．1以下のアンダーライターの名声	4	230.75%	0.45	4.15	1.65393
市場の種類：					
1．ACE市場	136	-44.83%	-0.79	0.58	0.27248
2．メイン市場	284	77.74%	-0.79	6.55	1.16213
産業の種類：					
1．製造業	127	46.92%	-0.79	6.5	1.12849
2．貿易・サービス業	90	61.24%	-0.74	6.55	1.41625
3．テクノロジー	90	-35.51%	-0.78	2.96	0.48536
4．一般消費財	70	68.99%	-0.72	3.89	1.1035
5．不動産	17	60.29%	-0.43	2.38	0.69651
6．建設業	10	75.25%	-0.04	1.66	0.4775
7．農業	8	104.50%	0.08	2.2	0.78212
8．公益事業	4	76.37%	-0.05	1.43	0.89846
9．不動産投資信託	3	26.17%	-0.02	0.68	0.36852
10．金融業	1	-76.50%	-0.77	-0.77	-
超過申込み	420	29.87回	-0.6	377.96	-

ざまな変数がある。本章で用いた説明変数は，以下のとおりであり，**図表16－8**に結果をまとめた。

①アンダーライター

　日本ではIPOsを行う企業は，アンダーライターとして主幹事証券会社を選任するが，マレーシアではその役割を投資銀行が担っている。

　2011年のマレーシアにおいてこの役割を果たすのは，15行の投資銀行であった。アンダーライターには，①発行前のマーケティング，②公開価格の決定，③IPOs後の株価安定化の重要な役割がある。

　①発行前のマーケティングは，投資家からの情報を収集し発行価格や発行数を決める手がかりにするだけではなく，IPOsの成功によって，上場後のアン

ダーライターの評判にも結びつくため重要である。1980 〜 2004年までのIPOsのアンダーライターのランキングは，フロリダ大学のRitter教授のホームページから見ることができる。したがって，アンダーライター間には大きなランキングの開き，または評判の差があることがわかる。

　②公開価格の決定は，ブックビルディング方式を行うため，発行価格の決定から投資家への株式割り当てについてまで裁量権を持つ。

　③IPOs後の株価安定政策には買い支えを行うが，アンダーライターは，IPOs発行企業と自らの関係投資家との利害相反があると考えられる。

　Hamao et al.（2000）は，日本において証券会社系ベンチャー・キャピタル（VC）による持株がある場合，そのIPOsのアンダープライシングを減少させないことを示した。

　日本では，アンダーライター間に系列化があり，アンダーライターはベンチャー・キャピタルからIPOs株を購入する。したがってアンダーライターは系列化のベンチャー・キャピタルが保有する株式により利益を上げることができる。

　Ellis, K., R. Michaely, and M. O'Hara（2000）は，アンダーライター間の競争の特徴を調べた。中規模のIPOsの手数料は，常に7％である。これは，アンダーライター間の価格競争からのみ来るのではない。彼らは，関係する6つの変数を基準化し，アンダーライター間の競争の程度を示すZスコアを導入した。これらの変数は，手数料，価格値引，公開90日前の推薦，公開前3カ月間のマーケット・メイク高，評判，そして以前の負債関係である。日本とは異なり，米国ではアンダーライターの変更は比較的頻繁に起こるようである。彼らは，アンダーライター間で生じる競争が，どのような特徴を持っているかを明らかにしようとした点で興味深い。

　本章では，1年間に5社以上のイスラム法準拠企業のIPOsを行った投資銀行を「名声の高いアンダーライター」と考える。また1社以上5社未満の企業を「名声の低いアンダーライター」とする。Carter et al.（1998）は，名声の高いアンダーライターが行ったIPOsのアンダープライシングが小さいと述べている。しかしながら，マレーシアのアンダーライターの相違によって，アンダープライシングは，それぞれ37.31％と35.17％と大きな差は見られない。

②市場の相違

2009年8月以降,マレーシアには2つの証券市場,メイン市場とACE市場がある。その前は3つの証券市場,メイン市場,セカンド市場そしてMES-DAQ市場があった。メイン市場とセカンド市場がメイン市場となり,MES-DAQ市場がACE市場に変わった。ACE市場に上場しようとしている企業は比較的創業間もない企業が多いため,ACE市場は新興市場ということができる。

メイン市場とACE市場とのアンダープライシングは,それぞれ77.74%と−44.83%であった。これによりマレーシアにおけるIPOsにとって,市場の決定は重要な意味があることがわかった。

③産業別相違

工業製品のイスラム法準拠企業のIPOs企業数が一番多く127社であった。

貿易・サービス業が90社で,金融業は1社であった。テクノロジーと金融業のアンダープライシングだけが,それぞれ−35.51%と−76.50%でマイナスであった。プランテーション産業のそれは,104.50%であった。

④超過募集

超過応募(oversubscribed)とは,買い取り引受において幹事証券会社が割り当てられた株数より多くの株数を販売する能力を持つ状態を指す。引受証券会社はそうなるようにがんばり,もし実際に超過応募状態になればオーバーアロットメント(OAO)[10]を行使し,投資家の注文に応えようとする。これによって引受証券会社は付加的に利益を得る[11]。

Kenourgios *et al.*(2007)は,IPOsの際の情報の漏えいのため,超過募集が大きくなると,IPOsのアンダープライシングが生じると述べている。

次はアンダープライシングと説明変数との関係を分析するために以下の重回帰分析を用いる。

$$R = \alpha + \beta_1(UR) + \beta_2(TM) + \beta_3(TI) + \beta_4(OS) + \varepsilon$$

R:IPOsのアンダープライシング

UR:アンダーライターの名声

TM：市場の種類
TI：産業の種類
OS：超過募集の大きさ

図表16-9は，重回帰分析の結果を示している。

市場の種類，超過募集，そして貿易・サービス業が統計上有意であった。一方，アンダーライターの名声と産業（貿易・サービス業を除く）は，有意ではなかった。この結果は他の実証研究と異なっている。

Kenourgios *et al*. (2007) は，アンダーライターの名声がアンダープライシングに影響を及ぼすとしている。Kirkulak and Davis (2005) もまた，アンダーライターとアンダープライシングとは正の関係があることを示している。

本章の研究は，市場の種類がイスラム法準拠企業のアンダープライシングに

図表16-9 重回帰分析の概要

変数	係数	t値
切片	0.704	-6.549
アンダーライターの名声	-0.079	(-0.826)
超過申込み	0.002	(1.933) *
マーケットの種類	-1.384	(-9.264) ***
不動産	-0.077	(-0.308)
テクノロジー	0.168	-0.981
農業	0.364	-1.029
貿易・サービス業	0.324	(2.397) **
一般消費材	-0.016	(-0.111)
公益事業	0.089	-0.181
建設業	0.075	-0.235
不動産投資信託	-0.374	(-0.660)
金融業	-0.095	(-0.097)

決定係数 = 28.37%
F値 = 13.39%
ダービン・ワトソン比 = 1.350
* 　　有意水準 10%
** 　　有意水準 5%
*** 　　有意水準 1%

有意な影響を及ぼすことを示している。

決定係数が28.3%であり，他の要因がアンダープライシングにより影響を及ぼしていることがわかった。

5. おわりに

本章では，2000〜2011年のマレーシアにおけるイスラム法準拠企業とイスラム法非準拠企業の新規株式公開（IPOs）時におけるアンダープライシングは，存在するのか，もしそうであったら，どのような要因によって決定されるのかを検討した。そこでは，説明変数としてアンダーライターの名声，産業の種類，そして超過募集を用いて分析を行った。そこでは以下のことが明らかになった。

第1に，IPOs市場の88%を占めるイスラム法準拠企業の2000〜2011年の初期収益率の平均は，38.16%であり，イスラム法非準拠企業のそれは，18.71%であった。

これにより，マレーシアにおけるアンダープライシングが確認され，イスラム法準拠企業のアンダープライシングのほうがイスラム法非準拠企業のそれよりも高いことがわかった。

第2に，名声の高いアンダーライターが行っているIPOsと低いアンダーライターが行っているIPOsを分け，それぞれのアンダープライシングを比較した。

それらのアンダープライシングは，それぞれ37.31%と35.17%であった。

アンダーライターの名声は，アンダープライシングに明確に影響があるとはいい難い。Carter et al., (1998) が，他の国々で行ったのとは異なり，名声の高いアンダーライターが行ったIPOsのアンダープライシングが小さいとは，いえなかった。

第3に，市場の種類でのアンダープライシングの相違は明確であった。ACE市場は−44.83%であった。すなわち，公開価格より初値のほうが低いというIPOsでは珍しい現象が見られた。一方，メイン市場では77.74%と高いアンダープライシングが見られた。ただ，ACE市場におけるテクノロジー産業

のアンダープライシングは，61.3％であった。発展途上国における資本市場において，テクノロジー産業は，新興市場において重要な役割を果たしているといえる。

アンダープライシングを考察する際，市場選択は重要な要因である。

第4に，産業の種類で考察すると，メイン市場におけるプランテーション産業のアンダープライシングは，104.50％であった。一方テクノロジー産業や金融業のそれは，それぞれ－35.51％と－76.50％であった。

第5に，超過募集の平均時間を求めると，29.87であった。Kenourgios et al.（2007）が1997～2002年にギリシャで行ったそれは89.96であり，マレーシアの超過募集の平均時間よりもかなり大きい。

最後に，本章ではアンダーライターの名声，産業市場の種類，市場の種類，そして超過募集を説明変数として分析を行ったが，決定係数が28.3％であり，本章のモデルではアンダープライシングにより影響を及ぼしている要因を十分に特定することはできなかった。また，イスラム法非準拠企業のIPOs企業数が少なく，十分にイスラム法準拠企業と比較分析できたとはいえない。

今後世界でイスラム法準拠企業がより多く創業・成長し，IPOsを行う機会が増えると考える。今後は，インドネシアやタイ等のイスラム金融の経済国家の研究を加えてサンプル数を増やし，イスラム法準拠企業のIPOsとイスラム法非準拠企業のIPOsとを比較分析したいと考える。

▶注

1　外務省HPによれば，ASEAN（Association of South - East Asian Nations：東南アジア諸国連合）は，1967年の「バンコク宣言」によって設立され，原加盟国はタイ，インドネシア，シンガポール，フィリピン，マレーシアの5カ国で，現在インドネシア，カンボジア，シンガポール，タイ，フィリピン，ブルネイ，ベトナム，マレーシア，ミャンマー，ラオスの10カ国である。キリスト教の全人口は31.5％であり，イスラム教のそれは，23.2％である。マレーシアでは，仏教の20％と比べ，イスラム教の人口が61％となっている。

2　初期収益率とは，新規株式公開（IPOs）において，公開直前に公募・売り出しの形で新規公開株式を投資家に割り当てるときの価格（以下，公開価格という）で購入して，公開初日に市場で成立する価格（以下，初値という）で売却して得られる収益率である。市場が効率的で関係者が同一の情報を持ち，取引コストが存在しないとする新古典派的ファイナンス理論において，この新規公開価格と初値は，均衡価格になるはずである。この新規

公開株式価格と初値との差を意味するアンダープライシングを説明するのは困難であるといわれている。
3 例えば, Dowson (1987), Yong and Isa (2003), Prasad et al (2006), Uddin (2008), Murugesu and Santhapparaj (2009), Abu Bakar and Uzaki (2012) などがある。
4 List of Shariah-Compliant Securities (2011)
5 国際協力銀行 (2014), p.129, 国際協力銀行 (2007), p.15, そして中川 (2013), 14-19頁を参照。
6 国際協力銀行 (2014), p.129を参照。
7 マレーシア証券取引所ホームページを参照。
8 国際協力銀行 (2014) を参照。
9 長年にわたり世界中の研究者がIPOsに関する短期と長期の2つの現象を研究している。1つは、なぜ短期的なアンダープライシングが非常に高いのかということであり、2つ目は長期的にIPOs株式の価格がなぜ上昇しないのかということである。
10 当初の募集・売出予定株数を超える需要があった場合、主幹事証券会社が発行会社の大株主等から一時的に株式を借り、当初の売出予定株数を超過して、募集・売出と同じ条件で追加的に投資家に販売すること。野村證券ホームページを参照。
11 辰巳 (2006), 235頁を参照。

▶参考文献

Abu Bakar, N. and Uzaki, K. (2013) An Empirical Study of Initial Public Offerings Underpricing For Shariah-compliant Companies:The Case of Malaysian Market, *International Journal of Economics, Business and Finance*, 1, pp.262-274.

Abu Bakar, N. and Uzaki, K. (2013) Initial Public Offering (IPO) Underpricing: Evidence from Shariah-Compliant Companies Listed on the Malaysian Stock Exchange (MSE), *International Journal of Information Technology and Business Management*, 14, pp.32-48.

Abu Bakar, N. and Uzaki, K. (2014) "Impact of Underwriter Reputation and Risk Factors on the Degree of Initial Public Offering Underpricing: Evidence from Shariah-Compliant Companies," *IAFOR Journal of Business and Management*, 1, pp.15-30.

Carter, R.B., Dark F. H., and Singh, A.K. (1998) "Underwriter Reputation, Initial Return and Long-Run Performance of IPO stocks," *The Journal of Finance*, 53(1), pp.285-311.

Chi, J. and Padgett, C. (2005) "Short-Run Underpricing and its Characteristics in Chinese Initial Public Offering (IPO) Markets," *Research in International Business and Finance*, 19(1), pp.71-93.

Darmadi, S. and Gunawan, R. (2013) "Underpricing, Board Structure, and Ownership: An Empirical Examination of Indonesian IPO Firms," *Managerial Finance*, 39(2), pp.181-200.

Dawson, S.M. (1987) "Secondary Stock Market Performance of Initial Public Offers, Hong-Kong, Singapore and Malaysia: 1978-1984," *Journal of Business, Finance & Accounting*, 14(1), pp.65-76.

Ekkayokkaya, M. and Pengniti, T. (2012) "Governance Reform and IPO Underpricing," *Journal of Corporate Finance*, 18(2), pp.238-253.

Ellis, K., R. Michaely and M. O'Hara (2000) "When the Underwriter is the Market Maker: An Examination of Trading in the IPO Aftermarket," *Journal of Finance*, 55(3), pp.1039-1074.

Hamao Yasushi, Frank Packer, and Jay R. Ritter (2000) "Institutional Affiliation and the Role of Venture Capital: Evidence from Initial Public Offerings in Japan," *Pacific-Basin Finance Journal*, 8 (50), pp.529-558.

Ibbotson R., Sindelar J. and Ritter J. (1988) "Initial public offerings," *Journal of Applied Corporate Finance*, 1, pp.37-45.

Islam, A., Ali, R. and Ahmad, Z. (2010) "An Empirical Investigation of the Underpricing of Initial Public Offerings in the Chittagong Stock Exchange," *International Journal of Economics and Finance*, 2(4), pp.36-46.

Jelic, R., Saadouni, B. and Briston, R. (2001) "Performance of Malaysian IPOs:Underwriters Reputation and Management Earnings Forecasts," *Pacific-Basin Finance Journal*,(9), pp.457-486.

Kenourgios, D.F., Papathanasiou, S. and Melas, E.R. (2007) "Initial Performance of Greek IPOs, Underwriter's Reputation and Oversubscription," *Managerial Finance*, 33(5), pp.332-343.

Kirkulak, B. and Davis, C. (2005) "Underwriter Reputation and Underpricing: Evidence from the Japanese IPO Market," *Pacific-Basin Finance Journal, 13* (4), pp.451-470.

List of Shariah-Compliant Securities (2011), (http://www.sc.com.my/wp-content/uploads/eng/html/icm/sas/sc_syariahcompliant_111125.pdf) 参照2015.11.30.

Murugesu, J. and Santhapparaj, A. S. (2009) "Valuation Errors and the Initial Price Efficiency of the Malaysian IPO Market," *IUP Journal of Applied Finance*, 15(10), pp.19-38.

Pande, A. and R. Vidyanathan (2009) "Determints of IPO Underpricing in the National Stock Exchange of India," *ICFAI Journal of Applied Finance*, 15, p.14.

Prasad, D., Vozikis, G. S., & Ariff, M. (2006) "Government Public Policy, Regulatory Intervention, and Their Impact on IPO Underpricing: The Case of Malaysian IPOs," *Journal of Small Business Management*, 44 (1), pp.81-98.

Ritter Jay R. (https://site.warrington.ufl.edu/ritter/ipo-data/) 参照2015.12.10

Samarakoon, L. P. (2010) "The Short-Run Underpricing of Initial Public Offerings in the Sri Lankan Stock Market," *SSRN Electronic Journal*, 20, pp.1-38.

Titman, S., and B. Trueman (1986) "Information quality and the valuation of new issues," *Journal of Accounting & Economics*, 8 (2), pp.159-172.

Uddin, M. H. (2008) "An Empirical Examination of Intended and Unintended IPO Underpricing in Singapore and Malaysia," *International Research Journal of Finance and Economics*, 20 (20), pp.55-74.

Uzaki, K. (2009) "The Effect of Innovation on Corporate Value in IPOs," *Japan Finance Association, Working Paper*, 1.

Yong, O. and Isa, Z.（2003）"Initial performance of new issues of shares in Malaysia," *Applied Economics*, 35, pp.919-930.

Zhang, C.（Xinde），& King, T.-H. D.（2010）"The decision to list abroad: The case of ADRs and foreign IPOs by Chinese companies," *Journal of Multinational Financial Management*, 10（1），pp. 71-92.

外務省HP（http://www.mofa.go.jp/mofaj/area/malaysia/）参照2015.11.30.

国際協力銀行（2014）『マレーシアの投資環境』

（https://www.jbic.go.jp/ja/information/investment/inv-malaysia201402）参照2015.11.30.

国際協力銀行海外投融資情報財団（2007）「イスラム金融の概要」

（https://www.joi.or.jp/pdf/0704_IslamicFinance.pdf）参照2015.11.30.

中川利香（2013）「マレーシアのイスラーム金融―国際金融市場のハブを目指して」『日立総研』, 7, 14-19頁。

マレーシア証券取引所HP

（http://www.bursamalaysia.com/market/listed-companies/initial-public-offerings/listing-statistics/）参照2015.12.10.

野村証券HP

（https://www.nomura.co.jp/terms/japan/o/overallotment.html）参照2015.12.

辰巳憲一（2006）「米国のIPOと証券発行規制について」『学習院大学経済論集』第43巻第2号, 223-245頁。

（http://www.gakushuin.ac.jp/univ/eco/gakkai/pdf_files/keizai_ronsyuu/contents/4302/4302tatsumi.htm）参照2015.12.10.

▶補章1

税理士法人の海外展開
鯨井会計のケース

1. 鯨井会計の歩み

⑴ 創　業

　㈱鯨井会計の創業は昭和39年，鯨井基司によって茨城県下妻市の地においてである。

　開業当時は戦後の物資の不足時代で，物を作り出せば即完売の状態で，企業はいかに資金調達を図るかが経営者の目標でもあった。

　金融機関は中小企業の多くが帳簿の記録も単式簿記の時代であり，融資も短期資金の融資が中心で，中小企業への融資が行われていた。

　開業当時の当社は，複式簿記による会計処理で税務申告を行い，金融機関へは同様に，決算書を提出するとともに経営分析資料を添付していた。さらに経営者と同行して，投資計画の説明を行い，15年返済の長期資金の調達の協力を行っていた。

　当社のこの資金調達を中心とした会計事務所の経営が，中小企業の多くの経営者の要望とマッチして，会計事務所としての存在を認められた。さらに昭和41年に，茨城県の会計事務所として最初にコンピューターの導入を図り，コンピューター処理による会計資料を提供したことから，茨城県西地方の多くの中小企業に知られる存在となり関与する中小企業も増加した。

　昭和43年には地方の中小企業の経営者の多くが中学卒中心で，簿記の知識や原価に関する知識も弱く，さらに経済事情にも関心が少ないことから，会計事務所主催の勉強会や，講師を招聘して講演をしていただくなど，地域の中では

特異な会計事務所としての存在を認められ，関与先企業を中心とした数百名の中小企業の経営者の会として今日まで組織化されている。

(2) 社会保険労務士事務所開設

当事業所も昭和47年には職員数が50名を超え，業務ごとの組織化を図らないと管理が行き届かぬ状態になってきた。

下妻地方ではいまだ組織的な活動を行っている企業は金融機関と，地域に進出している大企業の支店および営業所程度であり，地場の中小企業では組織図はあっても，組織的な経営は浸透していない状態であった。

当然，当事務所も組織化するためには組織教育から始めなければならぬ状態であり，幹部の選定，教育，役職者の目標設定，業務分掌，管理行動および文章等，初めから教育せざるを得ず軌道に乗せるまでに数年を要することになった。

地方には管理者が少なく，部下の管理の難しさ，孤独感が共有できる社員層が少ないのが管理者としての育成が遅れた一因である。

この管理者育成が関与先企業にとっても悩みの種であり当事務所の導入手法を用いて，関与先企業へ導入する業務も，必然的に業務として取り入れることとなり社会保険労務士部門の開設となった。

関与先企業からは，当事務所の実証済みの制度の導入であり，評価はいただけることになった。

(3) 資産活用部門の開設

昭和45年頃から不動産の価格の上昇が出現し始めていたが，田中首相の列島改造の政策が導入されると，異状な不動産価格の上昇となり，多くの企業が不動産の取得に走り出した。バブル崩壊とともに大きな損出を出す企業が全国各地に見られ，経営の継続が困難な状況になり，金融機関の多くも資本毀損が見られバブルは終焉した。

不動産業は本来不動産の活用による収益を確保するものであるが，日本の場合は不動産の売買が不動産業の主な業務図になっていたために，中小企業の経営者にも長期の不動産活用による投資資金の運用利回り確保視点が欠けていた。

前に述べたとおりバブル崩壊による企業の継続のために，関与先企業の多くが不動産の売却による資金確保に走ったが，買い手不在によりその売却は困難を極めた。当事務所としても長期運用可能な不動産は，関与先企業継続支援のためにも，購入し支援することになった。

関与先の継続支援と合わせて相続対策に，不動産の活用は避けて通れないところから，昭和61年頃から不動産活用部門の立ち上げを行い，企業の総資本利益率確保のためにも当事業所が選定した，商業地域で賃貸収入の安定した都内中心5区の情報を提供する業務も付加した。

(4) 鯨井会計の収益構造

当初，会計事務所としてスタートした。事務所の拡大とともに税務以外の相談事項も多く求められる機会が増加した。当事務所としても経営に役立つ部門ならびに経営のリスクを担保する部門も関与先企業に，情報を提供する事柄も多く求められ，部門を区分し専門部門として経営する必要に迫られた。

部門としては

1. 税務監査部門
2. 金融対策相談部門
3. 医業経営コンサル部門
4. 農業経営コンサル部門
5. 相続税対策相談部門
6. 記帳指導処理部門
7. 社会保険労務士部門
8. リスク対策保険部門
9. コンピューターソフト対策部門
10. 行政書士部門
11. その他の部門

に区分され，関連法人の数社で運営されている。

その他として海外にサイゴンビジネスソリューションを保有している。

各部門の平成26年の部門売上は**図表1**のとおりである。

図表1　鯨井会計の収益構造

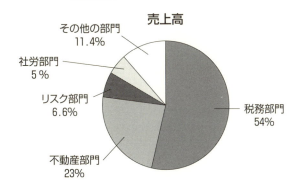

売上高
- 税務部門 54%
- 不動産部門 23%
- リスク部門 6.6%
- 社労部門 5%
- その他の部門 11.4%

　税務監査部門は別として，今後大きく飛躍が期待できるのは，社会保険労務士部門と不動産部門ならびに相続税対策部門，医業コンサル部門である。

2. 税務会計事務所の今後の経営環境

　バブル崩壊期以後の中小企業は，経済の停滞と人口減少ならびに高齢化社会が変化し始め，2011年を境に秋田県，島根県，高知県などでは加速度的に人口が減少する局に入り，特に地域における都市間の人口移動は経営環境に大きく影響する（図表2，図表3）。

図表2　将来の地域経済（域内生産額と人口の推移）

　地域経済研究会における地域経済の2030年の将来推計（※注）結果によると，域内総生産，人口の変化率は，人口が大きい都市圏ほど大きく，現状を放置した場合，今後更に格差が拡大する見込み。特に，人口規模が小さい地方中小都市圏及び中山間地域は，域内総生産，人口ともに減少率が高い。一方，人口が大きい都市圏ほど，高齢化率の上昇も大きく，今後急速に高齢化が進展することが見込まれる。

注：地域経済研究会（地域経済産業審議官の私的研究会。平成17年12月に報告書を公表）において，都市圏ごとに2030年の人口，域内総生産等を推計。推計の際には，中心市と中心市への通勤者が10％以上の周辺市町村を合わせた複数市町村圏を都市圏として採用。全国で269の都市圏が存在。

図表3 地域経済研究会における将来推計結果：2000年から2030年までの変化率

	域内総生産(%)	人口(%)	高齢化率(point)(都市圏平均)(カッコ内：2000年→2030年の高齢化率)
東京圏	＋10.7%	＋0.8%	＋13.68 (14.12%→27.79%)
100万人超都市圏(12都市圏)	＋6.4%	−7.0%	＋11.53 (16.13%→27.67%)
50万人超都市圏(26都市圏)	−1.5%	−12.6%	＋10.38 (17.70%→28.08%)
20万人超都市圏(地方中核都市圏)(50都市圏)	−7.6%	−16.9%	＋9.83 (18.84%→28.66%)
それ以外の都市圏(地方中小都市圏)(180都市圏)	−12.2%	−21.7%	＋7.91 (21.53%→29.43%)
【参考】都市圏を構成しない地域(中山間地域)	N/A	−20.5%	＋11.02 (23.79%→34.81%)

注：都市圏を構成しない地域については，地域経済研究会においては推計を行っていないため，人口，高齢化率について，人口問題研究所の推計結果を参考に載せたもの。

中小企業の動向も，従業者規模別の民営事業所数の推移を見ると，平成13年から平成24年にかけての事業所数が次に示す**図表4**のとおり毎年減少し，特に従業者300人未満の製造業の減少率が高く，地方の中小企業が後継者難の問題があって大幅に減少している。

さらに国内経済の成熟化と人口減少傾向の定着により生産年齢の人口も次の**図表5**のとおり推移すると見られる。

図表5のとおり2025年には総人口の31.9％が60歳以上となり1990年の1.1％から比較しても大幅に高齢化が進行していることがわかる。

高齢化の進行は日本経済のさらなる成熟化が加速し購買意欲の減退，国内経済の停滞縮小が生じてくる。

国内経済の縮小は企業の生き残りの競争を生じさせ過当な販売競争・価格競争が生じ，規模の小さな企業ほど，継続が困難な状態になってくる。

収益の低下は後継者の確保を困難にさせ，地域によっては現に日用品を販売する店舗もなく，生活に適さない地域も生じている。

さらに人口減とともに高齢化の進行は労働力人口が減少し、若手労働力15歳から29歳は1990年比23％減に、30歳から59歳は92％に、60歳以上は181％と高齢労働人口が増加し付加価値生産力の低下は免れない。

また、労働人口の減少と高齢化は中小企業にとっても若年労働者の確保が困難になり、企業の維持継続ができなくなってくる。現に小規模企業は社員の募集をしても応募者が現れない状態になりつつある。

図表4 従業者規模別の民営事業所数の推移（平成13年～平成24年）

（単位：事業所数、括弧内は構成比）

	規模計			従業者数300人未満			従業者数300人以上		
		製造業	非製造業		製造業	非製造業		製造業	非製造業
平成13年	6,138,312 (100.0%)	650,950 (10.6%)	5,487,362 (89.4%)	6,128,442 (99.8%)	647,073 (10.5%)	5,481,369 (89.3%)	9,870 (0.2%)	3,877 (0.1%)	5,993 (0.1%)
平成16年	5,728,492 (100.0%)	576,412 (10.1%)	5,152,080 (89.9%)	5,718,826 (99.8%)	572,948 (10.0%)	5,145,878 (89.9%)	9,666 (0.2%)	3,464 (0.1%)	6,202 (0.1%)
平成18年	5,722,559 (100.0%)	548,159 (9.6%)	5,174,400 (90.4%)	5,711,765 (99.8%)	544,614 (9.5%)	5,167,151 (90.3%)	10,794 (0.2%)	3,545 (0.1%)	7,249 (0.1%)
平成21年	5,886,193 (100.0%)	525,394 (8.9%)	5,360,799 (91.1%)	5,874,285 (99.8%)	521,814 (8.9%)	5,352,471 (90.9%)	11,908 (0.2%)	3,580 (0.1%)	8,328 (0.1%)
平成24年	5,465,578 (100.0%)	501,580 (9.2%)	4,963,998 (90.8%)	5,453,391 (99.8%)	498,154 (9.1%)	4,955,237 (90.7%)	12,187 (0.2%)	3,426 (0.1%)	8,761 (0.2%)

注1：平成24年は経済センサス・活動調査（速報集計）、平成21年は経済センサス・基礎調査、それ以前の数字は事業所・企業統計調査による。
注2：集計産業は、日本標準産業分類（平成19年11月改訂）における「S 公務」を除く「A 農業、林業～R サービス業（他に分類されないもの）」である。なお、平成18年以前の調査は旧産業に基づくものであるが、同様に「公務」を除いた「農業～サービス業」の区分としている。
注3：厚生労働省労働基準局労働条件政策課賃金時間室にて作成。なお、出向・派遣従業者のみの事業所は従業員300人未満に含めている。
出所：総務省・経済産業省「経済センサス・活動調査」、総務省「経済センサス・基礎調査」、「事業所・企業統計調査」。

図表5 生産年齢人口の推移

（単位：万人）

年齢構成	1990	1997	2000	2005	2010	2015	2020	2025	対2005年
15-29歳	1,475	1,638	1,600	1,400	1,220	1,100	1,060	1,080	-320
30-59歳	4,177	4,239	4,260	4,340	4,200	4,110	4,020	3,850	-490
60歳以上	732	910	980	1,130	1,330	1,350	1,320	1,330	200
合計	6,384	6,787	6,840	6,870	6,750	6,560	6,400	6,260	-610

出所：㈳中小企業診断協会石川県支部。

図表6 労働力人口の推移と見通し

（縦軸：労働力人口（万人））

年	1990	1995	2000	2006	2012	2030	2050
実績値	6,384	6,666	6,766	6,657	—	—	—
推計値（労働市場への参加が進むケース）	—	—	—	—	6,628	6,180	5,584
推計値（労働市場への参加が進まないケース）	—	—	—	—	6,426	—	4,228

労働市場参加が進まず少子化の流れを変えられない場合　現在の3分の2弱に減少

注：実績値は総務省「労働力調査」，2030年までの推計値は独立行政法人労働政策研究・研修機構による推計（2008年2月「平成19年労働力需給の推計―労働力需給モデルによる将来推計の結果」），2050年の労働力人口は，2030年以降の性・年齢階級別の労働力率が変わらないと仮定して，「日本の将来推計人口（平成18年12月推計）」の中位推計に基づき，厚生労働省社会保障担当参事官室において推計。
出所：内閣府「2011年版子ども・子育て白書」。

　生産性の低い中小企業にとって近年の最低賃金の引上げも大きなダメージとなっており，特に60歳以上の労働者で生産性が低い構造の小規模企業にとっては，継続するのが困難な時代になっている。

　人口減少率の高い地域の小規模企業は社員を募集しても集まらず，廃業を視野に入れ始めた事業主も現れ始めている。

　内閣府「子ども・子育て白書」の2011年版では，2006年の6,657万人から2030年には5,584万人へと17％も減少し約1,000万人減少する。高齢者や女性の労働市場への参加が進むと仮定しても2030年の労働力人口は，6,180万人と予測されており，この間の労働者人口は500万人と予測されている（**図表6**）。

　これだけ多くの労働者の減少では，中小企業での労働者の確保は絶望視されることになる。

　一方，海外からの労働者の移入は遅々として進まず，労働者を確保し企業の継続を図るには海外への進出を図り，企業の存続を計画する企業も増えつつある。

　中小企業の海外進出の動向も判断の1つに加えると，近年の海外進出企業の数の多さに国内中小企業は視野を広げていることがうかがえる。

3. 海外進出の現状

(1) 2013年1年間の海外進出

① 海外進出企業数

2013年に初めて海外進出した企業は15社で，2013年中に海外拠点を閉鎖するなど，全面的に撤退した企業は11社であった。その結果，2013年12月現在で，海外に進出している企業数（以下，「現進出企業」）は749社であった（**図表7**）。

② 海外進出拠点数

2013年に新たに設置された拠点は144拠点，撤退は67拠点で，77拠点が増加した。その結果，2013年12月現在で，現進出企業749社が設置している海外進出拠点（以下，「現進出拠点」）数は3,785拠点となった（**図表7，8**）。

(2) 進出先の国・地域

2013年12月現在で，現進出拠点3,785拠点を国・地域別に見ると，その進出

図表7　進出企業数・拠点数の推移

	新規進出企業数	全面撤退企業数	進出企業数	新規進出拠点数	撤退拠点数	進出拠点数
2003	45	23	677	300	97	2,781
2004	37	22	692	258	144	2,895
2005	29	22	699	242	123	3,014
2006	17	10	706	211	67	3,158
2007	12	9	709	147	116	3,189
2008	16	5	720	168	78	3,279
2009	14	11	723	124	71	3,332
2010	13	10	726	141	83	3,390
2011	21	11	736	233	60	3,563
2012	23	14	745	198	53	3,708
2013	15	11	749	144	67	3,785

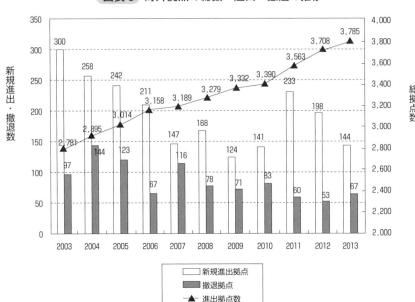

図表8 海外拠点の総数・進出・撤退の推移

先は93カ国・地域であった。

アジア地域への設置が6割を超えており，主な拠点設置先の国は，中国（523社・1,119拠点），タイ（267社・389拠点），アメリカ（227社・498拠点），インドネシア（139社・186拠点），ベトナム（96社・127拠点）の順であった。

海外に進出予定の中小企業に進出理由を尋ねると

1．国内市場の縮小
2．新たな事業の展開
3．取引先の海外進出
4．ボリュームゾーンなどの市場販路開拓
5．労働力確保・利用

などの海外に活路を求める企業が年を追って増加している。

以上，会計事務所の事業環境は日増しに厳しい状況に変化しつつある。

4. 会計事務所経営は過当競争の時代へ

　先に述べたように，人口減少高齢化，後継者不足，海外進出等が中小企業の経営環境を悪化させており，さらに国内地域の集中と衰退の二極化が進んでおり，会計事務所の経営も大きく変化し始めている。

　各士業の数の推移と税理士1人当たりの中小企業の数を見ると減少の一途が見てとれ，税理士の競争が激化して所得も減少していることが見てとれる（**図表9**）。

　弁護士，公認会計士，弁理士等の他士業の数もここ20年来増加の一途をたどる。総数は税理士に及ばないが，1985年から2010年までの間で公認会計士は3.3倍，弁護士は2.3倍，弁理士は3.0倍まで急増。さらに税理士のビジネステリトリーに参入している。税理士はまさに「職域防衛」という言葉を改めて意識せざるを得ない状況に立たされている。

　図表10は税理士1人当たりの中小企業数を示している。1986年には113件だったのが，2006年には61件と，実に50数％まで落ち込んでいる。この数字だけでも，税理士の競合が激化していることが簡単に読み取れる。

　税理士は，これらの統計が示す事実から目を背けてはならない。

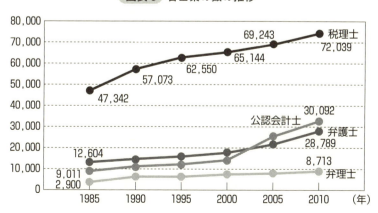

図表9　各士業の数の推移

図表10 税理士1人当たりの中小企業数

年	1986	1991	1996	2001	2006
数	113	91	81	72	61

図表11 会計事務所の規模別分類図

会計事務所数：28,566事務所

売上高	事務所数	割合（%）
1,000万未満	5,215事務所	18.3%
～2,000万未満	6,300事務所	22.1%
～3,000万未満	4,673事務所	16.4%
～5,000万未満	6,448事務所	22.6%
～1億円未満	4,552事務所	15.9%
～3億円未満	1,277事務所	4.5%
～10億円未満	74事務所	0.3%
10億円以上	27事務所	0.1%

出所：平成16年度サービス業基本調査。

① 売上別分布

　会計事務所の規模別分布について考えるため，意外と知られていない，会計事務所の規模別分布を解説する（**図表11**）。

　つまり，

　売上5,000万未満の事務所が79.4％

　売上5,000万円を突破するだけで，上位20％に入る。

　売上1億円を超えると上位5％となる。

　売上3億を超えるとBest100位に入る。

　ということである。

図表12 税理士の平均年収

平成26年　税理士の平均年収：716万円

平均年収：716万円	復元労働者数：6,420人
平均月収：41万円	総労働時間：179時間/月
平均時給：2,311円	男性平均年収：832万円
年間ボーナス等：220万円	女性平均年収：501万円
平均年齢：39.0歳	男性割合：65.0%
平均勤続年数：9.1年	女性割合：35.0%

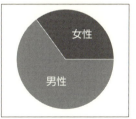

ⓐ 本統計上の男女比

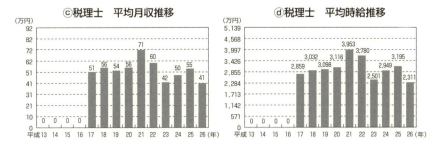

② 税理士の平均年収

　税理士事務所の経営も小規模化し，低価格化への経営環境に入っており，低価格でサービスの質の悪化の道を探るか，高価格で高品質サービスを探るか，の二極化の時代が到来してきたといえよう。

　当会計事務所としては両面での生き残りを模索することとした。

5. サイゴンビジネスソリューションの設立

　中小企業が生き残りを賭けて経営の改善に力を注ぐ時代，当事務所も将来企業拡大を図っていく中小企業を中心に，税務監査よりも経営分析を行い，収益拡大を目指す管理会計や社員の生産性向上を目指す，中小企業の関与を中心に据えたコンサルティングを付加した，付加価値経営を選択し関与先を増やす計画を樹立してゆかねばならない。

　それには業務の中の低生産性業務である記帳ならびに記帳帳簿監査は，コストの安い海外の人件費を活用すること，国内での高度の知識を持つ社員の確保が難しくなくなりつつあることから質的に優れた能力を持つベトナム社員に任せる方策がとれる可能性が高いこと。

　サイゴンビジネスソリューションでは，学卒を中心に社員を採用し将来ベトナムの会計士の資格（学卒の実務経験2年で資格授与）を持たせることが可能であり，日本の中小企業でベトナムへ進出する企業へ会計処理ならびに総務職の関与の可能性が高いこと。

　ベトナムでの日本語教育を会計処理業務の他に行っており，日本語のできるベトナム人を日本国内で技能研修に当事務所の関与先へ研修生としての人材の受け入れ選定が可能なことなどが見込めるため，労働補助者としても派遣の可能性が多くなる。

　今後当事務所の関与先が労働力確保に困難をきたしたときのための支援策の1つとしても重要である。

　帝国データバンクの2012年調査では，中小企業者が社会構造の変化，人口の減少高齢化に生き残りをかけて海外進出を含めて対策を講ずることが求められている。

```
サイゴンビジネスソリューションの概要
住所：120/59 Road 59-ward.14-Go Vap Dis-HCMC TP
　　　HCM
社員：日本人　1名　　現地社員　6名
業務：会計事務，総務データ作成，日本語教育
```

図表13 都道府県別人口増加率(2005－2010年)

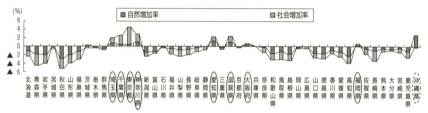

出所：総務省「国勢調査」，厚生労働省「人口動態統計」に基づき中小企業庁作成。

図表14 2010年と比較した2040年の都道府県別人口増加率および年齢階級別寄与度

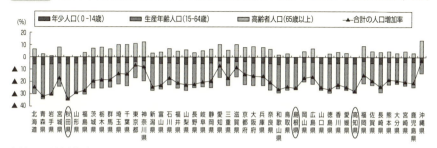

出所：国立社会保障・人口問題研究所「日本の地域別将来推計人口（出生中位・死亡中位）」。

(1) 教　育

　日本国内業務の海外への委託が第１の目的であったことから，現地での採用は①日本語が片言でも話せることを条件とし，②経済系の大学を卒業していること，③通勤がバイクで30分以内であることとした。

　現地の代表取締役の知人を中心に採用した。

　会計用語も日本語で送られてくる資料を見ての作業になるので，

　　①会計科目とコード番号の関連

　　②会計ソフトの利用方法とコンピューター操作

　　③秘密保護に関する保全の方法

　　④日本企業のマナー

　　⑤鯨井会計の規律

　　⑥日本と現地との資料の送信方法

⑦就業規則の理解

　これらを6カ月以上過去のデータを利用，繰り返し作業を行った。
　日本語に関しては，4カ月ほどは遅々として進まなかったが，6カ月を過ぎた頃から一部利用ができるようになった。
　1年を過ぎた頃からは日本語の形から科目コード番号も判別できるようになったが，特殊な項目，または理解できない項目については指定したコード番号を利用し，日本国内で鯨井会計の社員が訂正を行う処理方法をとった。
　ベトナムで行うデータは日本国内のクラウドから日々採り入れ，作業終了時にはクラウドに戻す方策をとり，情報の流出は防いでいる。
　ベトナム進出の当初は電力不足等により日本とのデータのやりとりも不便を感じたが，電力出力の高い時間帯での送信等でカバーすることができた。
　一番悩ましい問題は業務処理ミスでの責任の所在がどちらの問題かとの判断である。これについては，日本からの指示が現地スタッフには抽象的であるとの指摘があり，鯨井会計内部の改善にも役立つことになった。
　また，ベトナムと日本の習慣の違いは，日々の日本人スタッフがその都度教育をしているが，日本から打ち合わせにくる鯨井会計の社員との集団活動が一番理解を進ませることになっている。
　2014年からは現地スタッフのうち，成績上位者の1人について，日本の鯨井会計での勤務を1年間行い，ベトナムの業務水準の向上に努めている。

(2) 評　価

　業務水準とコスト削減のデータを記録してスタッフの評価をするようにしているが，現地スタッフは現地の習慣による評価を行い，自己評価は高く評価する傾向が強く，データ活用を中心とする評価により近年は評価については同じ水準で判断できるようになってきた。
　日本語の評価は級数による評価で日本語のマスターに努めさせ，給与にも反映することにしている。

(3) 現地での交渉

　現地では労働法や税法など，法的には制度の導入は図られているが，法の執行面では不十分な面があり，現場での説明交渉を重視する必要がある。
　これらの対応は現地の弁護士に依頼し，法的にクリアをすることになる。
　税法の運用も，帳簿の作成は不充分なところがあり，調査担当官の裁量によるところがある。
　海外法人には厳しいところがあるが，現地での会計事務所業務はしばらく後でなければニーズは少ないと思われる。

(4) 現地のベトナムの法人執行状況

　ベトナムの業務執行状況は次のとおりである。

Ⅰ．管理体制
　社長（ベトナム人）
　　①ベトナムの慣習にのっとって社員の育成管理
　　②社員待遇および給与等の情報収集を知人の法人等から収集
　　③社長としての権限は，経営について参画しない対外折衝のみを行い，社内の業務統括は支社長（日本人）が行う。
　支社長（日本人）
　　①日本の運営方式，社員教育を担当する
　　②日本本社からの指示により業務を遂行
　　③日本からの融資金における金銭管理
　　④業務の管理遂行と現地法人社員の日本語教育等のレベルアップ
　　⑤社員同士の交流関係情報の把握が必要である。ミーティングの実施
　　⑥言葉の壁があるため，ベトナムのやり方が基準にならぬよう業務前に必ず指示命令の徹底

Ⅱ．本社と現地
- ベトナムでは現地単体で運営しているとの認識が強い傾向にある
- ベトナムで作業を行っているため，ベトナム基準での考えを強く出すことがある
- ベトナム業務のレベルアップのためにも，日本基準での評価が重要になる
- 言葉の問題もあるため，何の業務かを日本と確認し理解度を高める必要がある
- 本社からの指示と現地での作業報告書を作成し，日々報告確認を必ず行う

Ⅲ．本社の役割
- 作業後，支社長がベトナムの処理についての評価を行うことで改善要求を必ず行う
- 定期的に直接会話（スカイプ等）を行い，緊張感を持たせる
- 言葉の壁があるためより具体的な指示命令が必要
- 業務期限を設け，必ず期限内に作業を終わらせるよう管理の徹底
- 定期的に資料を送るよう本社での業務区分を行い，徹底した作業の見直しを行う
- 定期的に資料を送るために，本社での関与先の選定を行い送付基準指示様式の改善打合せ

Ⅳ．子会社の業務

　月次目標
　　① 1カ月本社から250社を受ける目標で教育
　　② 1人当たり40社10,000仕訳を目標にした業務改善
　　③ 1仕訳1分を目標に摘要まで入力を設定
　　④ 他会計事務所からの受注目標1カ月50社
　　⑤ 受けてから3日以内の返却を目標に管理

　改善策定
　　① 日本語での出納帳等のくせ字が読めないため明確な基準を選定し指導

②科目基準の教育徹底としっかりとした基準判断の訓練
③現地作業に余裕がある場合は，本社との間で作業管理表にて予定を把握し，業務量を拡大
④職員のレベルアップの基準策定と評価基準の改定

V．人事対策
 採　用
  ①一般的には新聞やインターネットへの掲示による募集
  ②掲示内容に規定はなく随時必要項目を掲示
  ③リスク回避をするためにも，本人確認書類提出は必須
  ④履歴書だけでなく技能卒業証明書も必ず添付させる
  ⑤書類は郵送でなく持参を原則とする
  ⑥現地スタッフのみの判断ではなく，必ず本社での採用基準の一部も取り入れ採用を判断する
  ⑦基本的に男性より女性の働きのほうが良いため女性の採用が多くなる傾向がある

 時間管理
  ①勤務時間は基本的に就業規則通り
  ②作業目標時間を明確にし，何分で終わりにするか指示し報告を受ける
  ③定期的にコンピューター入力テストを行い時間管理を徹底する
  ④ただ早く行えばよいという考えが強いので品質管理チェックも記録している
  ⑤基本的には定時に終わり残業はない

 賃金管理
  ①能力に応じた給与評価体系を採用
  ②日本語検定試験の目標を設定して級レベルにより手当を支給
  ③能力を把握するために作業のテストを年2回実施
  ④具体的な目標を掲げさせ，給与にフィードバックさせる体制をつくる

品質管理
　①ベトナムは質より量の考えが強い傾向があり品質管理が重要
　②品質管理の向上のため，職員間での入力チェックを行いミス率を記録している
　③品質向上のため，マニュアルの作成が重要
　④日本からの指示事項を明確することで指示命令を反復させる

現金管理
　①貨幣単位が大きくなるため，現金管理は日本人スタッフが必ず行う
　②日々の出納帳を作成させ，現金管理報告を毎月本社に報告させている

資産管理
　①現地資産はベトナム人社長名義にしてあるが，弁護士を選定し書面にて持分等を明確に区分する契約が作成されている
　②パソコン等も日本から持参し，ソフトも日本製のものを使用
　③ベトナムの資産はほとんどなくし，あるのは家具等什器のみ

健康管理
　①大きな病院にはほとんど行かず薬局での指示が多い
　②多数ある薬局の薬剤師により処方された薬で対応
　③ベトナムは昔から食事療法に頼ることが多いため，家政婦を採用し食事管理

情報収集
　①通常の情報はJETROや商工会にて収集
　②ベトナム人の情報には不確実なものが多く事実確認することが必要である。鵜呑みにできないことが多い
　③現地日本企業との交流により情報を収集する
　④ベトナム人は日本企業へは容易に情報は出さない。人的つながりが大切

⑤定期的に日本企業を訪問し日本人との情報交換を行う

官公庁との窓口渉外
　①官公庁は二面性があり，法を守りつつ賄賂で対応することも
　②基本的に正規の手続きでは何も進まなくなるため，公安とのパイプをうまく利用する現地人の活用が大切
　③常に指導料を求めてくるため，ベトナム人でも厳しいときがある

コンプライアンス対策
　①情報漏洩対策として，パソコン内にデータは何も残さず，クラウドを活用し，日本国内のサーバーにて管理を行う
　②帰社時には現地スタッフのパソコン内を支社長が確認
　③作業場所には携帯電話の持込を禁止する
　④サーバーを日本国内に置くことで，秘密漏洩に努める
　⑤定期的に机の配置を変え，書類等の持ち出しを監視する
　⑥紙に印刷をさせず，デュアル画面にて作業を行わせる

6. まとめ

　㈱鯨井会計は日本国内の社会構造の変化，人口減，地域の二極化による中小企業の継続困難な状況等，会計事務所自身も生き残りのため，模索をしなければならないが，関与先中小企業も何らかの方策で海外企業との関係を深めるか，場合によっては進出を図らなければならない環境になってきている。
　鯨井会計は自社のコスト削減を図り，競争力の向上を図らなければならないが，関与先企業にも海外に進出する足がかりの情報や現地企業の斡旋をできる基盤をつくる目的で進出した。
　今後日本から進出する企業の総務職や人的斡旋のできる会計事務所へ成長し，日本の地域中小企業への協力ができれば幸いである。

▶補章2
失敗から学ぶベトナムビジネス

1. ベトナムの概要

(1) ベトナムの国土と気候

　2008年1月7日，会社からの出向でベトナムに赴いた。そのときベトナムに長期滞在することになるとは思ってもいなかったが，予想外に長期になったのは，会社の変化，私自身の考えの変化が影響を与えた。

　現在も引き続き滞在しているベトナムの特徴を簡単に述べておこう。ベトナムは南北に細長く，面積は32万9,241平方キロメートル，日本の九州の面積を除いたくらいの国土になる。そこに現在9,000万人を超える人口を有し，人口増が続く国である。ハノイ市を中心とする北部は，亜熱帯性気候であり日本ほどではないが四季の変化が見受けられる。それに対してホーチミン市を中心とする南部は，熱帯性気候であり一年を通じて30度前後の気温が続く地域である。5月～11月頃が雨季，12月～4月頃が乾季となる。乾季にはほとんど雨が降らず，雨季には大抵1日一度1時間程度のスコールが降る。私はそのホーチミン市に駐在している。

(2) 社会主義国ベトナム

　ベトナムの正式な国名はベトナム社会主義共和国だ。政治は社会主義体制で，共産党一党独裁である。共産党の指導の下に国会があり，そこで国家主席を選出する仕組みだ。国家主席は国家を代表し，人民軍を統帥，憲法・法律を公布，条約の批准を行う。また国会が立法の制定，決議，人事を行い，政府がそれを

運用する。政府は法案をつくり，報告，計画を国会に上程する。

ベトナムの政治リーダーは，ベトナム共産党書記長，国家主席，首相と3名存在する。形式的序列は，共産党書記長，国家主席，首相の序列になると思われるが，現実には首相が前面に出ることが多い。

1975年サイゴンが陥落し，ベトナム戦争が終結した。1976年に南北が統一され，社会主義理念のもとで国家建設が始まった。ソ連の国家づくりをまねて，農業分野は合作社という集団生産体制を敷き，工業分野はすべて国営会社化がされ，政府指令による計画生産が実行された。商業分野は価格を統制し，自由な価格設定は認めなかった。

(3) ドイモイ政策

統一後の国内経済が停滞したことから，1986年ベトナム共産党第6回党大会で政策変更が決議された。それは価格の自由化，国際分業型の産業構造構築，生産性の向上など経済に資本主義的要素を取り入れることだった。また，社会思想面での新方向として，資本主義国からも必要なことは取り入れようとした。その政策は，ベトナム語で「刷新」という意味の，ドイモイ政策の名前で呼ばれている。そこから社会主義国ではありながら，資本主義国との友好関係構築も重視した外交を展開することになった。

ドイモイ政策の特徴は，マルクス・レーニン主義による社会主義を捨て，新しい国づくりを模索する試みであった。社会主義経済の特徴である計画経済制から，市場経済を導入するための改革であった。国営企業以外の私企業の存在を認めると同時に，私有財産も一部認めることになった。この考えは国民の自助努力を喚起し，経済の活性化を図るためのもので，多くの資本主義国と同様の考えを導入した。

この政策により，外国投資の導入など対外開放に向けた動きが加速していくことになる。ベトナムが大きな転換をするきっかけとなった政策である。

(4) 投資ブーム

市場経済を導入してすぐに大きな変化が起こり始めた。変化が人々の考え方を自然なものに戻したのかもしれない。ベトナム人はベトナム戦争の敵国であ

った米国のことを憎んでいるのかと思いきや，実際は子息の留学先の一番人気が米国である。音楽パブに集まる若者たちは，US-POPに踊り出す。実際ケンタッキーフライドチキンをはじめマクドナルド，スターバックスなど米国資本の飲食店も人気である。ベトナム人は本質的には，資本主義も米国も好きなのだと感じる。

　ベトナム経済が成長を始めるのは，米国との関係改善をきっかけとしている。国際社会からベトナムが認められるようになるのは，米国が制裁解除した1994年からである。ベトナムへの第1次投資ブームは1994年から1997年まで，アジア通貨危機が勃発するまで続いた。

　その後，第2次投資ブームはベトナムの世界貿易機関（WTO）加盟の動きが現れる2005年あたりから，2008年のリーマンショックの頃まで続くことになる。ベトナム経済の成長は，外国直接投資の有無によって大きく影響する。外資への依存度が非常に高い国なのだ。

2. ベトナム事業の再建と転換

(1) 派遣されたIT会社の実情

　当時私は，ベンチャー企業の新規株式公開（IPO）と事業開発，事業再生のコンサルタントだった。新規事業の相談をしていた東京にあるIT企業の経営者から，「ベトナムに海外法人を設立したが，可能性のある市場なので，一度見てみないか」と相談を受けた。自分が主体になって行う事業を模索していた矢先だったので，誘いを受け入れベトナムへ訪問することにした。帰国後，すぐに新規事業構築を期待されたこともあり，駐在を決意してベトナムに出発した。

　駐在を始めた会社は，当時の経営者の実妹であったHさんとベトナム人ITエンジニアのファン・ヴァン・ティン（Phan Van Tin）さんが取締役を務める会社だった。事業内容は日本からのオフショア開発，日本からのビジネス・プロセス・アウトソーシング（BPO）が主な業務であった。その会社の海外進出の狙いは，作業コストの削減を図り，価格競争力を確保するのが目的だった。

当時の社長はそれだけでは事業の継続が難しいと考えていた。そこで私がベトナムを市場とする新規事業を構築することで，経営の安定が果たされることを期待されたのだ。

Hさんは中学教師の経験があり，その経験から日本語とデータ処理手順をベトナム人社員へ教えること，その他経理・人事・総務を担当していた。ソフト開発は日本語のできるベトナム人エンジニアで，名門ホーチミン工科大学出身のティンさんが担当していた。

当時の社長は，彼に大きな期待を持っていたのだが，副業をいくつか持っていた。ベトナム労働法には副業禁止の規定がない。そんなベトナムの風潮を反映して，取締役のティンさんは朝スタッフと打ち合わせをするとすぐにどこかに出かけていき，夕方まで帰ってこないことも多い勤務状態であった。

私の新規事業探しは，当社の業務に関連性があるIT会社への挨拶訪問から開始した。運よくオフショア開発系のA社が，大手企業から委託された生産管理システムの日本語版を，英語版に改良する仕事を受託したと聞いた。ただ，スタッフが集められないので，協力してくれないかとの相談であった。日本語のできる技術者を集めることは困難であったので，当社内で日本語データ処理をしているスタッフとITエンジニアを組み合わせて派遣することを思いつき，ティンさんに相談をした。

A社も体制づくりに困っていたようで，私の提案に賛成してくれた。ティンさんも「大丈夫です。任せてください」と発言し，引き受けることを約束した。ところが翌日になって，彼が「この仕事は難しいので，私たちには無理です」と自分が担当できないと言ってきた。そのとき私は，彼を無責任だと叱ったが，それでやる気になってくれることはなかった。緊急対策として，私は責任者になりうるエンジニアを採用することと，人材が余っているIT企業からエンジニアを出してもらうために動いた。IT企業のヒアリングをしていたことも功を奏し，協力企業はすぐに見つかった。

結果的に，この案件は苦労しながらも何とか期限内に納品ができ，無事に利益を上げることができた。ただ，ベトナム人の約束の軽さを痛感せざるを得なかった。この結果，彼には取締役を降りてもらうこととなり，数日後退職することになった。

(2) ベトナム人脈づくり

　IT担当取締役の退職でソフト開発の事業が事実上頓挫し，着任早々新規事業の具体化が必要になった。私はベトナム着任直後に親しくなった元大手商社マンの堀信雄さんに協力をお願いした。彼は母親がベトナム人で，ベトナム語ができない私には便利な存在であった。彼はベトナムユネスコ協会の幹部であったグエン・タン・ヒェップ（Nguyen Thanh Hiep）氏を紹介してくれた。この人はベトナム軍幹部の子息で，本人も多くの勲章を授与された英雄でもあり，ベトナム伝統の漆画の作者としても有名な人物でもあった。ヒェップ氏から，その部下で事務長のチャン・ドック・フイ（Tran Duc Huy）氏を紹介いただき，協力が得られることになった。

　ベトナムの有力者とのお付き合いは日本との違いが多い。昼食に誘われたときには，午後の予定を入れることは不可能だ。その席は，2～3時間延々とビールで乾杯し，ベトナム料理に囲まれる長時間の宴席になるからである。日中の宴だが飲みつぶれるまで延々と続く。最初少人数で飲み始めていると，次第に仲間がやってきて，大きな宴会に発展することもある。

　未体験の食材をいただくこともあった。それはタヌキのように見えたが，ハリがついた動物と言うので確認するとヤマアラシだった。ネズミもいただいたことがあるが，食後にタネ明かしをされるまで気がつかなかった。最初に聞いていれば食べることはなかっただろう。私がこのような付き合いをしたのは，海外でビジネスでは，日本と同様に地域の人の懐に入っていくべきだと考えたからである。

　私はベトナムの有力者と懇意になった縁で，会社の事業ライセンスの追加をするためその方の力を借りることにした。お願いした事業の追加は，経営管理コンサルティング，営業コンサルティング，投資コンサルティング，不動産仲介だった。当初は難しいといわれていた不動産仲介も含めて，新しいライセンスが取得できたのは，駐在から半年後の2008年6月のことだった。

　ベトナム人有力者との縁は，その後意見の対立をきっかけに途絶えることになる。親しくなった際に出資していただいたのだが，途中でその出資に対する配当が少ないことが問題になった。配当を上げてくれなければ，会社の登記変

更の際に必要なサインをしないと主張されることもあり、スムーズな業務運営上の障害になり始めていた。ただ、常識的な考えの方であり、結局は出資額に利息をつけて返還することで事態は終息した。

ギブ・アンド・テイクができないと関係は冷えていき、メリットがないと関係は消える。紹介者堀さんの急死という遠因もあり、想定していた関係構築はできなかった。信頼関係を維持することは、並大抵の努力ではできないことを知った。

(3) 新規事業の制約

新規事業を行うために、ベトナムでは事業ランセンスの追加申請を行う必要がある。外資企業は投資許可を得ないでは、事業をすることが許されない。今まで当社は、ソフトウェア開発、データ処理事業の許認可を受けていた。しかし、それ以外の事業で収益を得ることはできない。私に任せられた新規事業開発は、新しいライセンスを取得することなしには不可能だった。

ベトナム企業は政府に登録している請求書兼領収書（日本人は赤領収書と呼ぶ）を作成するのだが、この請求書兼領収書には取引の業務内容を記載する必要がある。記載する内容は、ライセンス取得できた業務に限られる。その当時では、ソフト開発、データ処理と記載する以外になかった。ベトナムに所在する企業は、社員への給料を除いてこの領収書以外の支出を損金処理することができない。そのため私は、曖昧な表現でも幅広く業務がカバーできるもの、取引企業からも取引種目として承諾を得やすい各種コンサルティングライセンスを取得すべきと考えた。また、友人の勧めもあり不動産仲介のライセンスを取得した。不動産仲介のライセンスを取得したことが、その後のビジネスの展開に変化を与えることになった。

(4) 不動産仲介の事業化と派生事業

不動産仲介事業は事前準備が必要だった。業務範囲は日本企業が求めるベトナムでのオフィス、駐在員の住まいの仲介に限定した。担当するスタッフは、今まで日本語のデータ処理をしていた社員から選んだ。日本語能力が高く、顧客対応に適正がありそうな人材を指名し、本人の意向を確認して登用した。選

考の過程で，新しい仕事に警戒心を持つ者もいたが，大半の社員は新しい業務に挑戦しようとしていることがわかった。ベトナム人は，能力向上できる機会には，積極的に挑戦しようとする。不動産事業のスタートは，選抜したベトナム人女性社員1名と私の2名体制でスタートした。

　その当時ベトナムは不動産価格が高騰しており，契約途中でも家賃を変えようとする大家が横行していた。この国の不動産事業者は，大家からの手数料収入のみで事業をしていたため，借主へのサービス提供・苦情対応はなく，不満があっても借主が泣き寝入りを強いられていた。そのため当社は，借主から手数料をいただき，借主への徹底的なサービスを提供する不動産会社になることを決めた。

　この国の不動産交渉で大事なことは，実際の所有者か，又貸しかを確かめることだ。又貸し契約のオフィスでは会社設立ができない。住まいも所有者が外国人の居住登録を報告する必要があるが，又貸しの場合は申請できず，後日強制退去を求められることもある。

　そのほか入居後のトラブルには枚挙に暇がない。仕事を終えて帰ったら，電気がつかない。新興国では頻繁に発生する停電かと思いきや，周りの家々の電灯が点いているので停電ではないことに気づく。多くの場合は，電気料金の未払いに起因している。貸主が電気料金込みで家賃を受け取っているのだが，電力会社に支払いをしていないため配電の停止処置にあう。そのようなトラブルが日々起こる。それらのトラブル対応をするなかで，徐々に日本企業からの問い合わせが増え，不動産事業は当社の事業の柱に成長した。

　コア事業が安定してくると派生する事業が現れる。不動産仲介事業がコアになったことにより，日本企業のベトナム進出の情報を得られるようになったこと，幅広い企業と接点が持てたことで，当社の付加価値の増大を生んだ。

　コアの事業の成長が，社員の成長と情報の蓄積をもたらした。事業を拡大する資源になった。例えば日本人への不動産案内役のスタッフは，日本語の上達のみならず，日本人の感性を知ることになる。日本人へのサポート業務は，日本人の感性を知った者のほうが重宝される。不動産事業で得た人材の成長が，次のビジネスでも役に立った。現在，多くのスタッフに不動産の案内役を経験させているが，それが人材育成に効果的だとわかったからである。

そのかいあって，当社のビジネスには旅行会社からの下請け業務も増えていった。それらの企業にとって，ビジネス視察，グローバル人材育成の代行業務を当社に任せることで余分な労力を省くことができたのだ。それ以外にも進出企業の会社設立・各種許認可の代行，通訳派遣・翻訳，市場調査など当社ビジネスの収益源は増えていった。

3. 海外事業のハードル

(1) 社員との労働契約交渉

　ベトナムが社会主義国であることを，普段の生活ではほとんど感じることはない。しかし，当社で年に一度必ずやってくる労働契約の更改作業が，私には唯一社会主義国であることを感じる場面である。
　この国の労働法に則って，企業は事業を行っていかなければならない。しかし，この法律は労働者の権利保護に比重を置いた法律であり，経営者は運用に悩むこともある。
　日本との違いが明確な規定を例に挙げれば，1週間のうちで休暇と指定された日に働いた場合は，通常の2倍の賃金を支払うこと，公休日に働いた場合は，通常の3倍の賃金を支払うことが決められている。
　また，企業が雇用する者には，必ず労働契約を締結しなければならない。労働契約には，期間の定めのない契約，期間の定めのある契約，12カ月未満の季節労働や特別業務の契約のどれかを締結しなければならない。通常の社員については，期間の定めのある契約ができるのは2回までで，3回目からは有期の契約はできず，期間の定めのない契約か，終了を判断するしかない。
　労働契約には，従事する業務，労働時間，休憩時間，賃金の額，作業の場所，契約の期間，その他社会保険に関する条件を盛り込まなければならない。労働契約締結後，内容を変更するときには改めて労働契約を結び直す必要もある。
　当社で実際にあった労働契約に関するエピソードを紹介しよう。オフィス共有部の掃除はビルの管理業者が行っているが，自社内までは掃除をすることはない。そのため毎週月曜の20分間，皆で掃除をしようと提案をしたとき，一部

の社員から次の発言があった。「私は労働契約で掃除をする契約はしていないのでやりません」。そのときは「職場環境を良くすることなので，掃除の業務とは考えないでほしい」と話して一件落着はしたのだが，労働契約は単なる形式上の約束ではないことを感じさせた出来事だった。

　特に賃金交渉は真剣勝負の交渉になる。スタッフからは，「こんなに頑張っているのに評価してくれないのか」，ダメもとで「私は○○まで給与を上げてほしい」など遠慮のない要求が飛び交う。労働契約の時期は，経営者が油断も隙もつくるわけにはいかない時期だ。

(2)　M&A交渉

　2010年7月，不動産に関する今までにない依頼をいただいた。それは「日本一小さな村で生まれた，世界一の端子メーカー」からの依頼だった。それは，富山県中新川郡舟橋村に所在するファインネクス株式会社（代表取締役：松田登氏）のことである。日本一小さいというのは面積が日本一小さいとの意味なのだが，そこで製造するパソコンのCPU用PGAピンのシェアが世界一という優良企業だ。

　その会社が2010年ベトナムでの製造を計画し，ホーチミン市近郊で工場用地を探しているときに私は知り合った。「いくつかの工業団地を見たが，ホーチミン市近郊のビンズン省にあるVSIP1工業団地が最も良い」と判断したと聞いた。私はVSIP管理事務所に問い合わせをしたが，「完売している」との回答だった。実際は空き地があるのになぜ完売なのだろうと調べてみると，購入したまま数年間何もせず放置しているローカル企業の存在が確認できた。

　その1つの所有者を見つけ交渉を開始した。不動産の転売はできないので，次善の策として，合法的に解決できる方法，すなわち土地を所有する会社の売買，いわばM&A契約として交渉した。もちろんベトナム企業のM&Aの経験は初めてだった。単なる不動産仲介の経験しかない当社には，荷が重い案件だった。可能ならお断りしたかったが，親会社がすでに業務委託契約を結んでいたので逃げるわけにはいかなかった。仕方なくファインネクス社の指示に従って法律事務所を選定し，弁護士に間に入ってもらい交渉を続けた。

　土地の所有者は，タフで強気なベトナム人社長だった。顔色を変えず購入者

に不利な条件を突きつけることもあった。長い話し合いの末，ようやく基本合意に近づいたが，土地購入後の税の未払い，工業団地への管理費の未払いが次から次へと見つかり，どちらが支払うかが大きな問題になった。自分の未払いであっても，ベトナム人社長が妥協をしないため，長い交渉時間を要した。

　その困難な交渉を乗り越えた功労者は，当社にはいなかった。ファインネクス社の松田社長を先頭に幹部が奔走してくれたお陰の成約だった。特にファインネクス社日本勤務のベトナム人，レ・クック・フォン（Le Quoc Phong）さんの活躍により，解決の糸口が見えてきた。彼がビンズン省人民委員会のネットワークを構築し，困難な問題を地元有力者の力を引き出すことにより解決したのだ。地元有力者の説得に，ベトナム人社長は従うしかなかった。そのお陰で，2012年11月15日，操業を開始することができた。

(3) 曖昧なベトナムの法制・税制

　ベトナムに限らないが，新興国では法律の策定が厳格に制度化されていないところがある。日本にある法制局のように各法律の矛盾がないかを確認する部署もないのがベトナムである。法律の矛盾する部分の判断は，対応する担当官の個人的な解釈や判断に任されていることが多い。曖昧な法律のままで行政の運営がされるので，担当官によって判断が異なることがある。

　できると言われたことが，別の担当官からできないと言われることもある。どうしても解決を図らなければならないときは，特別な方法での解決を検討する。それが時として賄賂を生み出す温床となっているのだが，水面下での対応によって解決できることもある。多くの企業がコンプライアンスの観点で，そのような支出を許容できないのだが，何らかの形式で解決せざるを得ないことを，新興国のビジネスでは念頭に入れる必要がある。

　外資企業を悩ませるのが，税務当局の抜き打ち検査である。税務当局は特に国の歳入不足の折に訪問することも多い。多くの企業で発生しているグレーゾーンの事例を不適切と指摘し，追徴課税を請求するのだ。

　私の知人が経営するIT会社での事例をお伝えしておこう。その会社では，スマートフォンのアプリケーションの開発が忙しい時期に，社員のボーナスを大幅に増額したことがあったらしい。ところが税務当局の検査があり，社員へ

の賞与の支出を，経理上損金算入することが否認されたと聞いた。税務当局の言い分は，社員への褒賞などは労働契約書に記載されるべきもので，何の記載もない賞与の増額は，法人税逃れに当たるとの見解だった。税務当局と交渉したらしいが，その会社の言い分は概ね否認され，多額の追徴課税を支払うことになったと聞いた。日本流のやり方をそのまま行うことには注意が必要だ。

4. 失敗事例・撤退・苦悩

(1) 他動的な海外進出の動機

　ベトナムにいると日本の中小企業経営者が，海外進出に意欲を持っていることを知る機会は多い。その経営者たちの動機は，日本国内の少子高齢化，人口減少，大企業の生産拠点の移転など，国内にとどまっていた場合，将来の経営の厳しさを予想できるからであろう。海外進出に命運をかけ，大きな夢を持って進出する中小企業の経営者は多い。ところが，海外進出することですべてが解決することはない。ベトナムに進出した企業でも，毎年赤字から抜け出せないでもがいている場合もある。もうこれ以上出血ができない事態に陥り，撤退や休業状態になる企業も後を絶たない。

　問題の火種はスタート時点にあることも多い。それは海外進出を決めるときの安易な判断に起因する。最近は地域を代表する組織・機関が主催する海外視察が実施されることも多い。参加した中小企業の経営者は，その地方で先行して進出した企業の成功事例を聞き，さらにいかに日本企業の進出を現地から期待されているかを知ると，自分たちも進出すれば成功できると思い込む。

　最も多い中小企業の海外進出の動機は，第三者に勧められる場合である。多くの中小企業は，大手企業の下請けをしている場合が多い。そのため大手企業の海外進出についてこなければ，取引は継続しないといわれる。また，海外に法人を持っていない企業との取引はできないといわれて，仕方なく進出先を探すIT企業もあった。自主的に決めた進出でないので，他社の事情で経営が左右されることがあるのはいうまでもない。またそのような進出は，収益度外視の場合が多い。赤字だが親会社の取引のために続けざるを得ないともがいてい

る企業も多い。

(2) **失敗事例の数々**

　長年，ベトナムにいるといくつかの失敗に陥る企業を垣間見る。進出初期の段階ですでに失敗の芽が現れている場合も多い。失敗の要因は，甘い見込み，人から聞いた噂話程度の情報に振り回されること，事前の調査不足である。

　失敗するパターンの1つは，人を信用しすぎたことによるのだが，私が相談を受けたことがある事例を紹介しよう。

　関東の自動車部品を製造する企業が，ベトナムに工場を設立しようとした事例である。日本で有力者の関与があるコンサルティング会社の紹介を鵜呑みにして，その会社は紹介先のベトナム企業に工場建設などすべてを任せた。ところが依頼もしていない造作の料金として，高額の請求書が送りつけられた。「依頼もしていない分の支払いはできない」と苦情を申し入れたところ，「支払わないのなら出て行ってくれ」と突き放された。その過程で不信感が増幅し，紛争状態になってしまった。それまでに多額の資金を使っていたが，その場所での操業を断念せざるを得なかった。日本のコンサルティング会社も知人に紹介されたものを横流しした安易な紹介であった。

　また別の事例だが，東京にある中小企業の経営者が，技能実習生として3年間努力をしてくれたベトナム人の帰国にあたり，彼らのためにベトナムに工場を作ろうとした事例である。その社長は進出する工業団地を決め，不動産購入代金を工場運営の責任者と決めていた実習生の口座に振り込んでしまった。すぐに工業団地側から，ベトナム人名義で支払すると日本出資での会社設立ができないと言われた。その社長はベトナム人にいったんは資金の返還を頼んだが，いつになっても返還されず，進出の計画が頓挫した事例である。過度な信用は，思いもよらない裏切りにあうこともある。

　その他に多くの企業が陥る失敗事例がある。それは国の発展と市場性への過度の思い込みである。バイクで渋滞が発生するほどの市街地の道路を見て，「この国は発展する」と思う日本人は多い。しかし，そこは日本人の本拠地ではない。外国企業や外国人には厳しい規制がつきまとう。政府が自国民の利益を優先するのは当然で，ベトナム政府は自国にプラスをもたらす場合だけ外資

に依存する傾向がある。自国にプラスにならないと判断された場合には、さまざまな指摘や圧力をかけられることもある。日本での成功事例が、海外でも通用すると思い開店したのだが、規制にかかり撤退を余儀なくされる飲食事業者やサービス事業者もいる。

　私の親しい日系企業の経営者は、「当初想定していた事業では黒字化をすることができなかったが、粘り強くこの場を離れずに模索するなかで、5年を過ぎたあたりからようやく黒字になり始めた」という話を聞く。海外事業には、「石の上にも三年」という息の長い努力が不可欠なのだと思う。

(3)　海外駐在員の苦悩

　経営者が安易に海外進出の判断をした場合、駐在員として派遣された社員が戸惑うことがある。「とりあえずお前に任せた」といわれた社員が、藁をもつかむ思いでつかんだ藁が、とんでもない災難の引き金になることもある。

　また、ベトナム人は優秀で、勤勉だとの表面上の人材像しか知らない日本側では、「なぜベトナムから送られる納品は不良が多いのか。あなたの管理が悪いのではないか」と揶揄される場合がある。日本では当たり前のことが、通用しない現地事情を理解していない日本側と駐在員の意図を理解しないベトナム人社員との板ばさみに苦しむ駐在員も多い。

　苦悩する駐在員が一方的に日本側に叱責を受けることがある。叱責を受けた者は、ベトナム人の能力、資質の問題だと思うようになると、駐在員とベトナム人社員が相互不信に陥る。それが継続すると、両者が敵対する事態にまで至る。相互不信に陥った組織は、社員が定着せず、一層の生産性とモラルの低下を生むことになる。その結果、駐在員のモチベーションは低下し、日本側に対して、「海外事業はコストがかかりすぎる」、「今のところ市場性はない」、「ベトナム人は日本人より能力が劣る」などと伝え、海外事業のデメリットばかりを強調する。

　一方で、日本側は命令するだけで何もわかってくれないと思い詰める駐在員もいる。それが高じて日本側に不信感を抱くようになると、日本側には大切なことは伝えなくなる。さらに仕事に意欲を失えば、退職の決断に至る。なかには精神的に追い込まれて、体を壊してしまう人もいる。

駐在員が離れてしまった企業では，次の候補者探しがさらに難しくなり，手痛い失敗のショックにより海外から遠ざかる企業もある。

5. グローバル化への課題

(1) 補完するアジア新興国と日本

　少子高齢化による人口減少が，日本のマーケットに迫ってきている。日本企業を取り巻く環境は，厳しさを増している。もしかしたら，日本は貧しくなり始めているかもしれないと感じている人は多いのではと思う。

　一方でアジアに目を凝らすと，日本とは違う光景が見えてくる。ベトナムの人たちは，将来の成長を確信している。特に若い世代のマインドが日本と違う。日本ではワーク・ライフ・バランスを重視して，出世を望まない人が増えていると聞くのだが，ベトナムではとにかく出世したい，金持ちになりたいと思う人が多い。どちらがいいかは別問題だが，生きる意欲はベトナム人のほうが強いと感じる。

　アジアの成長エネルギーをどう取り入れるか，真剣に考えなければならない時代を迎えている。これからの日本にとっては，成長を始めた新興国から必要とされる存在になれるかは重要課題だ。私は日本人の広い経験と高い能力を売り込み，新興国の成長から得られる配当金を得るべきだと考えている。

　ベトナム人の夢は大きいが，仕事の厳しさを体験できていないと思う。ベトナム人の多くが，会社にいれば給与がもらえる，会社で時間をつぶすのが労働だと勘違いしている様子を垣間見る。日本人が世界から「エコノミックアニマル」と陰口をたたかれながらも，経済成長を実現したのは，社会や会社の成長を願って働いた人がいたからだと思う。その時代の日本人が持っていた仕事に対する意識を伝えることに意味がある。日本を経済大国にしたのは，そんな意識だったと思う。お金だけを重視する精神が蔓延しても，社会が成長するとは思えない。

(2) グローバル化できない日本企業

　アジアのビジネス界では，日本企業や日本人について「NATO」という言葉が使われていると聞く。当然北大西洋条約機構のことではない。「No Action Talk Only」を略した言葉だという。商談では大いに会話が進むが，意思決定がされないことを揶揄した言葉だ。日本企業からは，海外視察に大勢の人が来るが，意思決定者が誰もおらず，本社にお伺いを立てないと何も決まらない。そのありさまをアジアの人々が「NATO」というのだ。
　グローバル事例に限らず経営とは，臆せず甘えず意思決定することに尽きる。決めないリーダーにはついていくことができない。日本は経済も安定し企業も規模が大きくなった分，個人で決められる機会が少なくなった。判断が難しい海外案件について，本社が日本流の「正義」で決めることもある。
　グローバルといっても同じ人間のすることであり，すべてが日本人と異なるわけではない。ただ，日本でしか通用しないことや世界中の人が日本人とは異なると考えている箇所は知っておかなければならない。そのうえで，日本のほうが正しいと思うことを主張するのは，グローバル社会では正当な行為だ。
　日本型経営の負の部分は，決めなければならないことを曖昧にすることで，バランスをとっているような気になっていることだ。誰もが傷がつかないようにすることを，「空気を読む」と称して大切にする雰囲気は海外にはない。海外では利害がぶつかり合っても，決着をつけざるを得ない局面ばかりだ。決着をつけない場合は，後発の第三者が先に決着をつける。
　経営は情報をもとに意思決定し，お金の使い方，資源の配分を判断することだ。グローバルビジネスでは当たり前に行われている判断を，日本の管理職の一部エリートを除いて，その機会すら与えられていない。ところが海外では，その責任者が瞬時に判断を下す必要がある。
　私の一方的な考えではあるが，人材活用の方法としてお勧めしたいことがある。それは，リーダーシップの発揮する場を失った日本の管理職には，アジアに目を向けてほしいということだ。アジアは能力を発揮しやすい舞台だ。特にベトナム人は，日本に憧れを抱いており，日本人から吸収しようとする人が多い好条件に恵まれている。

(3) 海外と日本とのギャップ

　ビジネスにおける日本と海外の違いは，第1に，決断，契約，実行までのスピード感の違いといわれる。私は日本人に決断力がないとは思わないが，日本社会がスピードよりも，組織的な合意を重視しているからだと思う。米国系の保険ブローカー企業，Marsh Vietnamに勤務する友人の言葉が的を射ている。彼は「海外の企業は，判断する役割を担当した責任者に任せている。しかし，日本企業では会社に持ち帰らないと判断ができない仕組みになっている」という。第2に雇用される者が懐く就業目的の違いがある。日本人は組織や会社のために働くという意識が強いが，海外では自分や家族のために働くという意識だ。特にサービス残業という言葉は海外にはない。日本人の組織に対する遠慮が，定時に帰ることを躊躇わせるのだと思う。

　第3に日本人の視点の問題である。日本人駐在員の多くが自国のみを見て仕事をするが，海外の人は違う。日本人は自国で売れることのみを考え，他国でも売るとの発想が少ない。日本人が好む品質・デザインを追求するあまり，外国人が求めるコストに合わなくなり，韓国，中国などの製品に敗北することになる。

　そのほか何気ない行動だが，日本人は頻繁に「すみません」と謝る。ところがベトナム人はめったに謝らない。この違いは国の歴史的な経緯によると思う。ベトナムは中国に支配された歴史やフランスの植民地だった歴史的影響があり，謝ることは負けを認めることと同義語なのだ。逆に日本は謝ることで，円滑な人間関係が構築できる「むら社会」だったのだろう。

　日本人が口にするのが，「東南アジアでは男性に比べて，女性がよく働く」という台詞だ。私は，単に日本に比べ女性が活躍しやすい仕組みがあるからだと思う。ベトナム労働法では，出産する女性の保護は手厚い。そのためかどうかはわからないが，ベトナムでは女性社長も多く，社会進出が活発だ。

　いずれの違いも，自然環境，歴史的経緯のなかで，それぞれの民族が生きるための手段として獲得した資質なのだろう。それを日本式でないから使えないと考えていたのなら，日本のほうが使えないと判断をされてしまうだろう。日本の文化や日本人の能力は，世界で高い評価を受けている。それは厳しい自然

と戦うなかで得られた資質なのだと思う。逆に近隣の異文化との摩擦の経験は少ない。日本は高度に成熟した社会で，留まっていたほうが生活しやすいと感じることはある。外国語も話す自信がないし，聞くのも煩わしい。だが，その内向きの姿勢が，徐々に進む環境変化への適応力を削いでいる可能性がある。

日本がグローバル化を進めるうえで必要なことは，日本人の優れた部分を提供し，足りないところは他者から謙虚に吸収することだ。世界の多様性を知り，相手を許容する考えを持てば相手から必要とされることになるだろう。

(4) 失敗は成功の素

海外事業はいくつかの失敗がつきものである。成功に至るまでには，いくつかの失敗を経ているのが現実である。当社だけでなく多くの日本企業が海外での失敗を経験してきたと思う。それが本当のグローバル企業になるための経験として活かされるなら，授業料と言ってもいいかもしれない。

多くの日本企業が程度の差こそあれ，グローバル化を検討している。日本は移民が多い米国のような国でもないし，欧州のようにもともと小国が集まり離合集散を繰り返した地域でもない。その点で言えば，日本は今までグローバル化しなくてもすんだ国だ。日本は海に囲まれた島国で，他の国や民族との接点が少なくても困らなかった。企業も日本人の趣味趣向を考えていればすんだ。ところが時代はそれを許さなくなっている。

グローバル化といっても，経験の少ない日本企業，日本人には難易度が高い。失敗を恐れて引きこもり，グローバルな課題には強国や他者に依存するだけであれば，希望ある未来を築くのは難しい。

私がベトナムで学んだ最大の成果は，失敗は無駄ではないということだ。失敗したことからコンサルティングの材料を得た。失敗と向き合うことで，数々の教訓を得た。失敗の苦痛から，リスク耐性という副産物も得た。それらの経験がグローバルに生きる力を与えてくれた。

私には座右の銘などなかったが，訪ねてくる日本人の後輩たちに決まって使う台詞がある。その言葉は「失敗は成功の素」，なんとも使い古された言葉が私には蘇った。

最後に当社のことを伝えておきたい。私が現地法人の代表を務めているアイ

クラフトJPNベトナム社は，レタントン不動産という愛称も含めて，ホーチミン市に駐在している日本人にはよく知られる会社になった。当社は神戸にあるアイクラフト株式会社の子会社である。2012年に以前の親会社から経営譲渡されて経営者が変わった。現在の親会社アイクラフト社長の山本裕計は，神戸を中心としてその地域からの信頼を積み上げることにより成長してきた経営者である。会社は神戸に限れば，知る人ぞ知る企業に成長してきてはいる。

しかし，日本企業の将来を考えるとき，中小企業であっても何らかのグローバル化は避けては通れないと感じていたのではと思う。それは経営者として将来を見通しての判断だったと思う。

一方私がなすべきことは，たまたま海外で経験したことを伝えることだ。成功体験は個人のプライドを高めるが，失敗体験は学習機会を与える。その失敗体験を後輩に伝えることが，いずれ会社の財産になると信じている。

索　引

●人名・社名索引

■英　字

ARUN ……………………………… 61
BTPN ……………………………… 52
CLSA キャピタルパートナーズ …… 151
CRD ……………………………… 53
GE ………………………………19, 78
GM ………………………………… 5
Lloyds 銀行 ……………………… 21
RDB ……………………………… 53
Stewart Black …………………… 2

■あ　行

アイクラフト …………………… 279
阿古哲史 ………………………… 9
アップル ……………………4, 19, 219
アドバンテッジパートナーズ …… 152
アユタヤ銀行 …………………… 52
池田泉州銀行 …………………… 141
イスラム金融機関会計監査機構 … 225
イスラム金融サービス理事会 …… 225
英国日産 ………………………… 9
英国日立 ………………………… 8
エルラム ………………………… 119

■か　行

カーライル・グループ ………… 152
かものはしプロジェクト ………… 58
キトー …………………………… 157

鯨井会計 ………………………… 242
グラミン銀行 …………………… 57

■さ　行

サイゴンビジネスソリューション … 254
サムスン ………………………… 17
ジェフリー・ジョーンズ ……… 100
重光産業 ………………………… 88
シティック・キャピタル・パートナーズ
　………………………………… 151
ジャパン・ファームプロダクツ … 9
上海股権托管交易センター ……… 87

■た　行

ダイナムジャパンホールディングス … 87
高島産業 ………………………… 167
玉田工業 ………………………… 124
東京印 …………………………… 125
東北テクトロン ………………… 168
トヨタ自動車 …………………… 6

■な　行

ナショナルツール ……………… 175
南信精機製作所 ………………… 125

■は　行

バーノン ………………………… 116
ハイアール ……………………… 213
日立製作所 ……………………… 12

ファインネクス……………………… 270
フィデアホールディングス…… 142, 174
フォルクスワーゲン………………… 211
ブライアン・ピットマン…………… 21
ベアリング・プライベート・エクイティ・
　アジア……………………………… 151
ポーター……………………………… 116
ボドウィン…………………………… 119
鴻海……………………………………… 4

■ま　行

マザーハウス………………………… 60

マレーシア証券取引所……………… 224
みずほ銀行……………………………44
三井住友銀行…………………………44
三菱東京UFJ銀行……………………44
ムハマド・ユヌス……………………57

■や　行

ユニクロ………………………………86
横浜信用金庫………………………… 174

● 事項索引

■英　数

6次産業化…………………………… 206
ASEAN………………………… 106, 138
ASEAN4……………………………… 104
BRICs………………………………… 184
EMS………………………………… 7, 213
IPOs…………………………………… 224
LBO…………………………………… 150
NIES…………………………………… 106
NPO………………………………………58
NPV（正味現在企業価値）…………76
ODM………………………………………8
OTC医薬品…………………………… 190
Social Capital…………………………84
Social Capital Theory（社会的資産理
　論）……………………………………84
SWOT分析……………………………78
TPP…………………………………… 198
WACC…………………………………78

■あ　行

アウトソーシング…………………… 212
アジアNICs………………………… 104
アンダープライシング……………… 229
アンダーライター…………………… 233
アンバンドリング………………… 4, 19
イスラム金融………………………… 225
インテグラル化………………………24
インテグラル型……………………… 210
埋め込み理論…………………………84
大手邦銀………………………………41

■か　行

海外直接投資………………………… 101
改正農地法…………………………… 200
貸出残高………………………………47
ガラパゴス化…………………………24
間接投資……………………………… 100
企業間信用…………………………… 172
供給志向型…………………………… 100
銀行借入……………………………… 173

グループシナジー‥‥‥‥‥‥‥‥‥ 17, 24
グローバリゼーション‥‥‥‥‥‥‥‥68
グローバル人材‥‥‥‥‥‥‥‥‥‥‥71
高齢化‥‥‥‥‥‥‥‥‥‥‥‥‥‥ 246
コーポレートガバナンス・コード‥‥‥18
コーポレートベンチャー‥‥‥‥‥‥‥74

■さ 行

サービス経済化‥‥‥‥‥‥‥‥‥‥ 111
最低賃金‥‥‥‥‥‥‥‥‥‥‥‥‥ 248
差別価格設定‥‥‥‥‥‥‥‥‥‥‥ 188
市場志向型‥‥‥‥‥‥‥‥‥‥‥‥ 100
下請け企業‥‥‥‥‥‥‥‥‥‥‥‥‥11
社会インフラビジネス‥‥‥‥‥‥‥‥15
社会的課題‥‥‥‥‥‥‥‥‥‥‥‥‥57
社会的責任（CSR）‥‥‥‥‥‥‥‥‥57
職域防衛‥‥‥‥‥‥‥‥‥‥‥‥‥ 251
新興国市場戦略論‥‥‥‥‥‥‥‥‥‥82
進出形態‥‥‥‥‥‥‥‥‥‥‥‥‥ 104
スタンドバイ・クレジット制度‥‥‥ 174
スチュワードシップ・コード‥‥‥‥‥18
選択と集中‥‥‥‥‥‥‥‥‥‥‥‥‥19
増資‥‥‥‥‥‥‥‥‥‥‥‥‥‥‥ 173
ソーシャルビジネス‥‥‥‥‥‥‥‥‥56

■た 行

第二創業‥‥‥‥‥‥‥‥‥‥‥‥‥ 165
多国籍企業‥‥‥‥‥‥‥‥‥‥‥‥ 100
地域金融機関‥‥‥‥‥‥‥‥‥‥‥ 131
紐帯‥‥‥‥‥‥‥‥‥‥‥‥‥‥‥‥85
撤退‥‥‥‥‥‥‥‥‥‥‥‥‥‥‥ 123
天津の爆発事故‥‥‥‥‥‥‥‥‥‥‥34

■な 行

ネットワーキング戦略‥‥‥‥‥‥‥ 218
ネットワーク‥‥‥‥‥‥‥‥‥‥‥‥83
農業協同組合‥‥‥‥‥‥‥‥‥‥‥ 200

農業政策‥‥‥‥‥‥‥‥‥‥‥‥‥ 200
農商工連携‥‥‥‥‥‥‥‥‥‥‥‥ 197

■は 行

バイアウト・ファンド‥‥‥‥‥‥‥ 148
バリューチェーン‥‥‥‥‥‥‥‥‥ 192
非営利組織‥‥‥‥‥‥‥‥‥‥‥‥‥58
ビジネス・プロセス・リエンジニアリング‥‥‥‥‥‥‥‥‥‥‥‥‥‥‥ 217
非連続性とジレンマ命題‥‥‥‥‥‥‥82
ファブレス‥‥‥‥‥‥‥‥‥‥‥‥‥ 7
プライシング‥‥‥‥‥‥‥‥‥‥‥ 187
ブラックボックス化‥‥‥‥‥‥‥‥‥91
ブランドジェネリック医薬品‥‥‥‥ 190
ブランド戦略‥‥‥‥‥‥‥‥‥‥‥‥ 3
ベンチャー企業‥‥‥‥‥‥‥‥‥‥‥73

■ま 行

モジュール‥‥‥‥‥‥‥‥‥‥‥‥ 210
モジュール化‥‥‥‥‥‥‥‥‥ 24, 210

■や 行

弱い紐帯の強さ‥‥‥‥‥‥‥‥‥‥‥93

■ら 行

リアルオプション分析（ROA）‥‥‥‥78
リース会社の与信類似機能‥‥‥‥‥ 173
リショアリング‥‥‥‥‥‥‥‥ 116, 120
リストラクチャリング‥‥‥‥‥‥‥ 117
リレーションシップ・バンキング‥‥ 130
ワーク・ライフ・バランス‥‥‥‥‥ 275

●編著者紹介

坂本恒夫（さかもと　つねお）
明治大学教授，同大学大学院長。経営学博士。証券経済学会代表理事，日本経営財務研究学会・日本経営分析学会元会長。日本中小企業・ベンチャービジネスコンソーシアム会長。
著書に『企業集団財務論』（泉文堂），『企業集団経営論』（同文舘出版），『戦後経営財務史―成長財務の軌跡』（T＆Sビジネス研究所），『イギリス4大銀行の経営行動1985-2010』（中央経済社），『テキスト財務管理論』（中央経済社）などがある。

境　　睦（さかい　むつみ）
桜美林大学経済・経営学系教授。中小企業・ベンチャービジネスコンソーシアム副会長・学術会議議長。
早稲田大学大学院商学研究科博士課程単位取得退学。1994年より現職。2003-2004年カリフォルニア大学バークレー校ハース・スクール・オブ・ビジネス客員研究員。著書に『経営財務の情報分析』（共著，学文社），『テキスト現代経営入門』（共著，中央経済社）などがある。

林　幸治（はやし　こうじ）
大阪商業大学総合経営学部准教授。経営学博士。
明治大学経営学研究科博士後期課程修了。川崎信用金庫，明治大学経営学部助手，諏訪東京大学助教を経て現職。著書に『テキスト財務管理論』（共著，中央経済社），『中小企業・ベンチャー企業論』（共著，有斐閣），『商業簿記のエッセンス』（共著，中央経済社）などがある。

鳥居陽介（とりい　ようすけ）
諏訪東京理科大学専任講師。経営学博士。日本中小企業・ベンチャービジネスコンソーシアム副会長，日本経営財務研究学会，日本経営分析学会，証券経済学会会員。
著書に『テキスト財務管理論』（共編著，中央経済社），『テキスト経営分析』（共編著，税務経理協会）などがある。

日本中小企業・ベンチャービジネスコンソーシアム
中小企業の経営革新，ベンチャービジネスの成長のため，学術・研究および会員相互の情報交換を促進することを目的として2002年に設立された団体で，年次大会，定例部会，部会主催の研究会など様々な活動を通じて，中小企業の成長およびベンチャービジネスの起業を支援している。

●執筆者紹介・執筆分担

坂本恒夫（さかもと　つねお）　　　　　　　　　　　第1, 2章
　　編著者紹介参照

古山　徹（ふるやま　とおる）　　　　　　　　　　　第3章
　　日経メディアマーケティング株式会社

平井達男（ひらい　たつお）　　　　　　　　　　　　第4章
　　明治大学大学院経営学研究科博士前期課程

菅井徹郎（すがい　てつお）　　　　　　　　　　　　第5章
　　オフィスコモン代表

正田　繁（しょうだ　しげる）　　　　　　　　　　　第6章
　　明治大学経営学部客員教授

境　　睦（さかい　むつみ）　　　　　　　　　　　　第7章
　　編著者紹介参照

林　幸治（はやし　こうじ）　　　　　　　　　　　　第8章
　　編著者紹介参照

百武仁志（ももたけ　さとし）　　　　　　　　　　　第9章
　　大阪観光大学観光学部専任講師

上野雄史（うえの　たけふみ）　　　　　　　　　　　第10章
　　静岡県立大学経営情報学部専任講師

杉浦慶一（すぎうら　けいいち）　　　　　　　　　　第11章
　　株式会社日本バイアウト研究所　代表取締役

鳥居陽介（とりい　ようすけ）　　　　　　　　　　　第12章
　　編著者紹介参照

徐　玉琴（じょ　ぎょくきん）　　　　　　　　　　　第13章
　　明治大学経営学部助手

小林麻美（こばやし　まみ）　　　　　　　　　　　　第14章
　　明治大学大学院経営学研究科博士後期課程

趙　彤基（ちょう　とうき） 明治大学大学院経営学研究科博士前期課程	第15章
鵜崎清貴（うざき　きよたか） 大分大学経済学部教授	第16章
Nashirah binti Abu Bakar 国立ウタラマレーシア大学シニア・レクチャラー	第16章
鯨井基司（くじらい　もとじ） 税理士法人鯨井会計代表社員税理士	補章1
西田俊哉（にしだ　としや） アイクラフトJPNベトナム株式会社 代表取締役	補章2

中小企業のアジア展開

2016年7月10日　第1版第1刷発行

編著者　坂　本　恒　夫
　　　　境　　　睦
　　　　林　　　幸　治
　　　　鳥　居　陽　介
発行者　山　本　　　継
発行所　㈱中央経済社
発売元　㈱中央経済グループ
　　　　パブリッシング

〒101-0051　東京都千代田区神田神保町1-31-2
電話　03 (3293) 3371 (編集代表)
　　　03 (3293) 3381 (営業代表)
http://www.chuokeizai.co.jp
印刷／文唱堂印刷㈱
製本／誠　製　本㈱

© 2016
Printed in Japan

＊頁の「欠落」や「順序違い」などがありましたらお取り替えいたしますので発売元までご送付ください。（送料小社負担）

ISBN978-4-502-19311-8　C3034

JCOPY〈出版者著作権管理機構委託出版物〉本書を無断で複写複製（コピー）することは，著作権法上の例外を除き，禁じられています。本書をコピーされる場合は事前に出版者著作権管理機構（JCOPY）の許諾を受けてください。
JCOPY〈http://www.jcopy.or.jp　eメール：info@jcopy.or.jp　電話：03-3513-6969〉